Evaluación de Proyectos de Expansión de Empresas Pequeñas

Enfoque multimetodológico:

Aprendizaje basado en competencias • Aprendizaje basado en equipos • Casos reales o virtuales • Multidisciplinaridad • Investigación • Sistémico

José Luis Neri Torres
Doctor en Ciencias de la Administración
Universidad Nacional Autónoma de México

Enero de 2019

Prólogo

El riesgo que una empresa pequeña asume cuando emprende una expansión puede ser tan alto como el inicio de un negocio nuevo. No obstante, es común emprender una aventura de expansión sin elaborar una evaluación que cubra los vértices que pueden afectar el futuro de la empresa. El presente libro aborda el problema a partir de 79 preguntas de aplicación que pueden apoyar la disminución de dicho riesgo. En su forma más sencilla el lector podrá responder las preguntas con el conocimiento que tenga sobre una empresa en particular, y determinar cuáles preguntas sugieren la necesidad de ser estudiadas a fondo. En el libro encontrará un resumen del conocimiento teórico y práctico actual sobre los temas que conviene estudiar antes de emprender una expansión, así como una guía que puede ser útil para contestar las preguntas de aplicación que el empresario debiera tomar en cuenta.

El libro se enfoca a la expansión de empresas pequeñas, pero la metodología ha sido probada para la evaluación de proyectos de negocios nuevos y, por extensión, en el desarrollo de competencias en las escuelas de negocios. La combinación de metodología la utilizó gradualmente el autor en el aula durante 15 años en la Facultad de Contabilidad y Administración de la Universidad de Colima, con base en su experiencia práctica previa de 22 años en la evaluación de proyectos para la autorización de crédito en un banco que, en las últimas décadas del siglo XX, fue el más importante de México. El autor utilizó invariablemente durante más de 10 años el método Aprendizaje Basado en Equipos, con la asesoría y el generoso apoyo del finado Dr. Warren Watson, profesor de la University of North Texas, uno de los principales creadores del método en los primeros años de la década de 1970.

La estructura del libro se distingue de los libros de texto en general por su enfoque en guiar al alumno a construir su propio aprendizaje como parte de un equipo, bajo la tutoría del maestro. De esta manera, el maestro centra su atención en aclarar, impulsar y guiar el esfuerzo del alumno. Así, el libro contiene las bases de conocimiento teórico y práctico y, en forma relevante, sugiere procesos y técnicas para la aplicación de dichos conocimientos en casos reales. Es posible que, durante el proceso de aprendizaje, los alumnos contribuyan al mismo tiempo al desarrollo de proyectos de investigación de los maestros, investigación que a su vez puede realzar el prestigio de la escuela.

Por tratarse de la primera edición del libro, el autor reconoce que la obra pueda ser mejorada, y espera contar con apoyo de maestros que prueben la metodología y, en vista de los resultados que hayan tenido, acepten colaborar como coautores en una posible segunda edición.

El enfoque del libro pretende ser un complemento a los libros de texto existentes, por lo cual el lector tendrá la necesidad de apoyarse en libros sobre temas específicos de Administración, Marketing, Finanzas, etc.

La utilidad del libro puede complementarse con el material disponible en el sitio web del libro http://www.xpaneplibro.com, que se podrá ir enriqueciendo gradualmente con ejemplos de respuestas a preguntas de aplicación, plantillas, cuestionarios, y modelos de dinámica de sistemas.

DCA José Luis Neri Torres
email: jlnerito@yahoo.com

Índice

1 INTRODUCCIÓN 1
    1.1 Objetivo del libro 3
    1.2 Las empresas pequeñas y los proyectos de inversión 6
    1.3 Propósito de la empresa 8
    1.4 Oportunidades de inversión de capital 10
    1.5 Proyectos de inversión 12

2 METODOLOGÍA DE APRENDIZAJE 14
    Generalidades 14
    2.1 Aprendizaje basado en competencias 16
    2.1.1 Enfoque multidisciplinario 18
    2.1.2 Aprendizaje basado en equipos ABE-TBL 19
    2.2 Proceso general del curso 22
    2.3 Experiencias de aprendizaje 29
    2.4 Investigación 32
    2.5 Utilización de modelos de dinámica de sistemas 33
    2.6 Evaluación del aprendizaje 34
    2.7 Aprendizaje a distancia 36
    2.8 Reporte de evaluación del proyecto 37

3 PRESENTACIÓN DEL PROYECTO 39
    3.1 Descripción de la empresa 40
    3.2 Entorno general 44
    3.3 FODA 49
    3.4 Descripción del proyecto de inversión 52
    3.5 Equipo administrativo 59
    3.6 Aspectos legales y fiscales 63
    3.7 Responsabilidad social y ecológica 67
    3.8 Beneficios del proyecto 72

4 MERCADO 76
    4.1 Análisis de la industria 77
    4.2 Estudio de mercado 87
    4.3 Plan de mercado 97
    4.4 Pronóstico de ventas 104

5 OPERACIÓN 107
    5.1 Gasto de capital inicial 108
    5.2 Desarrollo del proyecto 113
    5.3 Instalaciones 117
    5.4 Producción 121
    5.5 Tecnología 125
    5.6 Ventas 130
    5.7 Costos 138
    5.8 Abastecimiento 151
    5.9 Canales de distribución 157

    5.10 Calidad 162
    5.11 TICs 169

6 ADMINISTRACIÓN **175**
    6.1 Estructura de la organización 176
    6.2 Cultura organizacional 180
    6.3 Recursos humanos 184
    6.4 Remuneraciones 192
    6.5 Gastos de administración 196

7 EVALUACIÓN FINANCIERA **199**
    7.1 Enfoque de la evaluación financiera 200
    7.2 Etapa pre-operativa 204
    7.3 Diseño de escenarios 207
    7.4 Formulación de escenarios 211
    7.5 Pronóstico del flujo de efectivo 224
    7.6 Estados Financieros proyectados 229
    7.7 Resultados relevantes 238
    7.8 Criterios financieros de decisión 243
    7.9 Administración de riesgos 247

8 PROPUESTA DE FINANCIAMIENTO **251**

BIBLIOGRAFÍA **256**

SITIOS **257**

ANEXOS **258**
    2.2.1 Etapas instruccionales 259
    2.2.2 Formato constitución equipo 261
    2.2.3 Plantilla básica tareas en equipo 262
    2.2.4 Plantilla información básica empresa 264
    2.2.5 Plantilla comparar casos individuales 265
    2.2.6 Plantilla elegir caso equipo 266
    2.6.1 Plantilla evaluar integralmente aprendizaje 268
    2.6.2 Formato evaluación de pares 273
    3.1.2 Entrevista inicial empresario o administrador 274
    3.3.1 Plantilla FODA 275
    4.1.1 Cuestionario análisis industria 276
    7.4.1 Plantilla escenarios 280
    7.5.1 Plantilla flujo de efectivo proyectado 291
    7.6.1 Plantilla edofin 293
    7.9.1 Riesgos asociados a las preguntas de aplicación 295

1 Introducción

Una práctica gerencial común en los empresas pequeñas consiste en concentrar la atención en las ventas y utilidades de los meses siguientes, a veces sin reflexionar sobre al impacto que pueden tener las decisiones de la operación diaria en las perspectivas de la empresa en el largo plazo. Aun cuando las empresas pequeñas cuenten con planes de largo plazo, dichos planes se basan generalmente en la intuición del administrador, sin elaborar un plan estratégico ni un documento formal de planeación, con el contenido y detalle suficientes para el seguimiento y control.

La evaluación de proyectos de inversión, que constituyen el objeto de estudio principal del libro, puede ser el centro de la visión estratégica de largo plazo de la empresa, ya que implica el gasto de montos relevantes en activos fijos, con el fin de apoyar la generación de utilidades en el largo plazo. La evaluación de proyectos se vuelve muy importante si se considera que cada año entre el 10 y el 30 por ciento de las empresas pequeñas emprende inversiones relevantes en la expansión de la empresa, las cuales pueden representar el riesgo de fracaso equivalentes al de un negocio nuevo.

El presente libro tiene el propósito de que los estudiantes de las escuelas de negocios desarrollen las competencias necesarias para elaborar un plan de evaluación formal de un proyecto de expansión, apoyado en los avances técnicos y metodológicos de las ciencias administrativas, que aporte los elementos que permitan a los administradores la mejora de las perspectivas de largo plazo de la empresa. Se espera que como consecuencia indirecta, el libro pueda contribuir a aliviar un problema que ha predominado en las últimas décadas, de que al acentuarse la complejidad del ambiente de negocios, los administradores pierden interés en la elaboración de planes formales de inversión de capital.

Se ha argumentado que la elaboración de un plan de negocios no ha probado ser de utilidad, lo cual puede atribuirse a la creciente complejidad del entorno competitivo. Cuando un emprendedor tiene conocimientos y experiencia amplios en una rama negocio y en su administración, y a la vez posee características de personalidad apropiadas para la realización de un proyecto, podría sentirse confiado para aventurarse a llevarlo a cabo sin un plan detallado; en otras circunstancias, la evaluación formal será recomendable.

En efecto, en la actualidad la incertidumbre y complejidad del entorno aumentan la necesidad de contar estudios formales de los proyectos de inversión, elaborados mediante métodos y técnicas de planeación apropiados, cuantitativos y cualitativos, con el fin de reducir los riesgos e impulsar el desarrollo de la empresa. En el presente libro se proponen los métodos y técnicas que apoyan el proceso de evaluación, mediante la contestación de ***preguntas de aplicación*** que, al ser contestadas en forma apropiada, pueden constituir el ***reporte de evaluación*** de un proyecto, que permita al administrador de una empresa pequeña tomar la decisión de llevarlo a cabo.

Sin embargo, algunos proyectos de expansión pueden enfrentar condiciones de mayor incertidumbre, en las cuales el análisis financiero es menos importante, por lo cual la decisión de realizar o no el proyecto estar basado principalmente en aspectos cualitativos.

Además, es importante considerar que el éxito de un proyecto no depende solo de contar con un buen plan, sino también de que en el desarrollo del proyecto se apliquen las acciones planeadas y, en el caso de requerirse modificaciones, éstas se evalúen mediante técnicas administrativas aplicables.

Bibliografía

Alessandri, T. M., Ford, D. N., Lander, D. M., Leggio, K. B., & Taylor, M. (2004). Managing risk and uncertainty in complex capital projects. *The Quarterly review of economics and finance*, 44(5), 751-767.

Kilkenny, M., Nalbarte, L. & Besser, T. (1999). Reciprocrated community support and small town-small business success. *Entrepreneurship & Regional Development*, 11, 231-246.

Neri Torres, J. L., & Watson, W. (2013). An examination of the relationship between manager self-efficacy and entrepreneurial intentions and performance in Mexican small businesses. *Contaduría y Administración*, 58(3), 65-87.

White, J. C., & Sholtes, R. M. (2016). *The Dynamic Progress Method: Using Advanced Simulation to Improve Project Planning and Management*. CRC Press.

1.1 Objetivo del libro

El presente libro de texto está diseñado para utilizarse principalmente en cursos presenciales, en los que se otorgue mayor relevancia a la adquisición de competencias en un sentido amplio, es decir, competencias específicas como la elaboración de un estudio de mercado, o competencias genéricas como la capacidad para trabajar en equipo.

Una característica fundamental del método que se propone en el libro, es la de sustentar la evaluación del proyecto en la contestación formal de **79 preguntas de aplicación**, con el fin de facilitar tanto la articulación del trabajo, así como la evaluación de las competencias adquiridas.

Debido a que la complejidad del entorno de negocios tiende a incrementarse, la evaluación de un proyecto de inversión puede ser una tarea retadora, cuya confiabilidad dependerá de la disponibilidad y aplicación eficiente de recursos como el tiempo, el conocimiento y la experiencia.

Enfoque multi-metodológico

Para enriquecer el proceso de aprendizaje se propone utilizar seis enfoques o métodos:

Aprendizaje basado en competencias. La importancia del desarrollo de competencias para el desempeño está fuera de dudas, especialmente cuando las profesiones requieren que las competencias se desarrollen en forma integrada u holística. El desarrollo de dichas competencias en los alumnos dependerá del grado en que los maestros hayan adquirido las competencias, así como en los métodos que ellos utilicen para la enseñanza de competencias.

Aprendizaje basado en equipos (ABE). El método ABE (TBL por sus siglas en inglés) combina elementos de Aprendizaje Basado en Problemas (ABP) y de Aprendizaje Colaborativo, en forma altamente organizada, que permite que los estudiantes mejoren su comunicación y el desarrollo de competencias que son importantes en la mayor parte de las organizaciones. Se conoce que la discusión en equipo estimula el desarrollo de ideas, genera un mayor número de observaciones críticas, incrementa la probabilidad de identificar y rechazar soluciones incorrectas a los problemas, e impulsa la motivación. Además, los alumnos y los instructores co-aprenden, co-planean, co-producen y co-diseñan. Por otra parte, se ha comprobado que el trabajo en equipo logra mejor desempeño que el trabajo individual, particularmente en tareas complejas, como es el caso de la evaluación de proyectos de inversión. Se ha propuesto que los equipos eficientes pueden estar integrados por entre cuatro y ocho estudiantes, pero el presente libro está diseñado para que se trabaje en equipos de seis alumnos, lo cual puede facilitar la labor del maestro.

Estudio de casos. Se propone la utilización simultánea de casos virtuales y reales. Para la evaluación de un caso virtual, cada alumno en lo personal puede desarrollar la evaluación de un proyecto de inversión hipotético de una empresa existente, basado en información aproximada que se obtendría de personas que conozcan la empresa, en la observación directa, o en información pública disponible en internet.

La búsqueda y elección de los proyectos virtuales la pueden hacer los alumnos al inicio del curso. Sería deseable que cada alumno escoja una empresa pequeña a la que podría tener algún acceso, por ser propiedad de su familia o de un pariente, o que algún familiar o el propio alumno trabaje o hayan trabajado en ella. De esta manera el alumno podrá investigar datos aproximados de la empresa, que complementará con información de fuentes externas, como pueden ser proveedores, clientes o competidores.

Una vez que los alumnos hayan seleccionado sus casos virtuales individuales, cada equipo de alumnos podrá elegir uno de los casos individuales que tenga potencial y atractivo para su estudio como caso real en equipo. Alternativamente el maestro o la escuela podrán proponer casos de empresas que hayan mostrado interés en la colaboración empresa-escuela, para beneficio de ambas partes. Cuando se evalúe un caso real puede convenir la firma de un acuerdo entre la escuela y la empresa, que puede tener la forma de una comisión o de patrocinio, lo cual puede reforzar la imagen de vinculación de la escuela, pero conlleva la responsabilidad en el manejo confidencial de la información y en la presentación de un trabajo final de calidad.

Pensamiento sistémico. La evaluación de un proyecto de inversión viene a ser una actividad compleja, y como tal se justifica estudiarla y comprenderla mediante modelos de dinámica de sistemas, porque los proyectos de inversión pueden verse afectados por elementos técnicos, de psicología, economía y de otras ciencias sociales. En consecuencia es importante comprender mejor el desarrollo de una empresa como parte de un sistema complejo, porque estudia las interacciones entre los diferentes factores que explican los resultados de largo plazo. El uso de modelos de dinámica de sistemas no es una tarea sencilla, por lo cual la utilización en la evaluación de proyectos no se explica en el libro. Sin embargo, en el sitio web del libro se incluyen modelos y referencias de literatura que pueden ser de utilidad para la utilización futura en el salón de clase.

Investigación. El aprendizaje se desarrolla mediante la contestación de 79 Preguntas de aplicación, que abre a oportunidad de que las respuestas se obtengan con base en teorías propias de la disciplina y, cuando sea posible, se aplique el método de investigación apropiado. Como parte del proceso de aprendizaje se propone que los alumnos obtengan datos específicos que sirvan de base para la evaluación del proyecto, y que dichos datos puedan a su vez ser de utilidad para el desarrollo de proyectos de investigación paralelos, en los que participen maestros y alumnos. El aprendizaje se puede impulsar con la asignación de un asesor, cuya función de tutoría ha sido considerada como el nivel más avanzado de enseñanza.

Multi-disciplinaridad. El aprendizaje para la evaluación de proyectos de inversión puede ser dirigido por un profesor con conocimientos y experiencia en el tema, pero la calidad del trabajo puede mejorar mediante participación colaborativa de maestros especializados en administración, administración financiera, mercadotecnia, administración de operaciones, contabilidad, entre otras; conviene que dicha involucración esté formalizada en el plan de estudios del programa educativo, para efectos de control y evaluación del desempeño docente.

Bibliografía

Mingers, J., & Brocklesby, J. (1997). Multimethodology: towards a framework for mixing methodologies. *Omega*, 25(5), 489-509.

van der Klink, M. and Boon, J. (2002). The investigation of competencies within professional domains. *Human Resource Development International*, 5:4, 411–424

Buchanan, L. (2014).100 Great Questions Every Entrepreneur Should Ask, *Inc, Magazine*, descargado el 11/10/2015 de www.inc.com/magazine/201404.

1.2 Las empresas pequeñas y los proyectos de inversión

Es importante considerar que las empresas grandes empezaron pequeñas, y su crecimiento seguramente fue producto del desarrollo de proyectos de inversión exitosos. Todas las empresas podrían tener siempre al menos un proyecto factible de inversión, dependiendo de la etapa del **ciclo de vida** en que se encuentre la empresa. Entre las alternativas de inversión podrían destacar los proyectos para enfrentar etapas de declinación, o para acrecentar ventas cuando haya estancamiento. En general es común que las empresas inviertan en instalaciones y equipos para incrementar ventas o utilidades, para expandirse a nuevos mercados o para introducir nuevos productos, entre otras alternativas. Asimismo, habrá siempre oportunidades de crear un negocio nuevo.

Se ha propuesto que las funciones que desarrollan las empresas pequeñas y grandes pueden parecer similares, al igual que los problemas que las afectan y el porcentaje de utilidades. Sin embargo, la forma de operar es diferente en muchos aspectos entre una región y otra. Entre otras diferencias, se sabe que los empleados de empresas pequeñas tienen en promedio sueldos menores a los de las empresas grandes.

Las empresas pequeñas pueden atravesar etapas de vulnerabilidad, en particular aquellas con alrededor de 20 empleados, porque en ese nivel disminuye la capacidad el propietario para supervisar directamente a todos los empleados. Además, el nivel de planeación de las empresas pequeñas suele ser menor, incluyendo la intensidad de la elaboración de planes de negocios y, debido a que la empresa es una fuente de ingresos y de riqueza de la familia, su vulnerabilidad financiera tiende a ser mayor.

La administración de una empresa pequeña generalmente está centralizada en una o dos personas, que pueden ser el principal propietario, un administrador profesional, o dos propietarios. Con el objeto de simplificar la redacción del presente libro, en adelante se hará referencia al **empresario** o **administrador** de la empresa, aunque las empresas con mejor estructura administrativa podrían aún contar con un **equipo de dirección**. En cualquier caso, la redacción del informe de evaluación de un proyecto deberá tomar en cuenta el nivel de desarrollo en la dirección de la empresa, para aportar los elementos de juicio pertinentes para una toma de decisiones fundamentada.

En las empresas pequeñas es todavía frecuente tomar decisiones de inversión basadas principalmente en la creencia personal del empresario de que su experiencia e intuición pueden ser suficientes, y en considerar que los métodos como los propuestos en el presente libro serían complejos, costosos, y requerirían demasiado tiempo. Tales motivos y la argumentación que se desarrolla en el presente libro, advierten sobre la necesidad de que la evaluación de proyectos de inversión esté basada en la utilización de métodos con bases teóricas, porque pueden advertir al administrador sobre la existencia de riesgos de cuidado, y proporcionarle un cuadro de acciones que permitan tener mayor eficiencia en el desarrollo de la empresa.

Bibliografía

Bannock, G. (2005). *The economics and management of small business: An international perspective*. Routledge, New York. 239 Págs. www.questia.com.

Bolton, D. L. (2012). Individual entrepreneurial orientation: Further investigation of a measurement instrument. *Academy of entrepreneurship journal*, 18(1), 91.

Cavalluzzo, K. y Wolken, J. (2002). Small Business Loan Turndowns, Personal Wealth and Discrimination. Board of Governors of the Federal Reserve, descargado el 29 de Mayo 2007 de http://www.federalreserve.gov/pubs/feds/2002/200235/200235pap.pdf.

Gutter, M.S. y Saleem, T. (2005). Financial vulnerability of small business owners. Financial Services Review, 14, 2 Pág. 133

Kuckertz, A., & Mandl, C. (2016). Capturing the complexity and ambiguity of academic fields: Determining consensual definitions for small business research, entrepreneurship and their shared interface. In *Complexity in Entrepreneurship, Innovation and Technology Research* (pp. 417-438). Springer, Cham.

Neri Torres, J. L., & Watson, W. (2013). An examination of the relationship between manager self-efficacy and entrepreneurial intentions and performance in mexican small businesses. *Contaduría y Administración*, 58(3), 65-87.

Orser, B.J., Hogarth-Scott, S. & Riding, A. (2000). Performance, Firm Size, and Management Problem Solving. *Journal of Small Business Management*, 38, 4, 42-58.

1.3 Propósito de la empresa

En su forma más simple el propósito base de un negocio familiar consiste en llevar a cabo una actividad regular que genere ingresos para el empresario y su familia, pero mientras la empresa no haya logrado una posición destacada en su ramo, el empresario pondrá mayor énfasis en que la empresa siga siendo exitosa, que en la tasa de **retorno sobre la inversión**; dicho de otra manera, al empresario y a su familia darán mayor importancia a la suerte de la empresa en los siguientes cinco años, así como a otros fines no-económicos, como puede ser la armonía familiar y el prestigio social.

En cambio, en las empresas grandes que cotizan en bolsa la administración de seguirá dando importancia central a lograr una tendencia creciente en las utilidades en el corto plazo, con el propósito de que el valor de la acción siga esa misma tendencia.

Es ampliamente aceptada la idea de que el propósito de la empresa es la **creación de valor**, que se refleja en el aumento del valor de la empresa, y que desde el punto de vista financiero no es otro que el **valor presente** de los ingresos que el propietario espera recibir de la empresa en el futuro.

Desde el punto de vista microeconómico las empresas normalmente buscan mejorar sus resultados, los que dependen de **variables internas** como su estructura de sus costos y sus posibilidades de producción, y de **variables externas**, como puede ser el posicionamiento de sus competidores. Se dice que las empresas grandes no deben ser consideradas como máquinas en busca de incrementos crecientes de sus utilidades, porque deben tener también buena imagen con sus clientes y con la sociedad, así como la capacidad de sobrevivir en el largo plazo.

Sin embargo, debido a que uno de los objetivos más importantes de las empresas será lograr una rentabilidad mayor, que se traduzca en ingresos suficientes para la familia propietaria, la empresa debe hacer nuevas inversiones que le permitan seguir cumpliendo dichos objetivos en el largo plazo. Así, para mejorar la probabilidad de éxito de tales inversiones, conviene que los proyectos de inversión sean evaluados utilizando técnicas que han probado ser exitosas, como las que se proponen en el presente libro.

Las decisiones relativas a los proyectos inversión no solo dependen de los métodos o técnicas que se aplican, sino también el contexto de la organización, y los incentivos que impulsan al administrador, entre otros factores.

Bibliografía

Achtenhagen, L., Melin, L., & Naldi, L. (2013). Dynamics of business models–strategizing, critical capabilities and activities for sustained value creation. *Long range planning*, 46(6), 427-442.

Alavi, M., & Leidner, D. E. (2001). Knowledge management and knowledge management systems: Conceptual foundations and research issues. *MIS quarterly*, 107-136.

Chrisman, J.J., Chua, J.H., Pearson, A.W. & Barnett, T. (2010). Family involvement, family influence, and family-centered non-economic goals in small firms. *Entrepreneurship theory and practice*, 36(2), 267-293.

Freedman, J., & Crawford, C. (2010). Small business taxation, descargado el 17 de noviembre, 2017 de https://papers.ssrn.com/sol3/papers.cfm?abstract_id=1804333

Grönroos, C., & Gummerus, J. (2014). The service revolution and its marketing implications: service logic vs service-dominant logic. *Managing service quality*, 24(3), 206-229.

Haber, S. y Reichel, A. (2007). The cumulative nature of the entrepreneurial process: The contribution of human capital, planning and environment resources to small venture performance. *Journal of Business Venturing*, 22 119– 145.

Pradhan, S. (2012). Value creation by family-owned businesses: A literature review. *IUP Journal of Business Strategy*, 9(4), 35.

Sison, A. J. G. (2016). *Revisiting the common good of the firm (pp.* 93-120). Cheltenham: Edward Elgar.

1.4 Oportunidades de inversión de capital

El surgimiento de un proyecto de **inversión de capital** puede tener como origen la existencia de una oportunidad de iniciar o crecer un negocio. Las oportunidades pueden buscarse **proactivamente**, esto es, cuando la empresa busca desarrollar un nuevo producto, innovar sus procesos de producción, o explorar un nuevo mercado, entre otras alternativas que salen de la rutina administrativa. Alternativamente la oportunidad puede ser de tipo **reactivo**, cuando la empresa reconoce la necesidad de hacer un gasto de inversión, para hacer frente a problemas tales como una reducción en ventas a lo largo de varios meses, o un incremento de costos debido a la obsolescencia de equipos de producción, o responder a la entrada de competidores que afectan sensiblemente a la empresa. Es posible también que la oportunidad haya surgido espontáneamente, la que podría ser un tipo de oportunidad con mejor potencial para la empresa. Normalmente las oportunidades de negocio se desarrollan dentro de la empresa, y no necesariamente tienen que ser algo extraordinario para que sean atractivas, pero conviene estimar el tiempo en el que sea oportuno aprovecharlas, ya que las oportunidades de negocio son temporales.

Debe tomarse en cuenta que algunos propietarios de empresas prefieren mantener pequeña a la empresa, pero puede darse el caso de que las características personales del administrador en el momento constituyan una limitación de la capacidad emprendedora que requiere un proyecto de expansión; en tal circunstancia el evaluador tendrá que ponderar si un determinado proyecto podría llevarse a cabo con éxito. Además, pueden existir otros factores que afecten la viabilidad de un proyecto de inversión, como la imposibilidad para acceder a un financiamiento adecuado, o alcanzar un nivel de **economías de escala** que permita a la empresa reducir costos.

Bibliografía

Cressy, R. (2006). Why do Most Firms Die Young?. *Small Business Economics*, 26: 103–116-

Chandler, G.N., Dahlqvist, J. y Davidsson, P. (2002). *Opportunity recognition processes: a taxonomy and outcome implications*. Babson College.

Cohen, B. y Winn, M.I. (2007). Market imperfections, opportunity and sustainable entrepreneurship. *Journal of Business Venturing*, 22, 29– 49

Dodge, H.R. y Robbins, J.E. (1992). An empirical investigation of the organizational life cycle model for small business development and survival. *Journal of Small Business Management*, 30, 27-37.

Lee, S., Yoon, B., Lee, C., & Park, J. (2009). Business planning based on technological capabilities: Patent analysis for technology-driven roadmapping. *Technological Forecasting and Social Change*, 76(6), 769-786.

Matthews, C.H. & Scott, S.G. (1995). Uncertainty and planning in small and entrepreneurial firms: an empirical assessment. *Journal of Small Business Management*, 33, 4, 34+

Panwar, R., Nybakk, E., Pinkse, J., & Hansen, E. (2015). Being good when not doing well: Examining the effect of the economic downturn on small manufacturing firms' ongoing sustainability-oriented initiatives. *Organization & Environment*, 28(2), 204-222.

Plummer, L.A., Haynie, J. M. y Godesiabois, J. (2007). An Essay on the Origins of Entrepreneurial Opportunity. *Small Business Economics*, 28:363–379; DOI 10.1007/s11187-006-9036-8

Reynolds, P.D. (2005). Understanding Business Creation: Serendipity and Scope in Two Decades of Business Creation Studies. Small Business Economics 24: 359–364, DOI 10.1007/s11187-005-0692-x

1.5 Proyectos de inversión

El proyecto de inversión al que se refiere el presente libro, es aquel que requiere una asignación de recursos financieros importante, a tal grado que requiera una evaluación amplia y/o profunda para tener una convicción objetiva de que conviene llevarla a cabo, porque mejora la rentabilidad de la empresa durante más de dos años. Algunas empresas pueden lograr su desarrollo mediante cambios graduales en su operación, pero con frecuencia pueden existir oportunidades de inversión que requieran montos importantes de recursos; asimismo, conforme las empresas requieran mayor base tecnológica para competir en el mercado, puede ser necesario que el desarrollo dependa en mayor grado del desarrollo de proyectos, hasta convertirse en una organización basada en proyectos.

La evaluación de un proyecto se concibe en el presente libro como el **estudio de viabilidad** de una oportunidad de negocios, cuando ésta tiene un nivel de **riesgo** o **incertidumbre** mayor, que justifica la elaboración de una evaluación formal. Dicha evaluación puede ser más o menos rigurosa, tomando en cuenta la percepción del propietario sobre el riesgo del proyecto, por el conocimiento adquirido en la administración del negocio, así como por la experiencia tenida en proyectos anteriores. Debido a que un proyecto de inversión puede tener un nivel mayor de complejidad, se pueden utilizar diferentes métodos y técnicas para su evaluación, que en el presente libro se utilizan para contestar **preguntas de aplicación** específicas; el objeto de cada pregunta es determinar el grado de conocimiento que se tiene sobre un aspecto relevante de la evaluación, las teorías y técnicas que aplican, y el problema que resuelve.

Una inversión de capital implica la asignación de **recursos escasos** a un fin específico, cuando pueden existir otras alternativas de inversión, por lo cual la evaluación pretende descubrir los atributos que la pueden hacer deseable y necesaria.

Un proyecto de inversión puede considerarse también como una **aventura emprendedora**, porque normalmente se concibe como de resultado incierto y porque presenta riesgos. Se dice también que una aventura emprendedora implica una **experiencia humana óptima**, porque requiere el más alto nivel de conocimiento y experiencia del emprendedor para alcanzar el éxito del proyecto.

Debe resaltarse que un proyecto de inversión implica decisiones financieras importantes, por lo cual el proyecto debería surgir dentro de la **planeación estratégica** de la empresa, en la que se hayan utilizado procesos y métodos que han brindado resultados positivos en situaciones comparables.

La evaluación de un proyecto de inversión se asemeja en alto grado a la elaboración de un **plan de negocios** de un negocio nuevo, por lo cual en el libro se comentan las diferencias que se consideran más importantes en cada etapa del proceso de evaluación. La importancia de la **planeación** es cada vez más importante por el creciente cambio en el entorno tecnológico, que a su vez conlleva cambios económicos y sociales, por lo cual el futuro puede no ser una extensión del pasado. Por tales motivos se refuerza la idea de que la decisión de llevar a cabo un proyecto de inversión tenga las mejores bases cuantitativas y cualitativas, y que la justificación del proyecto no descanse en un auto de fe.

Conforme se avanza en la evaluación del proyecto, el objetivo principal podrá ser modificado, según se revelen **restricciones** como la disponibilidad insuficiente de tecnología o la falta de conocimientos, entre otras; además, se podrán identificar **objetivos complementarios**, como la reducción de impacto ecológico o una mejora en el posicionamiento de la empresa en su **ciclo de vida** como empresa, entre otros, que darían mayores beneficios a la realización del proyecto.

Bibliografía

Alessandri, T. M., Ford, D. N., Lander, D. M., Leggio, K. B., & Taylor, M. (2004). Managing risk and uncertainty in complex capital projects. *The Quarterly review of economics and finance*, 44(5), 751-767.

Artto, K.A, & Kim Wikström, K. (2005). What is project business?, *International Journal of Project Management*, 23, 5, 343-353.

Casson, M. & Wadeson, N. (2007). The Discovery of Opportunities: Extending the Economic Theory of the Entrepreneur. *Small Business Economics*, (2007) 28:285–300

Forsman, H. (2008). Business development success in SMEs: A case study approach. *Journal of Small Business and Enterprise Development* , 15, 3, 606-622, DOI 10.1108/14626000810892382

Irani, Z. & Love, P. (Eds.). (2008). *Evaluating information systems: public and private sectors*. Hungary: Elsevier

Myers, S.C. (1984). Capital structure Puzzle. MIT DSpace, NBER working paper #1393, descargado el 11 de Ago. 2006 de http://dspace.mit.edu/bitstream/1721.1/2078/1/SWP-1548-15376697.pdf

Pauwels, (2014). *It's Not the Size of the Data -- It's How You Use It: Smarter Marketing with Analytics and Dashboards*, Amacom.

2 Metodología de aprendizaje

Generalidades

Existe una cantidad sorprendente de libros, artículos y sitios de internet en los que se pueden encontrar teoría y recomendaciones prácticas sobre diferentes enfoques metodológicos para evaluar proyectos de inversión. No obstante, los autores del presente libro observaron que existe la oportunidad de ofrecer un libro de texto con experiencias de aprendizaje que favorezcan el **desarrollo de competencia**s para estudiantes de licenciatura, además de una combinación de **enfoques** que escapen del modelo de **enseñanza tradicional**, que no ha cambiado mucho desde los años 1950's, y al cual se le atribuye resultados inferiores en comparación con otros enfoques de aprendizaje.

La estrategia de aprendizaje que se propone para el desarrollo de competencias, consiste en el uso de un enfoque multi-metodológico, que incluye el Aprendizaje Basado en Equipos, casos reales o virtuales, investigación, tutoría multidisciplinaria y enfoque sistémico. El reto no es sencillo, pero intenta seguir la huella de **Albert Einstein**, al decir: "Nunca enseño a mis alumnos, sino solo intento proveerles de condiciones en las cuales ellos puedan aprender".

El proceso de aprendizaje de evaluación de proyectos se desarrolla en 6 capítulos, del 3 al 8 con un total de 38 subcapítulos o *temas de estudio*, cada tema con *preguntas de aplicación* específicas. Dichas preguntas pretenden abarcar el contenido deseable de un reporte de evaluación de los proyectos de inversión.

Cada uno de los 38 temas de estudio contiene un resumen del conocimiento teórico y práctico que los autores consideran de mayor relevancia que es necesario tomar en cuenta para la evaluación de un proyecto de expansión, y que comprende varias disciplinas. Es normal que una persona por sí sola no pueda dominar el conocimiento necesario, por lo cual deberá consultar libros especializados cuando tenga dudas sobre algún tema o concepto. Por suerte la búsqueda en internet del significado de los conceptos permitirá aclarar las dudas básicas, que se puede complementar con el acceso a bibliografía que se sugiere en cada tema. Además, el maestro podrá sugerir otras lecturas que considere importantes para complementar el tema, o que proporcionen información útil para un proyecto en particular.

Los elementos del proceso de aprendizaje se describen en detalle más adelante en el presente capítulo, cuya lectura se recomienda antes de iniciar el tema del curso. Conviene sin embargo adelantar un resumen de los elementos básicos:

Casos reales. La evaluación de proyectos de inversión de casos reales sería la mejor opción para el aprendizaje, particularmente cuando la empresa: (1) acceda a proporcionar la información contable y operativa necesaria, (2) permita conocer físicamente las áreas y procesos de operación y (3) autorice la realización de entrevistas y reuniones con personal de la empresa.

Casos virtuales. Es posible evaluar un proyecto de inversión con información limitada, cuando el alumno haya trabajado en la empresa, o cuando puede obtener información aproximada de un familiar o amigo que trabaje en ella. En el libro se sugieren tareas para la evaluación de un proyecto de éste tipo.

Profundidad de la evaluación. La evaluación a fondo de un proyecto puede requerir un número elevado de horas de trabajo, dependiendo de la complejidad del proyecto y de la información operativa y contable disponible. En efecto, la elaboración del análisis de la industria, del plan de mercado, o el plan de operación son tareas retadoras, especialmente cuando no se tiene experiencia suficiente. Conviene que el grado de profundidad de la evaluación lo determine el maestro antes del inicio del curso, dependiendo del número de horas que los alumnos puedan dedicar a la evaluación.

Nivel de objetividad. Una decisión importante que deben tomar los maestros al inicio del curso reside en determinar el nivel de objetividad que deberá cumplir el trabajo de evaluación de un proyecto de inversión. No cabe duda que la evaluación debe ser objetiva, y estar basada en el análisis de evidencias observadas mediante las técnicas recomendadas por cada disciplina, sin influencias de tipo emocional o perjuicios personales. Sin embargo, la evaluación de proyectos de inversión es una actividad de alta complejidad, que puede estar fuera del alcance de tiempo y experiencia de los alumnos. Así, dependiendo del nivel suficiencia de los alumnos, en cada caso los profesores habrán de determinar cuándo una pregunta ha sido contestada a un nivel adecuado de objetividad, o qué actividades adicionales conviene desarrollar.

Es común que los empresarios tomen diariamente decisiones con información aproximada o incompleta, particularmente en las empresas pequeñas; por consiguiente, podría ser razonable utilizar información contable o económica aproximada para el estudio de un proyecto escolar. En tal sentido, en la evaluación de proyectos virtuales se sugieran técnicas que pueden ser útiles para estimar cifras contables o económicas de la empresa, Por ejemplo, el volumen de ventas de un producto en particular puede estimarse a partir de preguntas a clientes, proveedores, competidores, o aún estimarse a partir de cifras agregadas de los censos económicos del INEGI.

Duración del trabajo de evaluación de un proyecto. Cuando el propietario o administrador han identificado una oportunidad de inversión atractiva para el negocio, preferirían contar con una evaluación adecuada de inmediato, o en un plazo breve. Sin embargo, conviene que la evaluación de proyectos como tarea escolar se extienda a la duración del curso, con el fin de lograr el mayor nivel de objetividad, especialmente cuando los casos sean complejos. Además, en ocasiones la empresa no cuenta con información apropiada, o los profesores querrán utilizar técnicas diversas que refuercen el aprendizaje.

El presente libro se propone una distribución de actividades para un curso de 16 semanas, con ocho horas de contacto presencial por semana. En su caso, los maestros podrán modificar lo necesario, de acuerdo a los requerimientos del programa de estudios y a su experiencia docente.

Es importante advertir que la calidad de la evaluación del proyecto y el aprendizaje de competencias dependerá del número de horas que el estudiante dedique a la investigación y desarrollo de las tareas asignadas, según la dificultad que implique dicha evaluación.

2.1 Aprendizaje basado en competencias

Es ampliamente reconocido que los egresados de estudios universitarios no vienen adquiriendo en el aula las competencias que demanda el mercado, no obstante el acentuado requerimiento de ellas por los empleadores, requerimiento que no hay indicios de que pueda disminuir.

Existen diversos modelos para clasificar y definir competencias, lo cual abre la posibilidad de que los profesores tengan preferencia sobre algún modelo que pueda ser útil para aplicar a los aprendizajes que se adquieran en un curso de evaluación de proyectos de inversión. En el presente libro se sugiere utilizar el modelo propuesto por el Departamento de Trabajo de los Estados Unidos (Employment and Training Administration, United States Department of Labor, www.careeronestop.org/CompetencyModel/competency-models/pyramid-download.aspx), porque la clasificación y definición de competencias parece tener una relación lógica con los objetivos de aprendizaje del libro. Dicho modelo propone tres grupos de competencias: de efectividad personal, académicas y de trabajo. Entre las **competencias de efectividad personal** que los alumnos podrán adquirir en el curso, estará la capacidad de mantener una actitud positiva, establecer objetivos retadores o cumplir sus obligaciones; entre las **competencias académicas** podrán adquirir la capacidad de atender los detalles, integrar información o presentar ideas fundamentadas y bien desarrolladas; entre las **competencias de trabajo** se pueden adquirir la capacidad de trabajar en forma cooperativa, establecer relaciones productivas y generar soluciones innovadoras, entre otras. En particular, el libro se enfoca en el desarrollo de las **competencias de trabajo específicas** de un modelo emprendedor (ver https://www.careeronestop.org/CompetencyModel/competency-models/pyramid-download.aspx?industry=entrepreneurship), que incluye, por ejemplo, (1) la competencia de estar orientado hacia las oportunidades, (2) determinar la factibilidad de las ideas, (3) evaluar los riesgos asociados a un proyecto de inversión, (4) estimar los costos e ingresos potenciales para efectos de planeación, entre otras más.

Una oportunidad para los profesores interesados en la investigación sobre el aprendizaje de competencias, será el enriquecimiento de técnicas para la **evaluación del aprendizaje basado en competencias**, para lo cual puede ser útil el modelo que se explica en el sub-capítulo 2.6.

Bibliografía

Luca, J. & Heal, D. (2007). Producing Graduates with Essential Generic Skills: A Model for Teaching and Learning. In C. Montgomerie & J. Seale (Eds.), Proceedings of World Conference on Educational Multimedia, Hypermedia and Telecommunications 2007 (pp. 2883-2891). Chesapeake, VA: AACE. Retrieved October 13, 2014 from http://www.editlib.org/p/25785

Lustri, D., Miura, I., & Takahashi, S. (2007). Knowledge management model: practical application for competency development. *The Learning Organization*, 14(2), 186-202.

Suikki, R., Tromstedt, R., & Haapasalo, H. (2006). Project management competence development framework in turbulent business environment. *Technovation*, 26(5-6), 723-738.

Whetten, D.A. & Sue Campbell Clark, S.C. (1996). An Integrated Model for Teaching Management Skills. *Journal of Management Education*, 20, 2, 152-181.

2.1.1 Enfoque multidisciplinario

La evaluación de proyectos de inversión podría realizarse en forma más apropiada con la participación en equipo de estudiantes de diferentes programas, como finanzas, mercadotecnia, contabilidad o administración. Igualmente el aprendizaje podría realzarse con la tutoría de profesores de tales disciplinas, también integrados en equipo. La implementación del trabajo multidisciplinario podría beneficiar tanto a los alumnos como a las escuelas, pero sería recomendable que el currículo del curso así lo contemple, o que se cuente con el compromiso de los profesores que acepten participar como maestros o tutores.

Bibliografía

Ducoffe, S. J. S., Tromley, C. L., & Tucker, M. (2006). Interdisciplinary, team-taught, undergraduate business courses: The impact of integration. *Journal of Management Education*, 30(2), 276-294.

Kennedy EJ, Lawton L, Walker E. 2001. The case for using live cases: shifting the paradigm in marketing education. *Journal of Marketing Education* 23(2): 145–151

Seethamraju, R. (2012). Business process management: a missing link in business education. *Business Process Management Journal*, 18(3), 532-547

2.1.2 Aprendizaje basado en equipos ABE-TBL

El formato del libro ha sido diseñado para utilizar el método de aprendizaje conocido como Aprendizaje Basado en Equipos (ABE, o TBL por sus siglas en inglés), cuya propuesta fue publicada en 2002 en forma de libro por Michaelsen, L., Knight, A., y Fink, D. (*Team-Based Learning: A Transformative Use of Small Groups for Large and Small Classes*. Westport, Conn: Bergin & Garvey). Sobre dicho método se han publicado numerosos artículos y materiales de apoyo a los que se puede acceder en internet.

El ABE ha resultado ser un método superior de aprendizaje, pero su adopción por maestros que utilizan el método tradicional no estará libre de obstáculos, porque es necesaria su disposición para el cambio de paradigma, hacia un **enfoque constructivista** en que el alumno se responsabiliza de su aprendizaje, mientras el maestro funge como guía. El método tradicional parece sencillo cuando el maestro ha logrado ser un buen comunicador, y para el alumno que considera que comprender conceptos y procesos es suficiente. Sin embargo, el método tradicional no alcanza a desarrollar las competencias que requiere el mercado de trabajo; bajo el enfoque tradicional la evaluación del aprendizaje generalmente sólo mide conocimientos y, cuando el alumno no logra comprender el tema, puede atribuir el problema a la inadecuada explicación del maestro. El ABE requiere un esfuerzo adicional del maestro para aplicarlo, sobre todo en un primer curso, pero los beneficios posteriores son muy altos para maestros y alumnos. En efecto, con la utilización del ABE las clases de cuatro o más horas seguidas se desarrollan sin cansancio, estrés o aburrimiento; el alumno adquiere o refuerza sus competencias humanas, conceptuales y técnicas, y la evaluación del aprendizaje puede tener un mayor grado de objetividad.

El ABE es un método altamente estructurado, por estar basado en procedimientos, los cuales se desarrollan mediante las siguientes bases:

Unidades instruccionales. Se recomienda dividir un curso en unidades instruccionales, cada una de las cuales se desarrolla mediante tres procesos: (1) lectura a profundidad por el alumno del materia asignado, (2) aseguramiento de lectura y (3) aplicación de conceptos del curso. En la gráfica siguiente, se pueden observar en detalle la secuencia de actividades que se sugiere aplicar en el curso.

Figura 2.1.2.1 Secuencia de actividades por unidad instruccional.

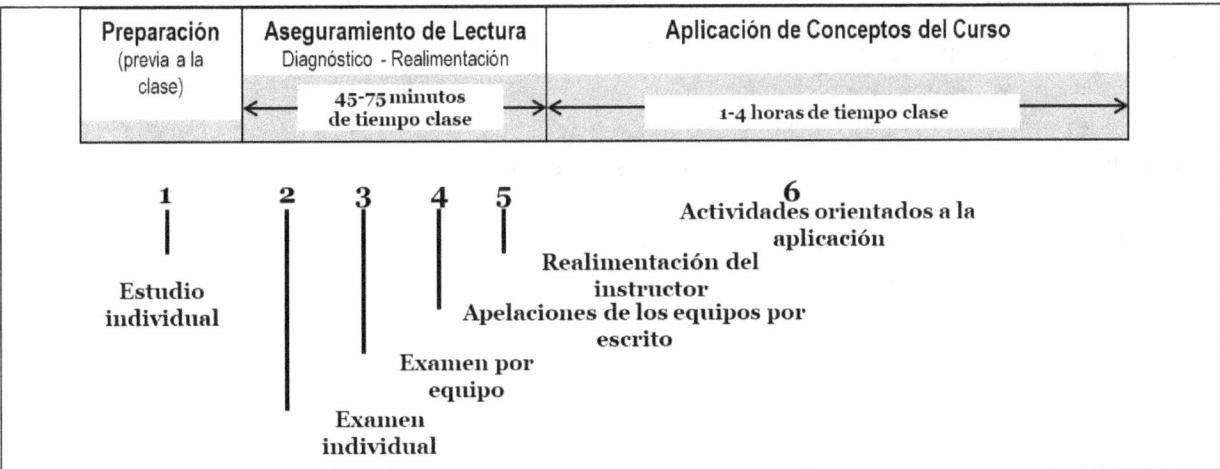

Lectura previa por el alumno. El alumno estudia individualmente las lecturas de cada tema de estudio o **unidad instruccional** asignadas por el maestro; dichas lecturas deben contener suficiente información para que el alumno pueda resolver los problemas de aplicación de la unidad. El presente libro contiene lecturas y fuentes de consulta básicas, que el maestro podrá complementar para enriquecer el conocimiento.

Aseguramiento de lectura. El maestro aplica examen individual de 10 preguntas de opción múltiple para verificar que el alumno haya leído el material; luego el mismo examen es contestado por el equipo. La aplicación del examen en equipo brinda la oportunidad de que los integrantes del equipo dialoguen sobre la respuesta correcta de cada ítem, lo cual les permite comprender mejor los conceptos o detectar dudas que requieran realimentación por el maestro.

Realimentación del maestro. Conviene que el maestro conteste las dudas que los alumnos tengan sobre los conceptos, y ofrezca realimentación durante el desarrollo de las actividades de aplicación en equipo que se desarrollan en el salón.

Aplicación de conceptos por tema. En cada unidad instruccional el maestro asigna tareas individuales sencillas de aplicación, para ser resueltas por los alumnos fuera del salón de clase, e igualmente tareas en equipo para ser realizadas en el salón; una vez que alumnos y equipos hayan elaborado las tareas sencillas, el maestro asignará tareas con mayor grado de complejidad. Durante las tareas en equipo, que se desarrollan en el salón de clase, el maestro podrá observar la participación y ambiente de trabajo de los equipos, y resolver dudas o proponer ideas que contribuyan a mejorar la calidad de las tareas.

Tareas individuales. Conforme se ha señalado, las *tareas individuales* que el maestro asigne se llevarán a cabo fuera del salón de clase, y generalmente tendrán que ver con la realidad de los casos de estudio individual o de equipo, según el plan que desarrolle el maestro antes del inicio del curso.

Tareas en equipo. El método ABE propone que las tareas en equipo se realicen en el salón, con la presencia del maestro, con base en sus indicaciones. Dichas tareas tendrían por objeto que los alumnos revisen planes de trabajo, realicen análisis, y avancen en los temas de la evaluación que desarrolla cada uno de los integrantes. En el *anexo 2.2.3* se presenta un formato que el equipo puede llenar en computadora, en sesiones de trabajo de una a dos horas. El maestro puede adaptar dicha plantilla para adecuarla al objetivo de cada actividad, y tiene la ventaja de permitir la evaluación objetiva de los aprendizajes, tanto a nivel individual como en equipo.

Presentación tareas ante el grupo. Una práctica altamente útil para el aprendizaje es la presentación de los resultados de algunas tareas individuales y de equipo ante el grupo, que permita al alumno conocer enfoques y situaciones diferentes, y al maestro proporcionarle realimentación; además, considerando que los casos que desarrollan alumnos y equipos son diferentes, los alumnos ampliarán su dominio de cada competencia al observar las condiciones que afectan a las diferentes ramas de actividad de los negocios, así como a la **idiosincrasia** de la administración de las empresas.

Preparación del maestro en aplicar el ABE. Es deseable que el maestro haya recibido capacitación previa sobre la utilización del método. Sin embargo, el maestro podrá auto-capacitarse mediante los recursos disponibles en internet, y apoyarse en los recursos que ofrece el presente libro, el cual ha sido está organizado para facilitar su aplicación. Toda vez que su utilización genera alta satisfacción en el maestro por el cambio de la actitud de los alumnos hacia la forma de trabajar en equipo, el tiempo que dedique a su auto-preparación se verá recompensado.

Bibliografía

Camarero, C., Rodríguez, J., & San José, R. (2010). A comparison of the learning effectiveness of live cases and classroom projects. *The international journal of management education*, 8(3), 83-94.

Haidet, P., Kubitz, K. & McCormack, W.T. 2014, Analysis of the Team-Based Learning Literature: TBL Comes of Age, https://www.ncbi.nlm.nih.gov/pmc/articles/PMC4643940/

Hayes, P., & Omodei, M. (2011). Managing Emergencies: Key Competencies for Incident Management Teams. *Australian & New Zealand Journal of Organisational Psychology*, 4(1), 1-10. doi:10.1375/ajop.4.1.1

Martin, V.T. 2005 A Prescription for Systemic Learning Management. *The FBI Law Enforcement Bulletin*, 74, 12, 9+

Michaelsen, L. K., Watson, W., Cragin, J. P., & Dee Fink, L. (1982). Team learning: A potential solution to the problems of large classes. Exchange: *The Organizational Behavior Teaching Journal*, 7(1), 13-22.

Michaelsen, L.K., Knight, A.B. y Fink, L.D. (2002). *Team-Based Learning: A Transformative Use of Small Groups*. Westport, CT., Praeger.

Michaelsen, L. K., & Sweet, M. (2008). The essential elements of team-based learning. *New directions for teaching and learning*, 2008(116), 7-27.

Parmelee, D. X., & Michaelsen, L. K. (2010). Twelve tips for doing effective team-based learning (TBL). *Medical teacher*, 32(2), 118-122.

Styron Jr, R. A., Michaelsen, L. K., & Styron, J. L. (2015). Implementing a University-Wide Change Initiative. *To Improve the Academy*, 34(1-2), 194-233.

2.2 Proceso general del curso

Generalidades

El objetivo principal del curso sería que los alumnos desarrollen competencias generales y específicas que les permitan evaluar proyectos de expansión de empresas pequeñas, bajo las siguientes sugerencias: (1) al inicio del curso, el maestro pide a los asistentes integrarse en equipos de aprendizaje de seis alumnos; (2) cada alumno elige una empresa pequeña que será su caso de estudio personal, que para efectos del curso se denominaría *caso virtual*; (3) cada equipo de aprendizaje elige entre los casos de estudio personales de sus integrantes el que les parezca más atractivo para ser el caso de estudio del equipo como caso real, para lo cual se requerirá la colaboración de la empresa; (4) a lo largo del curso, cada alumno realiza las tareas que les asigna el maestro para evaluar financieramente su caso personal virtual; (5) cada alumno se hace cargo de realizar las tareas que le correspondan del caso de estudio del equipo, incluyendo la contestación de las preguntas de aplicación.

El motivo para que cada alumno trabaje en un caso personal y a la vez en el caso en equipo, es de reforzar el desarrollo de competencias, porque al comparar entre dos casos el alumno puede mejorar su competencia de pensamiento analítico, para identificar discrepancias, parámetros, causas posibles de un problema, entre otras habilidades.

Una característica que distingue al libro consiste en que el objetivo de aprendizaje de cada tema de la evaluación consiste en contestar una o más preguntas de aplicación, utilizando teorías aceptadas y prácticas que han dado buenos resultados en las empresas. Conviene que la evaluación del proyecto de expansión se aborde mediante un proceso gradual, en el que los alumnos avancen simultáneamente en varias de las *preguntas de aplicación* que tenga asignadas, toda vez que existe interrelación entre casi todos los temas.

Si bien la evaluación de un proyecto real brindará claramente mejores oportunidades para que los alumnos adquieran las competencias necesarias, en caso de que los alumnos o el maestro consideren que no existen condiciones para realizar la evaluación de un caso real, el proyecto de equipo podría ser de tipo virtual, mediante la utilización de información aproximada o indirecta, toda vez que los alumnos desarrollan actividades equivalentes a las que requiere un proyecto real.

Preparación previa del curso

Antes del inicio del curso, el maestro o maestros que participen en la enseñanza o tutoría del curso, querrán determinar los alcances y bases para llevarlo a cabo, tales como el tipo de casos, las experiencias de aprendizaje que se aplicarán, las lecturas complementarias que se asignarán, el acopio de datos que podrá obtener para los proyectos de investigación de los maestros, entre otros propósitos.

Un factor importante para determinar las características y objetivos específicos del curso, será principalmente el número de horas que el curso tenga asignadas para contacto con los alumnos, toda vez que el desarrollo de competencias usualmente requerirá mayor tiempo que el método tradicional, porque éste último tiene un alcance de aprendizaje mucho menor. En consecuencia, cuando el número total de horas asignadas sea menor al requerido para el estudio a profundidad de todos los temas de la evaluación, el maestro querrá asignar mayor tiempo a los temas que mejor beneficien el desarrollo de los alumnos.

En el libro se proponen 38 temas de estudio específicos que integran el proceso de evaluación de un proyecto, los que se presentan en los capítulos 3 al 8. Para efectos de la aplicación del método ABE, cada tema puede ser considerado como una **unidad instruccional**, cuyo estudio puede requerir un mínimo de cinco horas de contacto maestro-alumno. El curso puede estar dividido en módulos o etapas, cada una de los cuales puede contener una o más unidades instruccionales, en una secuencia que permita al profesor cumplir con los objetivos del curso; los últimos uno o dos módulos o etapas del curso pueden estar dedicados a la revisión del reporte de evaluación del proyecto y, cuando el maestro considere que la evaluación se ha concluido satisfactoriamente, podrá autorizar su presentación a la empresa.

Es usual que el alumno esté inscrito simultáneamente otros cursos, por lo que en algunas ocasiones la presión académica puede ser desproporcionada, en cuyo caso podría ser benéfica la intervención del nivel superior para administrar las prioridades académicas en beneficio de los alumnos.

Además, cuando sea posible la participación de maestros de varias disciplinas en el curso al que se refiere el presente libro, el plan de participación de los docentes contendrá los acuerdos que se hayan tomado para enriquecer las experiencias de aprendizaje.

Número de etapas instruccionales. En el anexo *2.2.1 Etapas instruccionales* se muestra una estructura en la que el curso se desarrolla en siete módulos o etapas, con duración de 10 a 20 horas de contacto maestro-alumno cada una; en las primeras cinco etapas se distribuyen las 38 unidades instruccionales, con 7 u 8 unidades por etapa instruccional; las últimas dos etapas se pueden dedicar a revisar el reporte de evaluación completo y, en su caso, presentarlo al administrador de la empresa y hacerle la entrega del reporte terminado. El maestro podrá modificar la distribución de temas, reducir o aumentar el número de etapas, dejar fuera algunos temas, o agregar otros que considere necesarios, conforme las circunstancias lo determinen.

Selección de casos. El autor ha tenido siempre buena experiencia en pedir a cada alumno que busque una empresa pequeña local para su caso personal de estudio durante el curso; cuando los alumnos se integran en equipo, podrán elegir el caso de uno de los integrantes como el caso de estudio del equipo, respecto al cual elaborarán la evaluación a profundidad de un proyecto de expansión. Cuando existan condiciones para ello, la escuela podrá sugerir casos de empresas que hayan solicitado apoyo, que vendrían a ser casos de estudio en equipo. En cualquier alternativa de casos reales la escuela determinará la necesidad de la firma de un acuerdo escrito con la empresa, en el que se especifiquen las condiciones y limitaciones del estudio.

Nota: En los capítulos 3 al 8 del libro se utiliza el término *evaluador* para referirse al alumno o al equipo en su función de evaluador del proyecto.

Lecturas. Conviene que el maestro determine cuales lecturas asignará como complemento a la teoría y práctica incluidas en el libro, y recordar a los alumnos una semana antes del inicio de cada unidad instruccional cuáles lecturas deberán estudiar antes del inicio de la unidad. La lectura previa de los temas por los alumnos permite el uso eficiente del tiempo del maestro, porque aumenta su disponibilidad para su función de tutor en la aplicación del conocimiento. Cada alumno deberá estudiar las lecturas asignadas en cada etapa, aun cuando la evaluación de los temas haya sido asignada a otros integrantes del equipo.

Integración de equipos

Una vez que el profesor haya presentado los objetivos y metodología del curso, puede pedir a los alumnos integrarse discrecionalmente en equipos de seis alumnos (uno más o uno menos), para la realización del trabajo de evaluación de un caso real. En ocasiones el maestro preferirá designar él la integración de los equipos, especialmente cuando tenga conocimiento del perfil y características personales de cada alumno, y con ello mejorar el potencial de lograr un mejor desempeño y aprendizaje.

Será útil que cada equipo acuerde el nombre del equipo, compuesto de una o dos palabras, para facilitar la comunicación durante el curso.

El anexo *2.2.2 Constitución de equipo* contiene un formato que puede ser utilizado para formalizar la integración del equipo. El maestro podrá destinar algunas horas de clase a la preparación de los alumnos para mejorar su disposición para el aprendizaje en equipo. No es indispensable que el equipo tenga un líder o facilitador, porque habrá circunstancias en las cuales un miembro del equipo tenga las aptitudes adecuadas para liderar una actividad particular de la tarea, mientras que en otras tareas otros alumnos podrán ejercer algún tipo diferente de **liderazgo** que sea más apropiado.

Distribución de responsabilidades en el equipo

El libro está organizado para ser desarrollado en equipo, por lo cual es importante aplicar un esquema de asignación adecuado de tareas y responsabilidades a cada integrante, tarea que el maestro determinará de acuerdo con el conocimiento que tenga de las características y conocimientos de los alumnos, y de la experiencia que tenga en aplicar el aprendizaje en equipo.

Una forma que ha funcionado con la metodología que se propone en el libro consiste en que cada integrante de un equipo sea responsable de uno de los seis capítulos que contiene el reporte de evaluación, tarea que entregarán al final del curso (ver contenido del reporte en el subcapítulo 2.8). En consecuencia, conviene que el alumno que tenga mayor cercanía con el administrador o propietario de la empresa: (a) tenga asignado el *capítulo 6 Financiamiento* del reporte de evaluación, por ser la tarea que requiere menor tiempo; (b) sea el enlace para concertar reuniones de trabajo con la empresa; (c) participe en recabar la información interna necesaria y (d) apoye al integrante del equipo que en algún momento enfrente mayor carga de trabajo. Los otros integrantes del equipo podrán hacerse cargo de los otros capítulos, un capítulo por integrante.

Selección de casos

El aprendizaje basado en casos locales reales ofrece la ventaja de acceder a información rica y variada, que combinada con el conocimiento del entorno real, ofrecen la oportunidad de adquirir experiencia de campo. Es importante enfatizar la necesidad de cuidar la confidencialidad de la información sensible de la empresa, así como la aplicación de principios éticos para evitar el mal uso de la información.

Conviene que al inicio de la primera unidad del curso el maestro asigne a los alumnos la tarea de buscar una empresa local que cuente con más de 20 empleados, como un *caso de estudio* para elaborar en forma personal, si bien en algunos casos se podría justificar aceptar casos de empresas con al menos 10 empleados. Es preferible que la empresa sea conocida por el alumno, bien sea porque él mismo o un familiar o amigo trabaje o haya trabajado allí, o porque le gustaría trabajar en dicha empresa en el futuro.

Si el alumno conoce al administrador o propietario de la empresa, y considera que la empresa podría beneficiarse con una propuesta de inversión, podrá determinar si existen condiciones para ofrecerle la evaluación de un proyecto de inversión, el cual se consideraría como un *caso de estudio real*.

Cuando el alumno elige la empresa caso podrá tener mayor motivación para realizar el trabajo, especialmente cuando tenga interés de colocarse en el futuro en dicha empresa. Si bien el libro se enfoca a la evaluación de proyectos de inversión de empresas pequeñas, al alumno podrá elegir como caso virtual a una empresa grande o que cotice en bolsa, ya que la metodología de evaluación puede hasta cierto grado ser aplicable a ellas.

Bibliografía

Bruner, R. F., Gup, B. E., Nunnally, B. H., & Pettit, L. C. (1999). Teaching with cases to graduate and undergraduate students. *Financial Practice and Education*, 9, 138-146.

Camarero, C., Rodríguez, J., & San José, R. (2010). A comparison of the learning effectiveness of live cases and classroom projects. *The international journal of management education*, 8(3), 83-94.

Dalecki, L., DeVito, R., Freeze, R., Pore, A., & Shah, G. (2014). Faculty preferences regarding a variety of case methods used in the teaching of international business: a study update. *The Journal of International Business Research and Practice* (JIBRP) Volume 8, 2014, 8, 19.

Georgiou, I., Zahn, C., & Meira, B. J. (2008). A systemic framework for case-based classroom experiential learning. *Systems Research and Behavioral Science: The Official Journal of the International Federation for Systems Research*, 25(6), 807-819.

Johnson, L. A. & Helms, M.A. (2008). Keeping it local: Incorporating a local case study in the business curriculum. *Education+ Training*, 50.4: 315-328.

Michaelsen, L.K. & Boyd, D.R. (2011). The Integrative Business Experience: A Practical Approach for Learning by Doing. *Journal of Applied Learning in Higher Education*, 3, 25-41.

Sparks, R. J., & Langford, J. (2012). An Examination Of Traditional Business Case Studies-Are They Outdated In Today's Technology Connected Environment?. *Journal of Business Case Studies* (Online), 8(2), 217.

Caso individual virtual

En forma independiente a la evaluación en equipo, cada alumno puede desarrollar en forma individual una evaluación simplificada de un proyecto de inversión, que se puede denominar caso virtual, que tiene como referencia una empresa real, basada en datos e información aproximados que puedan obtenerse de fuentes externas, así como de cifras estimadas por el alumno a partir de información indirecta o mediante observación propia.

La evaluación de un proyecto virtual será esencialmente financiera, sin que sea necesario que la información sea precisa, pero las cifras y el análisis deberán reflejar coherencia y un acercamiento hacia la realidad.

Los datos, cifras o información que el alumno deberá investigar se especifican en formatos y plantillas diseñados mediante hoja electrónica de cálculo que se incluyen como parte del libro, formatos que pueden ser modificados por el profesor conforme a los objetivos específicos del curso. En cada formato se sugieren la forma de obtener o estimar los datos o cifras.

Perfil de la empresa caso

El maestro podrá asignar como la primera tarea individual, que cada alumno obtenga información aproximada sobre la empresa que desee elegir como caso personal de estudio, para lo cual se sugiere utilizar un formato como el que se muestra en el anexo ***2.2.4 Información básica de la empresa***. Es práctico que el alumno envíe la tarea al maestro por email, o la suba a la plataforma virtual educativa que utilice la escuela, como MOODLE, EVA, Blackboard, etc. El maestro podrá copiar y pegar los datos del perfil de la empresa a una hoja de cálculo para el seguimiento de los casos de estudio, para investigación propia, etc.

Caso de equipo

Es deseable que cada equipo de alumnos evalúe durante el curso un proyecto de inversión real, con la objetividad y profundidad requeridas para ser presentada formalmente ante el propietario o administrador de la empresa, y que pueda ser de utilidad para ésta. El ***objetivo del proyecto*** puede ser sugerido por la empresa, o puede ser resultado de un ejercicio de investigación del equipo de alumnos.

El caso de equipo puede ser elegido entre los casos individuales de los integrantes del equipo, mediante una ***tarea en equipo*** que el maestro programe antes de la primera ***etapa instruccional*** del curso. En el caso de que el maestro opte por la alternativa propuesta, puede utilizar una plantilla como la que se muestra en el anexo ***2.2.6 Plantilla para elegir caso en equipo***. Los datos de las empresas caso provienen del formato ***anexo 2.2.3*** referido en el punto anterior. La plantilla sugiere rúbricas para que el maestro pueda evaluar el aprendizaje.

Preguntas de aplicación

Una característica particular del método propuesto en el libro consiste en fundamentar la evaluación de un proyecto de inversión mediante **79 Preguntas de Aplicación**. Cada pregunta podría aportar elementos que pueden ser relevantes para que la empresa pueda, en su caso, tomar la decisión de aceptar el proyecto.

Es posible que algunas preguntas tengan mayor relevancia para una empresa, mientras otras preguntas no tengan relevancia. Además, las características y el objetivo de cada proyecto pueden influir en la importancia que se le pueda asignar a cada pregunta de aplicación. Por consiguiente, se sugiere a los maestros que, en base a sus conocimientos y experiencia, determinen el grado de profundidad y objetividad con que deba contestarse cada pregunta, o bien agregar, suprimir o modificar las preguntas. Se entiende que en el informe final de evaluación se habrán eliminado las *preguntas de aplicación*, y solo quedarán las respuestas a cada una de dichas preguntas, con la redacción formal que corresponde a un informe profesional.

Cada *pregunta de aplicación* puede ser considerada como la pauta para adquirir el conocimiento necesario para resolver un problema que la empresa podría tener, ya que la existencia de un problema indica la presencia de un riesgo, el cual tendrá mayores posibilidades de ser resuelto en la medida en que el problema sea descrito adecuadamente.

Mediante la aplicación de un método de aprendizaje estructurado como el ABE, el proceso debe contener elementos para que el estudiante pueda encontrar, por sí mismo y en equipo, el conocimiento requerido para contestar cada pregunta de aplicación. Para tal efecto, cada uno de los subcapítulos a partir del 3.1 contiene teoría y técnicas que han probado ser exitosas, así como tareas individuales y en equipo que apoyarán el esfuerzo de los alumnos.

Premisas teóricas y prácticas

Los subcapítulos 3.1 y siguientes contienen una sección con elementos teóricos y prácticos que pueden guiar a los alumnos en su investigación para redactar la respuesta a cada una de las *preguntas de aplicación*, que el profesor podrá complementar o reemplazar, dependiendo de objetivos específicos del curso o de las características de los proyectos.

En cada lectura se describen las teorías probadas en el tiempo, que pueden ser de utilidad para fundamentar la respuesta a cada pregunta de aplicación, de tal forma que el trabajo de los alumnos no sea solamente un ejercicio de opiniones o creatividad sin bases académicas. Además, en la lectura se resaltan en negrita los conceptos clave, que los alumnos comprender en un grado en que les permita percibir su aplicación en la evaluación.

Recursos requeridos

La capacidad de responder adecuadamente a cada pregunta de aplicación está sujeta a que el alumno conozca y disponga de los recursos que se requieren para realizar la investigación y obtener una respuesta plausible. Por consiguiente, en cada subcapítulo se sugieren los recursos de información, metodología, instrumentos o técnicas que se consideren necesarias para contestar las preguntas.

Aplicación

La respuesta apropiada a cada pregunta de aplicación se puede alcanzar a partir de elementos teóricos, prácticos y metodológicos que se proponen en cada subcapítulo, y el nivel de calidad de la respuesta será la medida en que el alumno haya alcanzado el aprendizaje deseado.

La búsqueda académica para contestar una pregunta de aplicación puede seguir diferentes procesos alternativos, con base en elementos teóricos y prácticos como los que proporciona el libro. En cada subcapítulo se anotan también los obstáculos o problemas que pueden surgir, para que el alumno esté preparado para tomarlos en cuenta en forma eficiente.

Cuando una empresa haya tomado la decisión de llevar a cabo un proyecto de inversión, el empresario podrá designar a la persona que se haga cargo de la etapa de **administración del proyecto** y, si dicha administración se lleva a cabo en forma adecuada, la empresa tendrá expectativas positivas de alcanzar los resultados. Además, durante la evaluación de un proyecto será posible identificar problemas que podrían darse en el futuro, en cuyo caso se pueden adelantar recomendaciones para detectar los problemas y adelantar posibles soluciones. Igualmente se podrán identificar **indicadores de éxito**, para que la gerencia pueda darles seguimiento.

Fuentes de consulta complementarias

El libro ofrece en cada uno de los temas una introducción que permitirá guiar al alumno, pero siempre será recomendable consultar libros o artículos especializados, así como sitios de internet que pueden contener información crítica para el proyecto, algunos de los cuales se sugieren en cada subcapítulo.

2.3 Experiencias de aprendizaje

El presente libro aspira a que el desarrollo de competencias se logre principalmente mediante experiencias de aprendizaje, en las que el maestro, con apoyo del libro, guíe al estudiante a descubrir las respuestas a las *preguntas de aplicación*, a través de actividades que combinan experiencias individuales, en equipo, y en grupo.

Al inicio del curso el maestro explicará las características del proceso de aprendizaje, que constará de una secuencia de experiencias de tipo individual y de equipo, que permitan el desarrollo de competencias útiles para el desarrollo individual y profesional del alumno.

El ABE contempla que las actividades o experiencias de aprendizaje individual se realicen preferentemente fuera del aula, mientras que las experiencias de aprendizaje en equipo se realicen en el salón de clase.

El registro del desarrollo de experiencias de aprendizaje se puede realizar mediante plantillas y formatos que proponen en la sección de Anexos, las cuales contiene indicaciones sobre su utilización y, cuando corresponda, una rúbrica para la evaluación del aprendizaje. El maestro podrá modificar o adecuar dichas plantillas o formatos, o crear otras nuevas, toda vez que las circunstancias y requerimientos pueden variar entre un curso y otro.

Experiencias de aprendizaje individuales

En cada subcapítulo a partir del 3.1 se proponen tareas individuales, que el alumno responsable del capítulo realizará para el desarrollo del caso en equipo. El contenido de dichas tareas debe ser intuido por el alumno para contestar las preguntas de aplicación, con base en las lecturas asignadas para el tema en cuestión, contenido que puede ser objeto de revisión mediante una tarea en equipo, a la cual el maestro podrá sugerir cambios.

En maestro podrá modificar las características de las tareas, o pedir a los alumnos realizar dichas tareas como parte de la evaluación del caso personal de tipo virtual. En congruencia con método ABE, las tareas individuales se realizan fuera de clase.

Experiencias de aprendizaje en equipo

Las tareas en equipo que se realizan en el salón conforme lo propone el ABE son comparables a la forma como se llevan a cabo las juntas de trabajo en las empresas, en el que cada integrante aporta lo mejor de sus conocimientos y experiencia, para que el resultado de la tarea alcance los objetivos deseados. En efecto, al igual que en las juntas referidas, los participantes presentan propuestas, hacen y contestan preguntas, u observen circunstancias que deben ser objeto de discusión, teniendo claro el objetivo de la actividad que se desarrolla.

El desarrollo de las actividades en equipo requiere el contacto visual entre los integrantes, el cual se puede lograr mediante el acomodo en forma circular o semicircular. Cuando sea posible la interacción en semicírculo con una pantalla de computadora de tamaño adecuado al frente, permitirá que todos los participantes lean y revisen las presentaciones.

En los capítulos 3 a 8 se proponen tareas en equipo para cada tema de la evaluación del proyecto, cuyo desarrollo se sugiere registrar en una plantilla o formato como el que se muestra en el *anexo 2.2.3*; dicha plantilla puede permitir al maestro conocer cómo interactúan los alumnos, el **grado de calidad** de la participación de cada uno, así como la evaluación objetiva del aprendizaje. El aprendizaje será más eficiente cuando todos los participantes participan en forma rotativa en la redacción de dicha plantilla o formato, mientras los demás están al pendiente de que la redacción corresponda a las ideas propuestas, que sea clara y concisa, y que esté libre de errores gramaticales. El profesor podrá hacer adecuaciones al formato para adecuarlo a las características de la actividad.

Utilización de TICs

La utilización de tabletas o laptops en el salón de clases debería ser la norma en las aulas universitarias, por las ventajas que tienen para el aprendizaje, y porque el éxito de los profesionistas y de los negocios depende ya del uso intenso y eficiente de las tecnologías de información. Por consiguiente, se sugiere que al inicio del curso se requiera a los alumnos traer consigo una tableta o laptop para uso personal, así como una memoria USB para el intercambio de archivos en el salón de clase.

El uso de computadoras e internet en el curso sería primordial, por los beneficios que puede significar en la productividad de alumnos y maestros, y para impulsar la investigación académica. Se prevé que las tareas y actividades en equipo se realicen en formatos electrónicos, y que el reporte de evaluación final igualmente se envíe por internet al maestro. De esta manera, el maestro podrá guardar todos los archivos que se generen en el curso en carpetas estructuradas, de tal forma que le permitan integrar bases de datos que le pueden ser útiles para publicaciones en revistas especializadas o indexadas.

El uso de las plataformas virtuales educativas es sin duda un apoyo valioso para el aprendizaje, si bien la metodología del libro ha sido probada con éxito mediante el uso del correo electrónico, así como de hojas de cálculo electrónicas y procesadores de palabras.

Trabajo de campo

Una de las ventajas de la utilización de casos reales en el aprendizaje, es la experiencia que adquiere el alumno durante el trabajo de campo mediante la aplicación de encuestas y entrevistas, la visita a empresas y el estudio del entorno real y, particularmente, el estudio profundo de un proyecto real.

La visita a la empresa y las preguntas que pueda hacer al personal operativo le permitirán tener un acercamiento a factores que pueden pasar desapercibidos en los estudios teóricos y que son importantes para el aprendizaje.

La aplicación de encuestas y entrevistas permitirá al alumno contrastar opiniones preconcebidas respecto al pensamiento de gente con diferente idiosincrasia, esto es, la forma de pensar de las personas en la región en que opera la empresa, así como revisar el grado en que las teorías aplican al comportamiento de la empresa.

Involucración del personal de la empresa caso

El aprendizaje teórico y la experiencia que haya adquirido el alumno pueden ser insuficientes para la evaluación del proyecto, cuando desconoce los problemas que ha superado la empresa en el pasado, el valor del conocimiento que posee su personal, así como los aspectos culturales que influyen en su comportamiento.

El equipo evaluador no debe trabajar en forma aislada sino, en la medida posible, involucrar al personal de la empresa, porque serían ellos quienes habrían de realizar las tareas críticas de la implementación del proyecto. Es común que en las empresas existan integrantes que influyen más en la toma de decisiones o que juegan un rol preponderante, cuya participación y apoyo, en su caso, serán críticas durante la implementación del proyecto.

2.4 Investigación

El prestigio de una escuela de negocios se puede realzar en la medida en que sus profesores dedican tiempo a la investigación de la disciplina que cultivan, particularmente cuando los resultados de la investigación se publican en revistas científicas de prestigio, porque revelan el grado en que los profesores son capaces de descubrir los factores que influyen en el comportamiento de la economía, el comportamiento de las personas y de la sociedad, así como su interdependencia con el entorno natural. Por otra parte, cuando los alumnos contribuyen en la investigación amplían su capacidad de conocimiento y de razonamiento científico.

El presente libro puede apoyar la investigación que realicen los profesores en áreas que son de la mayor importancia para el aprendizaje de los alumnos, especialmente cuando las encuestas que apliquen los alumnos aborden temas teóricos y contengan preguntas que han sido validadas en investigaciones publicadas en revistas científicas. El maestro tendrá la oportunidad de acumular un número de cuestionarios que pueden servir de base para probar o contrastar teorías, o apoyarse en la metodología de estudio de casos para desarrollar un tema de investigación en particular.

Sin embargo, habrá que cuidar que el alumno asigne mayor importancia a los factores que afecten a la evaluación del proyecto.

2.5 Utilización de modelos de dinámica de sistemas

El desempeño de una empresa es un tema que se caracteriza por su **complejidad**, porque los problemas que enfrenta están interconectados, y su comportamiento a largo plazo a veces parece ser contrario a lo que se esperaría, particularmente en la actualidad con los avances crecientes en la tecnología. Para el administrador, el entender la complejidad le impulsa a guiar su gestión tomando en cuenta el efecto que pueden tener sus decisiones en el largo plazo, por las conexiones del hacer de la empresa con el entorno, lo cual es un enfoque que se conoce también como **pensamiento sistémico**.

Para entender la complejidad es conveniente la utilización de programas de cómputo diseñados para el desarrollo de modelos de **dinámica de sistemas**, tales como Vensin, Powersim, u otros que ayudan comprender cómo influyen los factores directos e indirectos, principalmente del efecto de bucle (conocido como **feedback**), que influye en los resultados en un grado que excede la capacidad de comprensión de las personas, y con ello evitar consecuencias no intencionadas. De esta manera, se espera que la toma de decisiones no se vea limitada por la **racionalidad limitada** que caracteriza a las personas. En efecto, se ha propuesto que la mente solo es capaz de procesar alrededor de siete variables, cuando el número de variables que afectan el desempeño de una empresa sería varias veces mayor.

Una limitación crítica para la utilización de modelos de dinámica de sistemas es la necesidad de que los maestros sepan cómo utilizar y aprovechar alguno de los citados programas de cómputo, cuyo aprendizaje requiere aproximadamente de 40 horas para un curso introductorio. Por tal motivo, dicha metodología podría ser implementada gradualmente. El texto no incluye por ahora sugerencias específicas que el autor utilizó en el aula, pero gradualmente se incorporarán en el sitio web del libro http://www.xpaneplibro.com

Bibliografía

Torres, J. L. N., Watson, W., & Prybutok, V. (2015). Understanding small business performance in the classroom using a combination of learning approaches. Working paper.

2.6 Evaluación del aprendizaje

La respuesta adecuada a cada una de las *preguntas de aplicación* sería el principal indicador de haber logrado el objetivo principal del curso, indicador que puede ser determinado mediante una rúbrica. Sin embargo, la utilización de multi-metodología ofrece la oportunidad de medición de otros indicadores de aprendizaje: conocimientos, actitudes, dedicación, atingencia, comunicación hablada, negociación, entre otras importantes para el administrador; es particularmente importante que el maestro detecte la aplicación de la **intuición**, entendida como la capacidad de conocer, comprender o percibir de manera clara e inmediata sin intervención de la razón, así como la **perspicacia**, entendida como la facultad para percatarse de cosas que pasan desapercibidas para los demás.

Conforme los alumnos y equipos desarrollen las experiencias de aprendizaje como las propuestas en el presente libro, el profesor puede identificar y calificar los aprendizajes de diferentes tipos, e ir integrando gradualmente las cifras que permitan evaluar la adquisición de las competencias por cada alumno, de tal forma que la aplicación de un examen final sería innecesario. En efecto, el maestro puede evaluar la calidad de cada pregunta, propuesta y respuesta de cada alumno ante su equipo y ante todo el grupo; además, puede evaluar las tareas, los avances y reporte final de los proyectos individuales y en equipo, que pueden revelar las competencias adquiridas con mayor amplitud que los exámenes parciales o finales escritos.

La posibilidad de alcanzar un mejor nivel de evaluación de competencias puede residir en que el maestro utilice rúbricas con escalas tipo Likert en cada **experiencia de aprendizaje**, y acumular la puntuación de cada alumno y equipo; de tal forma al final del curso la calificación más alta correspondería al alumno con mayor número de puntos, y las calificaciones tenderían a ajustarse a lo que se conoce como **curva normal** en Estadística.

Los anexos 2.2.3 y 2.6.1 contienen plantillas que en principio pueden parecer complejas, pero su aplicación real es sencilla y pueden ser útiles para medir el desarrollo de las competencias centrales y específicas.

La aplicación de la modalidad propuesta de evaluación del aprendizaje fue aplicada por el autor por más de 10 años, y mostró ser altamente aceptada por los alumnos, debido a que refleja con mejor objetividad el esfuerzo que desarrolla cada uno. Además, los alumnos con menor calificación podrán encontrar una explicación aceptable de las deficiencias observadas, lo cual reduce las apelaciones a un mínimo. Por otra parte, dicha forma de evaluar es similar a la forma en que se evalúa el desempeño en las organizaciones: mediante el seguimiento continuo de desempeño, así como del logro de los objetivos finales del puesto.

En plantilla que se muestra en el anexo *2.6.1 Plantilla para evaluar integralmente el aprendizaje* se muestra la estructura sugerida para la evaluación para una etapa del curso, mediante una hoja de cálculo electrónica.

Un elemento de primordial importancia es la evaluación de pares, que se realiza al final de cada etapa instruccional, que permite a cada alumno calificar en forma confidencial el grado en que los demás integrantes del equipo contribuyeron en el desempeño del trabajo en equipo. El formato que puede servir para dicho propósito se muestra en el ***anexo 2.6.2***.

Bibliografía

Georgiou, I., Zahn, C., & Meira, B. J. (2008). A systemic framework for case-based classroom experiential learning. *Systems Research and Behavioral Science: The Official Journal of the International Federation for Systems Research*, 25(6), 807-819.

McConnell, C., Hoover, G., & Miller, G. (2008). Course embedded assessment and assurance of learning: examples in business disciplines. *Academy of Educational Leadership* Journal, 12(3).

McNeil, C. R. (2015). Excel Modeling Assignments and Automatic Grading. *Journal of Financial Education*, 86-97.

2.7 Aprendizaje a distancia

Es posible desarrollar las competencias que propone el libro con efectividad en esquemas de aprendizaje a distancia, mediante plataformas de aprendizaje como Moodle, Blackboard, etc. mediante adecuaciones que permitan la interacción como equipo de los alumnos, y de todos los alumnos con el maestro. Sin embargo, convendrá que se realicen algunas sesiones presenciales, sobre todo al inicio y al final del curso. La evaluación del aprendizaje podrá complementarse con un examen presencial del alumno, mediante preguntas con un grado de dificultad tal que permitan conocer el nivel en que el alumno hizo propio el aprendizaje.

2.8 Reporte de evaluación del proyecto

La evaluación del proyecto se configurará en un informe formal, cuya extensión podría variar entre 15 y 30 cuartillas sin considerar los anexos. El contenido del informe puede consistir en una **sucesión de respuestas** a las 79 **preguntas de aplicación** que se proponen en los capítulos 3 a 8 del libro, y que corresponden a los capítulos 1 a 6 del *Reporte de evaluación* cuya estructura se propone en el presente subcapítulo. Para facilitar la elaboración del informe se sugiere aprovechar los esquemas de diseño que ofrecen programas de proceso de palabras de Microsoft y Open Office, entre otros. La utilización de esquemas basados en estilos de párrafo facilita a los alumnos la redacción del reporte, y al maestro la revisión del trabajo.

Cada uno de los capítulos del reporte de evaluación puede incluir subtemas numerados, que pueden corresponder a los temas de la evaluación contenidos en el libro, sobre todo cuando la complejidad del proyecto así lo requiera.

Redacción de las respuestas. La redacción de las respuestas debe estar basada en **proposiciones** sustentadas en elementos objetivos, tales como datos estadísticos, cifras contables, datos de encuestas, entre otros. Es importante que las proposiciones sean específicas y se eviten generalizaciones.

Conviene que la redacción de la respuesta a cada pregunta se haga en forma gradual y en etapas, empezando por una presentación preliminar con la información disponible, que incluya suposiciones que podrían ser verificadas gradualmente. El maestro determinará la frecuencia con la cual se estará enviando el avance a revisión, que podrá ser al concluir cada etapa instruccional.

Una práctica que apoya el desarrollo de competencias consiste en que el alumno vaya elaborando una o dos diapositivas por pregunta para su posible presentación en el salón de clase.

El estilo de redacción puede ser el conocido como **estilo APA**.

Contenido del reporte final

El informe final con el resultado de la evaluación de un proyecto de inversión deber tener un contenido formal, antecedidos por un resumen ejecutivo y un índice de contenido, y al final se pueden agregar los anexos que convengan, dependiendo de a quien vaya dirigido el informe. Así, el contenido del documento podría quedar como sigue:

> Portada
> Resumen ejecutivo
>
> Índice
>
> 1. Presentación (2 cuartillas)
>
> 2. Mercado (3 cuartillas)
>
> 3. Operación (4 cuartillas)
>
> 4. Administración (2 cuartillas)
>
> 5. Elementos financieros (4 cuartillas)
>
> 6. Financiamiento
>
> Anexos
> > Análisis de la industria.
> > Estudio de mercado.
> > Plan de mercado
> > Plan de ventas
> > Desglose de gastos de capital iniciales.
> > Estado de resultados proyectado
> > Estado de posición financiera proyectado

Resumen ejecutivo. Contiene en forma resumida, en una cuartilla, con claridad y objetividad, los elementos más importantes que el empresario debe tomar en cuenta para tomar la decisión de llevar a cabo un proyecto de inversión; debe incluir en forma ponderada tanto las ventajas como los riesgos posibles y ser redactado hasta que se ha concluido la evaluación. El evaluador debe entender el riesgo de que el administrador de la empresa considere que alguna de las proposiciones no sea realista o que pueda ser improbable, en cuyo caso la propuesta podría ser rechazada en forma definitiva, ya que habrá puesto en duda la confiabilidad del evaluador.

3 Presentación del proyecto

El primer capítulo de la evaluación contiene elementos del entorno general del proyecto, así como otros que combinan resultados de temas incluidos en los de los temas de capítulos siguientes. El *evaluador* podrá agregar temas adicionales atendiendo a las circunstancias particulares de la empresa, y que considere críticos para la decisión de aprobación del proyecto.

3.1 Descripción de la empresa

Importancia

La descripción de la empresa contiene las características principales que la sitúan como un activo valioso para los propietarios, e incluye los principales productos que vende, los logros que sitúan a la empresa en la situación actual, la etapa del **ciclo de vida** en que se encuentra la empresa, así como los principales obstáculos que ha superado en el pasado.

Dicha descripción constituye el punto de partida para concebir la necesidad realizar una inversión en capital, toda vez que los demás temas de la evaluación inciden de alguna manera en la evolución que tendrá la empresa en caso de que el proyecto de inversión llegue a realizarse.

Parece que predomina la convicción de que lo único permanente es el cambio, de tal manera que, si una empresa no se renueva o crece, su futuro estará en riesgo.

Pregunta de aplicación

[1.1.1]	¿Cuáles antecedentes y características de la empresa son relevantes para fundamentar el proyecto de inversión?

Premisas teóricas y prácticas

La posición de competitividad y el nivel de productividad de una empresa en un momento dado, son resultado de múltiples factores internos y externos, que han incidido en su desempeño desde la concepción de la empresa, y que tuvieron como consecuencia avances o retrocesos. La pregunta de aplicación tiene como objetivo identificar las decisiones que la administración de la empresa tomó en el pasado, y que tuvieron efectos relevantes para llevar a la empresa a la posición que se encuentra. De particular importancia es conocer cuál fue la **capacidad de respuesta** de la empresa a cambios negativos en la economía, a la llegada de nuevos competidores, etc. o a las **oportunidades de negocios** que se le presentaron; asimismo, es importante identificar la etapa del **ciclo de vida** en que se encuentra la empresa y la etapa del ciclo de vida en que se encuentran el principal o principales productos que vende.

> **Ciclo de vida de la empresa.** Cuando una empresa empieza su operación, su principal objetivo consiste en alcanzar un nivel de operación que le permita ser productiva, mientras enfrenta problemas para obtener y aprovechar recursos financieros, tecnológicos, humanos, etc. y posicionarse en el mercado. Luego, cuando la empresa logra entrar en una **etapa de crecimiento** podrá concentrar su atención en la mejor utilización de sus recursos y mejorar sus resultados. Más adelante, cuando existan condiciones internas y externas favorables, la empresa podrá alcanzar una **etapa de consolidación**, cuando tenga la capacidad para responder a los retos del mercado y las ventas y utilidades han alcanzado el nivel deseado por los propietarios. Sin embargo, la empresa puede en algún momento caer en una **etapa de declinación** cuando los **indicadores de desempeño** revelen un riesgo preocupante de

desaparición del negocio. La tarea del evaluador consiste en podrá identificar el proyecto de inversión que impulse el crecimiento de la empresa y superar el riesgo de caer en declinación.

Ciclo de vida de los productos. Al igual que las empresas, en el caso de productos que surgen de desarrollos tecnológicos o por cambios en la moda, es posible observar que la demanda sigue un tipo especial de ciclo de vida, y cuando la demanda de los productos entra a una etapa de estancamiento o declinación, la empresa debe buscar mejorar los productos o buscar sustitutos.

Es posible identificar si una empresa atraviesa por alguna etapa que pueda justificar una inversión de capital, como alguna de las siguientes:

a) **Problemas de supervivencia.** Se refiere a aquellas empresas que enfrentan reducción de ventas, que se pueden atribuir a desventajas ante sus competidores, a un incremento gradual de costos, la insatisfacción de los clientes, entre otros problemas.

b) **Estabilidad sin crecimiento.** Un porcentaje alto de empresas pequeñas permanecen pequeñas hasta que en llega un tiempo en que desaparecen. Es posible que las empresas que lleven dos o más años con ventas estables hayan acumulado recursos que les permitirían expandirse; pueden tener una organización y recursos humanos capaces de desarrollar retos mayores, productos con calidad y precio para competir en nuevos mercados, o recursos financieros para apoyar una expansión, entre otras fuerzas.

c) **Empresa con espíritu emprendedor.** El propietario o administrador de una empresa puede tener un carácter emprendedor, en el sentido de estar continuamente en busca de nuevas oportunidades de crecimiento de su empresa, o de iniciar negocios nuevos. Sin embargo, cuando la complejidad operativa de la empresa, de los productos que vende o del mercado es alta, el crecimiento de la empresa tendrá mejores posibilidades de éxito si otros integrantes del personal tienen igualmente características emprendedoras.

Recursos requeridos

Antes de iniciar la evaluación del proyecto de inversión el *evaluador* debe ser capaz de describir a la empresa en forma cercana a la realidad, con información que haya obtenido de empleados, clientes o proveedores de la empresa y, preferentemente, en la primera entrevista con el administrador de la empresa.

Aplicación

Como primer paso de la evaluación, en la primera unidad instruccional del curso cada alumno debe conseguir la información que se sugiere en el anexo *2.2.4 Información básica de la empresa*, información que el alumno puede obtener directamente de la empresa, o indagar la información aproximada con sus clientes, proveedores o empleados. La información que obtenga debe ser la necesaria para darse cuenta del grado en que un proyecto de expansión podría tener características de un caso de estudio para el desarrollo de competencias.

Cuando existan condiciones para que el proyecto de equipo sea un caso real, uno de los primeros pasos sería el concertar una entrevista con el administrador de la empresa, lo cual requerirá una *guía de entrevista*, que *el evaluador* podrá diseñar a partir del formato que se muestra en el anexo **3.1.2 Entrevista inicial al empresario o administrador**. El cuestionario incluye preguntas que se refieren a varios temas de la evaluación, que serán útiles para que el equipo de alumnos puedan vislumbrar los elementos que pueden ser importantes para las tareas siguientes. La profundidad de la evaluación dependerá de la disponibilidad de la empresa para facilitar información al equipo, disponibilidad que conviene conocer desde la primera etapa del curso.

En las siguientes etapas y conforme avance la contestación de las otras 78 *preguntas de aplicación,* el *evaluador* podrá allegarse de otra información que le permita revisar la descripción de la empresa para que alcance el nivel de profundidad y veracidad deseado.

Respuesta a la pregunta de aplicación. El primer párrafo del reporte de la evaluación del proyecto puede iniciarse con una descripción breve de la situación de la empresa, desde el punto de vista de su desarrollo empresarial. La descripción podrá incluir dos o tres cifras comparativas de ventas, rentabilidad, competitividad, etc. que puedan ilustrar la existencia preliminar de condiciones que sugieren la conveniencia de una inversión de capital.

Experiencias de aprendizaje

Tareas individuales

[**3.1.11**] Obtener información de la empresa con base en el anexo 2.2.4.

[**3.1.12**] Diseñar la agenda de entrevista inicial con el propietario o administrador, a partir del formato 3.1.2.

Tareas en equipo

[**3.1.21**] Revisar la tarea 3.1.12 e incluir preguntas de interés para los integrantes del equipo, sobre los temas que tengan asignados.

Casos virtuales

[**3.1.31**] Obtener la información que se pide en el formato 3.1.11.

Fuentes de consulta complementaria

Baldrige performance excellence program, www.nist.gov/baldrige.

Bibliografía

Brown J. D., Earle J.S. & Lup D. (2005). What makes small firms grow? Finance, human capital, technical assistance, and the business environment in Romania. *Economic Development and Cultural Change*

Davidsson, P., Achtenhagen, L. & Naldi, L. (2005). Research on Small Firm Growth: A Review. *Proceedings European Institute of Small Business,* Retrived on July, 21, 2008 from http://wwwapp.iese.edu/eisb/papers/full/paperEISB101.pdf.

Drnevich, P. L., & Croson, D. C. (2013). Information technology and business-level strategy: Toward an integrated theoretical perspective. *MIS-N+ Quarterly*, 37(2).

Golder, P. N., & Tellis, G. J. (2004). Growing, growing, gone: Cascades, diffusion, and turning points in the product life cycle. *Marketing Science*, 23(2), 207-218.

Suikki, R., Tromstedt, R., & Haapasalo, H. (2006). Project management competence development framework in turbulent business environment. *Technovation*, 26(5-6), 723-738.

3.2 Entorno general

Importancia

El desempeño futuro de una empresa se podrá ver impulsado por mejoras en el entorno, tales como un incremento en el **Producto Interno Bruto** o en los ingresos de los trabajadores, o la migración hacia una zona que incremente la base de sus clientes. Por el contrario, el surgimiento de nuevas tecnologías, o una tendencia de disminución en la reducción del gasto público, pueden causar una disminución de ventas de empresas de algunas ramas de actividad. Si en la evaluación de un proyecto de inversión se omite tomar en cuenta tales eventos posibles, se incrementaría el riesgo de fracaso del proyecto, y aún de la empresa.

El análisis del entorno permitirá al *evaluador* revisar su percepción de los factores que pueden afectar a su empresa, toda vez que en las últimas décadas se viven condiciones de hiper-competitividad, aunadas a la también creciente complejidad, que se manifiestan en la diversidad de interacciones entre las personas, así como del comportamiento de las personas a causa de la tecnología que utilizan. Tales condiciones pueden convertir a empresas ganadoras en perdedoras, como puede ser el caso del desplazamiento de los periódicos por las redes sociales, o la pérdida de negocios para empresas cuyas ventas dependen de grupos políticos que pierdan influencia.

Preguntas de aplicación

[1.2.2]	¿Cómo se vislumbra el entorno general de la empresa en los próximos años, para el desarrollo de la empresa y del proyecto de inversión?
[1.2.3]	¿Cuáles apoyos del gobierno puede aprovechar la empresa para el desarrollo del proyecto y cuáles se propone utilizar?

Premisas teóricas y prácticas

El estudio del entorno de la empresa indaga cuáles factores macro –como la economía, la política, la cultura, la tecnología y las leyes y reglamentos, etc. inciden en la rama de actividad y por ende en las ventas y en las utilidades de la empresa, así como la forma y el grado en que la afectan.

Cuando se elabora un análisis del entorno se puede empezar por identificar los principales factores externos que afectan a la **rama de actividad económica** en estudio, y que en el pasado han influido en la salida y entrada de nuevas empresas, considerando que puede haber mayor variación en el crecimiento entre ramas, que por la evolución del crecimiento del PIB.

El análisis permitirá identificar la perspectiva de un entorno favorable para el proyecto, porque se espera una evolución favorable de factores que serían beneficiosos; podría darse un **entorno dinámico**, en el sentido de que sucedan cambios importantes difíciles de predecir; un tercer resultado sería que la rama de negocios enfrente un entorno heterogéneo, cuando la empresa maneje productos o servicios que responden a diferentes estímulos, y que por lo tanto impiden emitir una opinión decisiva.

En la práctica se ha observado que, ante la existencia de incertidumbre sobre el entorno, la empresa deja a un lado la función de planeación, por considerar que podría incrementar el riesgo de la empresa. Sin embargo, es importante recordar que los proyectos de inversión deben incluir acciones de respuesta en caso de que algún riesgo previsto se llegara a presentar.

En el caso de empresas cuyos clientes sean empresas, su entorno puede presentar características especiales, tales como cambios acelerados en tecnología, alta volatilidad de la demanda, competencia alta y cambios en los requerimientos al proveedor.

Asimismo, las características de los productos o servicios de la empresa pueden tener relación con elementos específicos del entorno. Por ejemplo, un despacho de asesoría contable y fiscal pondrá especial atención en las perspectivas de cambios fiscales de largo plazo; un negocio de tintorerías tomará en cuenta las tendencias de costo de los productos químicos que utiliza en la limpieza, así como la tendencia en el uso de prendas que requieren lavado en seco.

La estructura de mercado y sus posibles cambios deben tomarse en cuenta, especialmente la existencia de **barreras de entrada** y de **economías de escala**. Así, en el caso de un despacho de asesoría contable y fiscal, se debería advertir sobre la existencia o llegada de competidores con tecnologías y conocimiento que les permitan ofrecer mejores servicios o menores precios.

Asimismo, el **entorno internacional** puede generar sorpresas, como sucedió con la apertura comercial de México a partir de su inserción en el GATT en 1986, que permitió la importación y exportación con reducción gradual de aranceles, o con la creación del TLC en 1993. Es de esperar que el entorno internacional evolucione en contra de la **apertura comercial**, según se manifiesta con la elección del Brexit y las consecuencias de la elección de Trump en los EE.UU. En consecuencia, la evaluación de los proyectos de inversión no deberá ignorar los efectos de entornos internacionales cambiantes.

Cabe observar que algunas regiones del país pueden verse favorecidas con un mayor **crecimiento de su economía** en comparación con otras regiones, lo cual puede favorecer la expansión de las empresas pequeñas en dichas regiones; dicho crecimiento puede resultar de una **gestión gubernamental apropiada**, de la atracción de **inversión externa**, o el surgimiento de **polos turísticos**, entre otros factores.

Por otra parte, en algunas ramas de actividad económica se pueden identificar otras circunstancias que pueden favorecer la realización del proyecto, como pueden ser la vigencia de **leyes y reglamentos** que no obstaculicen la operación de la empresa; la aplicación de **tasas de impuestos** menores; la disponibilidad de **fuerza laboral** capacitada; la ausencia de sindicatos que persigan fines incompatibles con una relación constructiva entre los empleados y la empresa, así como la disponibilidad de **financiamiento** en condiciones competitivas con otras regiones o países.

Organizaciones externas de apoyo empresarial. Existen organismos del gobierno, privados e internacionales, que ofrecen apoyos financieros y de asesoría para el desarrollo de proyectos de inversión, cuyo apoyo puede ser útil durante la evaluación y, en su caso, en la implementación de un proyecto de expansión. En México el gobierno federal mantiene tres organismos especializados que destacan por su importancia: Nacional Financiera, FIRA y BANCOMEXT, que ofrecen recursos financieros a través de la banca privada, en apoyo al desarrollo industrial, al desarrollo pecuario y agrícola, y para la exportación; dichas instituciones ofrecen también asesoría mediante extensionistas y especialistas, cuyo apoyo podría ser fundamental para algunos proyectos. Además, los gobiernos estatales y municipales pueden contar con programas de apoyo que pueden ser útiles para negocios de algunas ramas de actividad.

Existen otras organizaciones que conjugan recursos del gobierno, privados e internacionales, que apoyan el desarrollo de proyectos de inversión, como pueden ser PROMEXICO, FONDO PYME, ASEM, BID, CANACO, COPARMEX, universidades, entre muchas otras, organismos todos que disponen de sitios de internet con información que puede guiar al evaluador para elegir las fuentes a las que convenga recurrir.

Recursos requeridos

La información inicial para elaborar el análisis del entorno general puede obtenerse inicialmente de la gerencia de la empresa, y a partir de ella explorar sitios de internet, y entrevistar a clientes, proveedores y especialistas.

Aplicación

En análisis del entorno general puede iniciar con información que el evaluador obtenga durante la primera entrevista con el empresario, que podrá revelar los factores del entorno externo que en el pasado han afectado las ventas o los costos de la empresa. La investigación podría ser gradual, a partir de información que se vaya obteniendo del *Análisis de la industria* (subcapítulo 4.1) y posteriormente del *Plan de mercado* (subcapítulo 4.3).

Las acciones para elaborar el análisis pueden incluir:

1) Búsqueda en internet de artículos periodísticos o de análisis relacionados con: (a) las perspectivas económicas de la región, del país e internacionales; (b) tendencias generales de consumo que puedan afectar directa o indirectamente a la empresa; (c) tecnologías en desarrollo que puedan afectar a la empresa; (d) propuestas de leyes, reglamentos y política fiscal que se tengan en estudio. Conviene igualmente consultar las páginas de internet de las organizaciones externas de apoyo empresarial (NAFINSA, CANACO, etc.) e identificar los recursos que pueden obtenerse en apoyo del proyecto.

2) Elaborar resumen de los aspectos relevantes con base en información de fuentes confiables, sobre los cuales convenga profundizar.

3) Realizar un análisis en equipo, en el que participe al menos un integrante de la empresa que conozca del tema, para elegir entre los aspectos relevantes encontrados, y consensuar consulta a nuevas fuentes y realización entrevistas personales.

4) Elaborar cuestionario para aplicar en entrevistas con especialistas, organizaciones, proveedores o clientes.

5) Realizar entrevistas a clientes y proveedores.

7) Elaborar resumen de los resultados de la investigación, para socializar con los integrantes del equipo evaluador y con la empresa.

6) Elaborar una propuesta de asignación de valores a los principales factores del extorno externo que podrían afectar las ventas o reducir costos, etc. Por ejemplo, en un escenario de crecimiento regional del 5%, se esperaría que las ventas de la empresa se incrementaran en el mismo porcentaje.

Respuesta a las preguntas de aplicación. La respuesta a la *pregunta de aplicación* puede redactarse en uno o dos párrafos, que describan los factores del entorno que se consideren clave para el éxito del proyecto, bien sean que apoyen su desarrollo, o que representen un riesgo que la empresa podría asumir. Es importante que exista congruencia entre la respuesta y otros elementos relacionados del proyecto, toda vez que existe interdependencia directa o indirecta de los factores externos referidos y los demás factores que influyan en el desempeño de la empresa.

Experiencias de aprendizaje

Tareas individuales

[3.2.11]   Elaborar en una o dos cuartillas una descripción crítica del entorno general de la empresa, destacando al final los aspectos de mayor relevancia para el desarrollo del proyecto.

Tareas en equipo

[3.2.21]   Revisar la tarea individual 3.2.11, discutir las adecuaciones necesarias, o en su caso la necesidad de profundizar en algún aspecto que se haya pasado por alto.

Casos virtuales

[3.2.31]   Elaborar en una o dos cuartillas una descripción crítica del entorno general de la empresa, destacando al final los aspectos de mayor relevancia para el desarrollo del proyecto.

Fuentes de consulta complementaria

Worthington, I., & Britton, C. (2009). *The business environment*. Pearson Education.

NAFINSA (http://www.nafin.com/)

FIRA (http://www.fira.gob.mx/)

ProMéxico (http://www.promexico.gob.mx/)

FONDO PYME (http://www.fondopyme.gob.mx/)

Instituto PYME (http://www.institutopyme.org/)

Asociación de Emprendedores de México ASEM (http://asem.mx/)

Bibliografía

Carland, J.W. Jr. & Carland, J.C. (2003). Pawn takes queen: the strategic gameboard in entrepreneurial firms. *Academy of Strategic Management Journal*, 2, 97-

Coad, A. (2007). *Firm Growth: A Survey*. Max Planck Institute of Economics, descargado el 21 de Julio 2008 de ftp://papers.econ.mpg.de/evo/discussionpapers/2007-03.pdf

Cowling, M. & Mitchell, P. (2003). Is the small firms loan guarantee scheme hazardous for banks or helpful to small business?. *Small Business Economics*, Dordrecht, 21, 63-71.

Hodgson, G.M. (2003). Capitalism, Complexity and Inequality. *Journal of Economic Issues*, descargado de http://www.questia.com.

Kourteli, L. (2000). Scanning the business environment: some conceptual issues. *Benchmarking: An International Journal*, 7(5), 406-413.

Iskanius, P., Page, T., & Anbuudayasankar, S. P. (2010). The traditional industry sector in the changing business environment–a case study of the Finnish steel product industry. *International Journal of Electronic Customer Relationship Management*, 4(4), 395-414.

Johansson, D. (2005). The Turnover of Firms and Industry Growth. *Small Business Economics*, 24, 487-495

Matthews, C.H. & Scott, S.G. (1995). Uncertainty and planning in small and entrepreneurial firms: an empirical assessment. *Journal of Small Business Management*, 33, 4, 34+

UNCTAD (United Nations Conference on Trade and Development) 2009, Key Elements of Entrepreneurship Policy, United Nations Conference on Trade and Development, Geneva

van Ommeren, E., Duivestein, S., de Vadoss, J., Reijnen, C., & Gunvaldson, E. (2009). *Collaboration in the cloud: how cross-boundary collaboration is transforming business*. Microsoft and Sogeti.

Ward, P. T., Duray, R., Leong, G. K., & Sum, C. C. (1995). Business environment, operations strategy, and performance: an empirical study of Singapore manufacturers. *Max M. Fisher College of Business*, Ohio State University.

3.3 FODA

Importancia

La tarea de planeación que las empresas pequeñas deberían realizar periódicamente podría iniciar mediante un examen de las fuerzas, oportunidades, debilidades y amenazas (**FODA**), con base en el conocimiento que la empresa pueda allegarse del entorno interno y externo de la empresa.

En el caso de los proyectos de inversión, el análisis FODA puede ser el primer paso para identificar los objetivos preliminares del proyecto, toda vez el FODA puede revelar las oportunidades, o problemas de importancia para el futuro de la empresa.

Preguntas de aplicación

[1.3.4]	¿Cuáles elementos del FODA son relevantes para fundamentar el proyecto de inversión?

Premisas teóricas y prácticas

La planeación estratégica tiene como propósito el aprovechamiento eficiente de los recursos de la empresa para el logro de sus objetivos, bajo condiciones de un entorno incierto. Dicha planeación puede iniciarse con la definición o revisión de la **misión de la empresa**, para continuar luego con un análisis de las condiciones internas y externas que inciden en el logro de sus objetivos. Las **condiciones internas** se refieren a los recursos financieros, instalaciones, equipamiento, capital humano, tecnología, etc.; las **condiciones externas** incluyen la economía, los competidores, las regulaciones fiscales, entre otros.

Existen varios métodos para el análisis de dichas condiciones, como pueden ser el de **Cinco Fuerzas de Porter**, el **Análisis de la Cadena de Valor**, el **Análisis PEST** o el **Análisis FODA**, entre otros. En el presente libro se propone utilizar el **Análisis FODA** ya referido, que consiste en identificar con claridad las fortalezas, oportunidades, debilidades y amenazas. Las **fortalezas** son la base de la **ventaja competitiva** de la empresa, y de ellas puede pueden emerger las oportunidades de negocio; entre las **fortalezas** se pueden incluir un menor costo de producción, tecnología superior, alto nivel de satisfacción de los clientes, un equipo administrativo altamente capacitado, fuentes de suministro de calidad a bajo costo, entre otras. Las **oportunidades** pueden justificar acciones para mejorar el desempeño de la empresa, especialmente cuando se tienen fortalezas que apoyen tales acciones. Entre las oportunidades se puede considerar la apertura de una sucursal, la producción de una nueva línea de productos, adquirir maquinaria o equipo con mejores especificaciones, ampliar la red de distribución, entre otras. Por su parte, las **debilidades** pueden traer el riesgo de pérdida de mercado y la reducción de la productividad de la empresa, como consecuencia de la obsolescencia de instalaciones o del equipamiento, de una administración inadecuada, de una imagen pobre de la empresa ante los clientes, por baja calidad de sus productos, entre otras causas diversas. Las **amenazas** a su vez pueden poner en riesgo el futuro de la empresa, como pueden ser la llegada de competidores con menores costos o mejor oferta de productos, el incremento de ventas de productos sustitutos, un entorno económico o social decadente, entre otros factores.

La elaboración adecuada del **FODA** permitirá identificar los **retos o ventajas estratégicas clave**, que se traducen en **estrategias**, a partir de las cuales se definen los objetivos de mejora que requieren una **inversión de capital** importante, la que se debe formular y evaluar como un **proyecto de inversión**. Los objetivos del proyecto de inversión pueden ser el aprovechamiento de oportunidades para solucionar una debilidad o responder a una amenaza, objetivos que son la base para la definición del proyecto de inversión que se describe en el subcapítulo 3.4 siguiente.

Es importante tomar en cuenta que los objetivos referidos que se fundamenten en el FODA, surgen a su vez generalmente de la interacción del administrador con los clientes, y de la perspicacia que despliegue el administrador en el curso de desarrollo de su función; además, las actividades o estrategias que tenga en desarrollo la competencia generalmente no llegan a conocerse del todo, por lo cual el administrador puede utilizar la intuición y el apoyo de colaboradores para entender el entorno y elaborar el FODA.

Recursos requeridos

La información necesaria para elaborar el FODA debería provenir del administrador de la empresa y de sus principales colaboradores, o alternativamente, si la empresa ha elaborado el FODA en los últimos tres meses, sería deseable que pueda proporcionar una copia al evaluador.

Aplicación

Conviene que al inicio de la evaluación el *evaluador* elabore o disponga de un análisis FODA preliminar, que sirva como elemento clave de trabajo, bien sea que la empresa lo proporcione, o que el *evaluador* elabore el análisis con la participación personal del administrador y/o de los colaboradores cercanos que el administrador designe.

En el caso de que el *evaluador* elabore el FODA, generalmente podrá optar por la forma de presentación más sencilla, que consiste en una lista de las principales fortalezas, oportunidades, debilidades y amenazas, que se ordenan en orden decreciente de importancia. En la medida en que el FODA esté basado en el mejor conocimiento de la empresa y de su entorno, podrá ser útil para definir los objetivos de un proyecto de expansión, mediante el cual se pueden aprovechar las fuerzas y oportunidades, resolver las debilidades más apremiantes, o afrontar las amenazas de mayor relevancia para el futuro de la empresa. Un formato como el que se presenta en el anexo ***3.3.1 FODA***, elaborado en hoja de cálculo electrónica, pueda facilitar su elaboración, en la que cada ítem debe estar redactado con claridad y sencillez, sin detalles innecesarios.

Posteriormente conforme el *evaluador* vaya contestando las preguntas de aplicación, podrá identificar elementos que le permitan para revisar el análisis FODA y actualizar cada uno de los ítems, de forma que exista congruencia entre los ítems y la descripción del proyecto de inversión a la que se refiere el subcapítulo 3.4. Además, cuando el reporte final de evaluación se haya completado, habrá que revisar que haya consistencia entre los ítems del FODA y los elementos del proyecto con los cuales exista relación.

Respuesta a la pregunta de aplicación

La respuesta podría estar redactada en un párrafo, en el cual se describa cómo se aprovechan las fuerzas y oportunidades y, en su caso, las debilidades o amenazas claves que son atendidas o afrontadas mediante el proyecto.

Experiencias de aprendizaje

Tareas individuales

- [**3.3.11**] Elaborar un FODA preliminar de la empresa
- [**3.3.12**] Revisar el FODA tomando en cuenta los avances logrados en el proceso completo de evaluación del proyecto.

Tareas en equipo

- [**3.3.21**] Revisar la tarea individual 3.3.11.
- [**3.3.22**] Revisar la tarea individual 3.3.12.

Casos virtuales

- [**3.3.31**] Elaborar un FODA preliminar de la empresa

Fuentes de consulta complementaria

Baldrige performance excellence program (www.nist.gov/baldrige).

Bibliografía

Fields, E. (2016). *The essentials of finance and accounting for nonfinancial managers*. Amacom.

Matzler, K., & Hinterhuber, H. H. (1998). How to make product development projects more successful by integrating Kano's model of customer satisfaction into quality function deployment. *Technovation*, 18(1), 25-38.

Mintzberg, H. (2000). *The rise and fall of strategic planning*. Pearson Education.

Sammut-Bonnici, T., & Galea, D. (2015). *SWOT analysis*. Wiley Encyclopedia of Management, 1-8.

Siegel, D. S., & Vitaliano, D. F. (2007). An empirical analysis of the strategic use of corporate social responsibility. *Journal of Economics & Management Strategy*, 16(3), 773-792.

3.4 Descripción del proyecto de inversión

Importancia

El desarrollo de una empresa pequeña puede avanzar en forma gradual, especialmente cuando logra un nivel de competitividad suficiente para generar utilidades, las que son reinvertidas por los propietarios cuando están motivados para el crecimiento del negocio; el tal caso, el crecimiento puede llevarse a cabo sin necesidad de elaborar un plan detallado. Sin embargo, cuando existen oportunidades de dar un salto en el crecimiento, o surgen problemas de pérdida de **competitividad** cuya solución requiere realizar un **gasto de inversión** elevado, será conveniente que la empresa cuente con una evaluación formal del proyecto de inversión que permita reducir el riesgo de fracaso.

La descripción del proyecto de expansión puede plantearse como la solución de un problema serio de la empresa o como una forma de aprovechar una oportunidad relevante, que requiere un gasto de inversión elevado y que implica enfrentar riesgos. Sin embargo, un buen proyecto deberá ofrecer beneficios superiores que se reflejen en los indicadores de desempeño de corto y/o de largo plazo, y que la empresa cuenta con elementos para justificar que tendrá la capacidad para afrontar los riesgos con éxito. La descripción debe ser concisa, sin elementos irrelevantes que podrían confundir al lector, y sin omitir aspectos que podrían ser críticos, aun cuando puedan causar el rechazo de la propuesta.

Pregunta de aplicación

[1.4.4]	¿Cuál es una descripción del proyecto de inversión, los beneficios para la empresa, y el monto de la inversión que se requiere en activos fijos, así como para complementar el capital de trabajo?
[1.4.5]	¿Cómo fue que surgió la idea del proyecto y porqué se considera importante realizarla?
[1.4.6]	¿En cual etapa de desarrollo de encuentra la empresa y cual problema actual conviene resolver mediante el proyecto de inversión?

Premisas teóricas y prácticas

Un proyecto de inversión puede surgir a partir de una **oportunidad** o de una **amenaza** de negocios que la empresa haya detectado durante su ejercicio periódico de **planeación estratégica**; la oportunidad también puede haber surgido en forma fortuita y, en algunos casos, puede existir un problema de **competitividad**, como sería que el costo de producción sea superior al de sus competidores, que haga necesaria una inversión de capital.

En algunas empresas puede existir una **cultura emprendedora**, en la que los integrantes de la empresa están en constante búsqueda de oportunidades de crecimiento, a través de su relación con clientes y proveedores, así como de la observación del comportamiento del mercado, que les permite detectar necesidades insatisfechas de los consumidores.

Se dice también que las oportunidades pueden originarse por **imperfecciones del mercado**, ya que muchas empresas operan en forma **ineficiente**, bien sea porque utilizan insumos con mayor costo, o tienen inversión en instalaciones y equipos que exceden los requerimientos, o un porcentaje elevado de desperdicios o deficiencias de calidad, entre otros motivos. Puede darse el caso de que los clientes desconozcan los beneficios reales de productos, como el caso de calentadores solares, o los efectos secundarios de medicinas, circunstancias que representan oportunidades cuando el vendedor proporciona información importante al comprador.

Es de sentido común también que las oportunidades de negocios puedan ser aprovechadas por otros empresarios, por lo cual el evaluador deberá advertir sobre el riesgo de que un competidor lleve a cabo al mismo tiempo alguna estrategia que reduzca las posibilidades de éxito del proyecto.

Aún en el caso de que la evaluación de un proyecto se realice con fines principalmente escolares, convendrá que el evaluador tome en cuenta las características de personalidad del empresario, principalmente si tienen **aversión al riesgo**, porque en tal caso se reducen las posibilidades de aprobación del proyecto. Puede advertirse también la necesidad de que el administrador deba a su vez obtener autorización de familiares o accionistas, que tengan una percepción diferente de las amenazas o riesgos, cuyas preferencias deberán ser tomadas en cuenta.

El proyecto de inversión cuya evaluación se realiza conforme al método que se sugiere en el presente libro, sería del tipo conocido como **independiente**, lo que implica que su desarrollo y resultados no dependen de la realización de otro proyecto de inversión. El gasto de inversión puede incluir activos **tangibles**, como puede ser la compra de maquinaria, mobiliario, computadoras, etc., así como bienes **intangibles**, tales como gastos de capacitación, patentes, publicidad, etc.

Cada tipo de proyecto de inversión puede tener implicaciones diferentes que conviene anticipar, porque pueden afectar los resultados de la empresa. Por ejemplo, los gastos de inversión en **conocimiento** como es la capacitación, sus beneficios pueden verse afectados por lo que se conoce como **curva de aprendizaje**, debido a que la mejora se podrán observar gradualmente; en el caso de un **cambio de localización** de la empresa, el cambio puede traer aparejado un incremento en costos; los proyectos de **tecnologías de información** se consideran de alto riesgo, debido a que con frecuencia el monto del gasto no se puede establecer con precisión, y los resultados no siempre son los esperados; el reemplazo necesario de equipo obsoleto puede no ser una opción, sino una necesidad, por lo que la evaluación del proyecto solo profundizará en algunos temas críticos, como la evaluación financiera.

Monto de la inversión. El monto a invertir de un proyecto que justifica una evaluación formal debe ser importante con respecto al capital que ya tenga la empresa, esto es, del 30 por ciento o más, porque el trabajo de evaluación puede tener un costo elevado.

Objetivo del proyecto de inversión. En general, los proyectos de inversión tendrán como objetivo principal mejorar la competitividad del negocio en el largo plazo, la cual apoyará la permanencia de la empresa y se reflejará en el rendimiento del capital invertido por los propietarios, y con ello el valor del negocio. A manera de ejemplo en la tabla siguiente se presenta el destino que pueden tener los gastos de inversión en las empresas pequeñas:

Tabla 3.4.1 Propósitos comunes de los proyectos de inversión

1	Negocio nuevo
2	Diversificación
3	Concentración
4	Crecimiento vertical
5	Crecimiento horizontal
6	Abrir nuevas sucursales (más común)
7	Reemplazo de equipo
8	Adopción de nuevas tecnologías
9	Expandir o adecuar instalaciones
10	Atención a nuevos mercados
11	Computarizar operaciones
12	Mejorar sistemas de cómputo
13	Expandir distribución (p.e. nuevos canales)
14	Capacitación de personal
15	Contratar empleados especializados
16	Expandir publicidad y promoción
17	Rediseñar operación
18	Investigar nuevos mercados
19	Desarrollo de nuevos productos

Aplicación

La información básica de la empresa que los alumnos hayan recabado conforme al anexo 2.2.4 contiene elementos preliminares para los integrantes del equipo puedan elegir la empresa pequeña que será su caso de estudio en el curso. La elección del caso de estudio de equipo se puede hacer mediante *tarea en equipo* cuyo diálogo conviene registrar en una plantilla como la que se muestra en el anexo 2.2.6, porque permite al profesor evaluar el desarrollo de competencias. En el anexo 2.2.5 se propone una plantilla en la que es sencillo copiar y pegar los datos de la plantilla 2.2.4, la cual contiene la información mínima para que el equipo necesitaría para realizar la tarea.

Cuando los casos de estudio de equipo sean de tipo real, en la primera entrevista con el empresario o administrador conviene preguntarle sobre los proyectos de inversión que haya realizado previamente la empresa, así como las oportunidades de inversión que hayan contemplado para el futuro.

Bien sea que la empresa proponga la evaluación de una oportunidad de inversión en particular, o que el evaluador haga la búsqueda de ella, es deseable que en la primera o segunda etapa del curso los alumnos tengan identificada una **oportunidad de inversión** de capital que pueda ser de interés para la empresa, aunque conforme el proceso de evaluación avance podrá ser necesario modificar las características de la inversión; o aún más, si surgen objeciones serias sobre la oportunidad, el evaluador deberán identificar otra oportunidad que pueda ser atractiva.

Búsqueda y selección de una inversión de capital. La búsqueda de oportunidades de **inversión de capital** puede iniciar a partir de la respuesta a la **pregunta de aplicación** del subcapítulo 3.3 **FODA**, en la que se identifican los oportunidades y amenazas que enfrenta la empresa. La elaboración del **FODA** puede tener entre sus objetivos identificar oportunidades que puedan incrementar la rentabilidad de la empresa a través de un proyecto de inversión de capital; asimismo se pueden identificar amenazas que, de no ser atendidas mediante un proyecto de inversión apropiado, pueden poner el riesgo la supervivencia de la empresa.

El proceso de identificación de oportunidades de **inversión de capital** puede incluir acciones como las siguientes:

1) Búsqueda de noticias en internet sobre la rama de actividad de la empresa, actividad que puede estar descrita conforme a la clasificación del SCIAN disponible en el sitio web del INEGI.

2) Preguntar a directivos de la empresa sobre las oportunidades de inversión que hayan detectado.

3) Encuesta de preguntas abiertas a clientes y competidores, porque los primeros pueden anticipar cambios en sus necesidades, y los segundos pueden a su vez anticipar alguna amenaza.

4) Identificar y describir las posibles alternativas de proyectos que permitan aprovechar la oportunidad de inversión o enfrentar la amenaza de negocios que se hayan detectado.

Una vez que se han identificado una o más oportunidades de inversión, convendrá revisar las alternativas detectadas, contrastando las características con la información que hayan acumulado los integrantes del equipo en una reunión centrada en dicho propósito.

Una vez que el *evaluador* haya encontrado una o más oportunidades de inversión interesantes, habrá de elegir aquella que reúna en principio las ventajas más atractivas para los fines de la empresa. Será importante redactar una descripción de proyecto con sus características principales en forma que no origine dudas, porque la descripción servirá para que el proceso de evaluación tenga un enfoque preciso.

Una vez que el evaluador cuente con una descripción de proyecto con el visto bueno de la empresa, los integrantes del equipo irán desarrollando la evaluación de los temas que se hayan asignado ellos mismos en la primera etapa del curso. Es de esperar que conforme el equipo avance en la evaluación, surjan cuestiones que sugieran la necesidad de revisar la descripción del proyecto. En consecuencia, conviene que en cada etapa de la evaluación el equipo evaluador revise la descripción del proyecto, así como la existencia de condiciones favorables para que se realice el proyecto.

Una descripción adecuada permitirá al empresario o persona interesada contrastar la propuesta contra las ideas propias que tenga sobre el problema, el gasto y los riesgos, y que sea congruente con todos los elementos de la evaluación, de tal forma que permita apoyar una decisión conveniente para la empresa. La descripción debe contener un desglose resumido de los conceptos de inversión, como puede ser la adquisición o adaptación de inmuebles, adecuación de instalaciones, compra de maquinaria y equipo, capacitación de personal y **gastos pre-operativos**, entre otros. Los proyectos de inversión pueden requerir un incremento en **capital de trabajo** por el aumento en inventario, de las cuentas por cobrar a clientes y del efectivo adicional que se necesite por el aumento en las ventas.

Beneficios del proyecto. Cuando el evaluador haya identificado una oportunidad preliminar de inversión aceptable, podrá describir algunos beneficios del proyecto. Sin embargo, conforme avance el proceso de evaluación, en alguno de los temas de la evaluación se podrá confirmar algunos beneficios, pero en otro tema se pondrá observar limitaciones y riesgos.

Los beneficios que se describan deben haber sido fundamentados objetivamente en alguno de los temas de la evaluación, y evitar que parezcan un acto de fe, o el resultado de lo que se conoce como **contabilidad creativa**, o **pensamiento ilusorio**.

Monto de la inversión. El monto del gasto de inversión en activos fijos y en capital de trabajo se determina en el subcapítulo *5.1 Gasto de capital inicial*.

Puede darse el caso que la empresa haya erogado previamente algunas gastos que se relacionen con el proyecto de inversión propuesto, como puede ser el desarrollo de nuevos productos, la adquisición de conocimientos o de tecnología, o un estudio de mercado; dichos gastos se denominan **costos hundidos**, los cuales no se incluyen en el monto de la inversión, pero el evaluador podrá agregar una nota aclaratoria sobre ello.

Respuesta a la pregunta de aplicación. Conviene redactar una descripción preliminar una vez que se tenga la primera idea concreta del proyecto, que debería surgir en la primera o segunda etapa del curso. Conforme el equipo evaluador vaya avanzando en el proceso de evaluación deberá revisar la descripción, de tal forma que en el informe final la descripción contenga los elementos de mayor relevancia.

La descripción del proyecto debería contener elementos cruciales, como son: (1) el problema que resuelve, cómo se detectó objetivamente y sus consecuencias futuras en caso de no atenderse; (2)

las fuerzas y debilidades de la empresa relevantes para el proyecto; (3) los beneficios de corto y largo plazo de la empresa y (4) un desglose resumido de los conceptos de inversión.

El desglose de los gastos de inversión requerido se puede entender mejor si se presenta en forma de tabla, con un reducido número de conceptos, entre tres y siete, con una descripción comprensible de cada concepto y el monto de la inversión expresada en miles de pesos. Los montos se habrán calculado en forma detallada en el subcapítulo *5.1 Gasto de capital inicial*. Usualmente incluye las inversiones en activos fijos y diferidos, así como las necesidades adicionales de capital de trabajo. En caso de que el proyecto de inversión contemple la venta de activos fijos existentes que no se requerirán, el ingreso posible por la venta de dichos activos se puede incluir en un renglón de la tabla.

Experiencias de aprendizaje

Tareas individuales

[3.4.11] Descripción preliminar del objetivo y beneficios del proyecto, así como una estimación preliminar de los montos de inversión por los principales conceptos.

Tareas en equipo

[3.4.21] Elegir el proyecto que el equipo desarrollará en forma colaborativa durante el curso entre los proyectos individuales de los miembros del equipo.

[3.4.22] Revisar la tarea 3.4.11.

Casos virtuales

[3.4.31] Descripción del objetivo y beneficios del proyecto, así como un resumen de los conceptos de inversión.

Bibliografía

Casson, M. & Wadeson, N. (2007). The Discovery of Opportunities: Extending the Economic Theory of the Entrepreneur. *Small Business Economics*, (2007) 28:285–300

Chandler, G.N., Dahlqvist, J. & Davidsson, P. (2002). *Opportunity recognition processes: a taxonomy and outcome implications*. Babson College.

Choi, Y.R., Lévesque, M. y Shepherd, D.A. (2008). When should entrepreneurs expedite or delay opportunity exploitation?. *Journal of Business Venturing*, 23, 333–355

Hsieh, C., Nickerson, J. A., & Zenger, T. R. (2007). Opportunity discovery, problem solving and a theory of the entrepreneurial firm. *Journal of Management Studies*, 44(7), 1255-1277.

Larcker, D. F. (1981). The perceived importance of selected information characteristics for strategic capital budgeting decisions. *Accounting Review*, 519-538.

Liao, J., Welsch, H. P., & Pistrui, D. (2009). Entrepreneurial expansion plans: An empirical investigation of infrastructure predictors. *New England Journal of Entrepreneurship*, 12(1), 19-32.

Lyneis, J. M., Cooper, K. G., & Els, S. A. (2001). Strategic management of complex projects: a case study using system dynamics. *System Dynamics Review: The Journal of the System Dynamics Society*, 17(3), 237-260.

3.5 Equipo administrativo

Importancia

El éxito de un proyecto de inversión, con características para alcanzar los objetivos deseados, puede depender de que el equipo administrativo que se haga cargo de su ejecución responda a los retos previstos, y pueda hacer cambios ante situaciones inesperadas, cambios que no deben sorprender ante los crecientes avances tecnológicos, sociales, políticos y ecológicos.

Cuando una empresa exitosa decide llevar a cabo un proyecto de inversión que incremente sus ventas en más de un 30%, deberá revisar si el equipo administrativo podrá responder con igual o mejor eficiencia en la que será una empresa de mayor tamaño, o con retos diferentes. Si el proyecto de inversión tiene por objeto reducir costos o mejorar la calidad, el equipo administrativo debería tener las competencias que permitan que los nuevos procedimientos o tareas alcancen los objetivos deseados.

El evaluador deberá tomar en consideración que un proyecto de inversión bien implementado puede llevar a una empresa pequeña a la ruta que la convierta en empresa mediana, pero el descuido o desacierto del equipo administrativo puede llevar a la empresa al fracaso.

Preguntas de aplicación

[**1.5.8**]	¿Cuáles características del equipo administrativo actual son favorables para la realización del proyecto?
[**1.5.9**]	¿Qué acciones debe tomar la empresa para que el equipo administrativo sea capaz de desarrollar favorablemente el proyecto?

Premisas teóricas y prácticas

Bien sea que las decisiones administrativas recaigan solamente en el propietario de la empresa, o que haya avances en la incorporación de un gerente externo o en la delegación de responsabilidades, las facetas que puede adoptar la administración pueden incluir aspectos diversos que el evaluador debe tomar en cuenta. Dicho de otra forma, el gerente o el equipo administrativo deben reunir determinada capacidad gerencial, que incluye conocimientos y experiencia que se traducen en competencias y habilidades comerciales, financieras, tecnológicas, administrativas, participación en redes, entre otras. Dichas habilidades y competencias deben proyectarse en la forma de **capacidades dinámicas**, en el sentido de que el equipo administrativo puede reconfigurarlas colectivamente en rutinas, que permitan a la empresa hacer frente a los cambios crecientes que suceden en el entorno.

En la literatura se han identificado diferentes estilos de **liderazgo** que han probado ser efectivos en circunstancias particulares, pero es necesario que el evaluador identifique la modalidad de liderazgo que se observa en la empresa, y si la realización del proyecto podría requerir algún cambio susceptible de implementar.

Asimismo convendrá preguntarse si el comportamiento del propietario o gerente tiene características de ser **emprendedor**, porque ello mejorará las perspectivas de desarrollo de la empresa. Dicho comportamiento se puede manifestar en el entusiasmo por adquirir nuevas habilidades, promover un clima de trabajo en equipo e impulsar al equipo administrativo a proponer ideas para mejora de los productos o servicios; además, procura desarrollar el capital humano y favorece la comunicación abierta entre los diferentes niveles o áreas de responsabilidad. El comportamiento referido debe reflejarse en un tipo de **administración emprendedora**, que se refleja en la capacidad para tomar ventaja de nuevas oportunidades de crecimiento, y porque existe una **motivación hacia el crecimiento**.

Por otra parte, será útil conocer la forma y la intensidad con que el fundador de la empresa influye en las decisiones estratégicas que ha venido tomando el equipo administrativo, y si el sucesor actual, o quien esté en proceso de involucración promoverán algún cambio en la ruta de la empresa.

Debe tomarse en cuenta también que la participación de un gerente externo, y aún de miembros de la familia que no intervienen directamente en la administración, pueden influir en la toma de decisiones. Por ejemplo, se ha observado que cuando el propietario administra directamente la empresa puede tener mayor disposición a asumir riesgos, y que los integrantes de la familia pueden influir en la toma decisiones de tipo irracional, o bajo la influencia de emociones.

Otra faceta que caracteriza a un equipo administrativo son las ideas que influyen en la forma de recompensar al personal por los esfuerzos y logros que beneficien las perspectivas de la empresa. Por el contrario, pueden existir condiciones de conflicto entre los miembros del equipo administrativo, que deben ser afrontadas y remediadas para evitar que afecten el logro de los objetivos de la empresa.

Es importante advertir que el diagnóstico de las capacidades gerenciales es difícil de realizar, pero debido a su importancia crítica para el éxito del proyecto de inversión, el evaluador debe al menos identificar aspectos que pueden ser críticos y hacerlos notar en la evaluación. Además, las habilidades y experiencias generalmente no se pueden aprender en el corto plazo, por lo cual, podría ser necesaria la contratación de personal que complemente las capacidades de las que se tenga carencia.

Recursos requeridos

Para conocer la forma como el administrador o el equipo administrativo realizan su función gerencial, el evaluador puede tomar como base las entrevistas que realice al empresario o administrador, y mediante charlas que llegue a tener con el personal de la empresa. Dicho conocimiento puede calificarse como una percepción o juicio personal, pero podrá lograrse algún grado de **objetividad**, mediante la aplicación de cuestionarios a los que se puede acceder en la literatura especializada que permiten medir los **rasgos de la personalidad** y el **estilo de liderazgo**, entre otros.

Aplicación

Conforme vaya avanzando la evaluación del proyecto, y a través de las entrevistas que el evaluador tenga con el gerente o el propietario de la empresa, así como con otros integrantes del personal, el evaluador habrá percibido cuales características y forma de administrar resaltan como para explicar el éxito que ha tenido la empresa. Mediante dicha percepción el evaluador podrá identificar las **capacidades gerenciales**, el tipo de liderazgo y las circunstancias internas del equipo administrativo.

Es conveniente partir del **organigrama** (subcapítulo 6.1) para elaborar un detalle de los conocimientos y experiencia que sean importantes para cada área de responsabilidad, y determinar el grado en que cada uno de los integrantes del equipo administrativo posee tales conocimientos y experiencia.

El aprendizaje se enriquecerá cuando el evaluador tenga oportunidad de aplicar cuestionarios para medir los **rasgos de personalidad**, **actitudes** y **conductas** de los integrantes del equipo administrativo, y para identificar su estilo de liderazgo. Dichos cuestionarios pueden encontrarse mediante búsquedas en internet en fuentes académicas y en artículos publicados en revistas arbitradas.

Respuesta a la pregunta de aplicación. La contestación de las preguntas puede presentarse en un párrafo en el que se describan las fuerzas del equipo administrativo, y precisar acciones para reconfigurarlo si es necesario. Cuando el equipo administrativo conste de más de tres integrantes podrá agregarse una tabla que ilustre mejor sus atributos.

Experiencias de aprendizaje

Tareas individuales

    [**3.5.11**]   Describir las competencias del equipo directivo actual de la empresa y cuáles cambios podrían mejorar la suerte del proyecto de inversión.

Tareas en equipo

    [**3.5.21**]   Revisar la tarea 3.5.11.

Casos virtuales

    [**3.5.31**]   Describir las competencias del equipo directivo actual de la empresa y cuáles cambios podrían mejorar la suerte del proyecto de inversión.

Fuentes de consulta complementaria

What drives SME growth? introducing the leader's growth Mindset (https://www.academia.edu/34637087/What_Drives_SME_Growth_Introducing_the_Leaders_Growth_Mindset)

Bibliografía

Bradley, S. W., Wiklund, J., & Shepherd, D. A. (2011). Swinging a double-edged sword: The effect of slack on entrepreneurial management and growth. *Journal of business venturing*, 26(5), 537-554.

Delmar, F. y Wiklund, J. (2008). The Effect of Small Business Managers' Growth Motivation on Firm Growth: A Longitudinal Study. *Entrepreneurship Theory and Practice*, 437-457.

DeNoble, A., Ehrlich and Singh, G. (2007). Toward the Development of a Family Business Self-Efficacy Scale: A Resource-Based Perspective. *Family Business Review*, 20, 2, p127-140

Niesten, E., & Jolink, A. (2015). The impact of alliance management capabilities on alliance attributes and performance: a literature review. *International Journal of Management Reviews*, 17(1), 69-100.

Orser, B.J., Hogarth-Scott, S. & Riding, A. (2000). Performance, firm size, and management problem solving. *Journal of Small Business Management*, 38, 4, 42-58.

Pisano, G. P. (2017). Toward a prescriptive theory of dynamic capabilities: connecting strategic choice, learning, and competition. *Industrial and Corporate Change*, 26(5), 747-762.

Pradhan, S. (2012). Value creation by family-owned businesses: A literature review. *IUP Journal of Business Strategy*, 9(4), 35.

Sharma, P. (2004). An Overview of the Field of Family Business Studies: Current Status and Directions for the Future. *Family Business Review*, XVII, 1, 100526
https://faculty.utep.edu/Portals/167/69%20FBR-ReviewPaper.pdf

Zahra, S.A. (2005). Entrepreneurial Risk Taking in Family Firms. *Family Business Review San Francisco*, 18, 23-40.

3.6 Aspectos legales y fiscales

Importancia

Todas las empresas están sujetas al pago de impuestos federales, estatales y municipales que pueden alcanzar un porcentaje elevado sobre sus ingresos, y tienen la obligación de presentar periódicamente información sobre sus actividades a las autoridades, así como cumplir otro tipo de obligaciones que implican gastos y responsabilidades y que, en caso de incumplimiento, pueden causar multas o costos legales que pueden afectar los resultados de la empresa.

Las obligaciones de pago de impuestos y el cumplimiento de leyes y reglamentos pueden variar de una localidad a otra, y están sujetas a cambios, por lo cual el evaluador de un proyecto inversión debe conocer con precisión las leyes, reglamentos y sus prácticas, para incorporar sus efectos en la evaluación, toda vez que los errores u omisiones pueden poner en riesgo los resultados futuros de la empresa. Por tales motivos, en la empresa se deben conocer las leyes, reglamentos y prácticas locales y externas que afecten su operación

Las empresas pequeñas son de tipo familiar, pero en general su administración y supervivencia tendrán mejores condiciones y perspectivas cuando estén constituidas como una sociedad legal, que tenga características que favorezcan su crecimiento y desarrollo futuro.

Preguntas de aplicación

[1.6.10]	¿Cuáles aspectos legales y fiscales afectan o favorecen el desarrollo actual de la empresa?
[1.6.11]	¿Se prevén cambios fiscales o legales que podrían apoyar o afectar el desarrollo del proyecto?
[1.6.12]	¿Cómo puede afectar los cambios en las disposiciones fiscales en la rentabilidad de la empresa?
[1.6.13]	¿Cuál es la forma jurídica que conviene que la empresa adopte con el proyecto de inversión y por qué?

Premisas teóricas y prácticas

En los últimos años se ha acentuado el impacto de la **globalización** en la operación de las empresas, debido a los avances en las tecnologías, en la evolución de **paradigmas** económicos, políticos, sociales y ecológicos cuyos efectos pueden ser trascendentes para las perspectivas de las empresas. Los cambios en dichos paradigmas han estado impactando el marco fiscal y legal de las empresas, cuyas manifestaciones son muy diversas como: (a) el desarrollo de tecnologías que han propiciado evolución de la comunicación en redes sociales, (b) el acceso masivo al conocimiento a través de internet, (c) las consecuencias del liberalismo económico en la concentración de la riqueza, (d) la manipulación de la información con propósitos políticos, (e) los cambios en los valores personales y sociales, (f) el crecimiento de grupos de poder que evaden leyes y amenazan la cultura, entre muchos otros que pueden tener efectos repentinos e impredecibles; una amenaza latente es sin duda destrucción paulatina de los recursos naturales y biológicos, que impulsan cambios en los reglamentos y leyes, que afectan la operación de las empresas.

La implementación de un proyecto de inversión que represente un gasto superior al 30 por ciento del capital de una empresa, puede implicar cambios que hagan necesario revisar la forma en que esté constituida la empresa, debido al impacto que pueden tener dichos cambios en la operación y en el costo que implique cumplir con las obligaciones fiscales y de otras leyes y reglamentos.

El cálculo de los impuestos se elabora con los resultados contables que la empresa lleva con apego a las disposiciones vigentes de las autoridades fiscales, disposiciones que pueden cambiar usualmente cada año, y su aplicación puede diferir dependiendo del tamaño, actividad u otras características de la empresa.

Las disposiciones fiscales pueden ser complejas, cambian con frecuencia y a veces en forma impredecible, y los cambios futuros pueden igualmente ser impredecibles. Por consiguiente, conviene que el evaluador esté debidamente informado de cómo han evolucionado las disposiciones fiscales que aplican a las empresas pequeñas, de cómo han afectado a la empresa en los últimos años, y de cuál sería el impacto de dichas disposiciones en el futuro del proyecto; además, deberá haber analizado en forma informada los cambios futuros probables en dichas disposiciones.

De interés particular para el evaluador es identificar las **deducciones** que autoriza la autoridad fiscal de los gastos de inversión en activos fijos, cuya depreciación se deduce como gasto a lo largo de un número de años que se establece en la legislación, dependiendo del tipo de bien. En efecto, en el caso de algunos gastos de investigación, estos podrían estar sujetos a su depreciación total en el mismo año en que se erogan, mientras que la maquinaria podrá depreciarse en tres o más años. El evaluador deberá revisar los porcentajes de depreciación anual que se autorizan para cada tipo de gasto, conforme a las disposiciones fiscales vigentes.

Afortunadamente existen fuentes accesibles para que el evaluador adquiera el conocimiento sin incurrir en gastos, porque puede consultar en internet las leyes aplicables, así como el análisis detallado de las disposiciones fiscales elaborado por especialistas. Aun cuando la empresa cuente con un asesor fiscal, conviene que el evaluador tenga preparación propia suficiente para dialogar con el asesor sobre aspectos fiscales que afecten a la empresa y para incorporar en la evaluación del proyecto los efectos del cumplimiento de las disposiciones fiscales.

Si bien la evaluación del proyecto se basa en la **contabilidad administrativa**, la **utilidad neta antes de impuestos** que reporta en el **estado de resultados** proyectado al que se refiere en subcapítulo 7.6, debe mostrar el monto de utilidad sobre el cual la empresa calcula el Impuesto sobre la Renta, conocido en México como **Resultado Fiscal**. El evaluador deberá conocer si aplica el pago de **impuestos estatales** y cuál es la base del cálculo, con objeto de estimar el pago anual por dicho concepto.

Forma de constitución de la empresa. La forma como esté constituida la empresa pequeña, esto es, si opera como persona física a nombre del propietario, o como una sociedad anónima u otra forma de constitución, tendrá efectos en el porcentaje de impuestos que afecten las utilidades, así como riesgos importantes en la operación futura. El porcentaje de impuestos y el momento en que deban pagarse puede ser diferente en el caso de una sociedad anónima, y el retiro de utilidades o de capital por los accionistas puede tener repercusiones en el monto de impuestos que deba pagar personalmente un propietario o accionista de la empresa. Por otra parte, cuando una empresa está constituida como sociedad anónima, su operación podrá tener menores repercusiones en caso de la muerte del propietario. Sin embargo, los **poderes legales** que la empresa otorgue para la administración y asuntos jurídicos deberán estar conformados para que la operación no se vea afectada en caso de la ausencia fortuita de algún **apoderado**.

Recursos requeridos

Antes de la cuarta etapa de la evaluación convendrá que el evaluador disponga del Estado de Resultados de los últimos tres **ejercicios contables**, con el desglose del cálculo de impuestos estatales y federales a liquidar. Asimismo, conviene tener a la mano el acta constitutiva de la empresa, sus modificaciones y los poderes que se tengan otorgados.

Aplicación

El evaluador debe conocer las leyes y disposiciones fiscales estatales que apliquen a la empresa y al proyecto, así como estar enterado de sus perspectivas futuras. Dicho conocimiento puede adquirirse a través de la lectura e interpretación de las leyes y reglamentos que aplican a la operación contable y financiera de la empresa, así como de los cambios que se han dado en los tres años anteriores. Además, debido a la relación profunda que existe entre las circunstancias políticas y económicas, tanto nacionales como internacionales, el evaluador debe leer asiduamente las noticias que al respecto publiquen los medios de comunicación confiables.

A partir del conocimiento antes referido, y de los resultados de la evaluación financiera que realice conforme al capítulo 7 del libro, el *evaluador* deberá estimar el porcentaje de Impuesto sobre la Renta que deba pagar la empresa cada año, así como por los accionistas en el caso de pago de dividendos o retiros de capital que se pudieran llegar a realizar en el futuro.

Respecto a la forma de constitución de la empresa, el evaluador deberá revisar si el objeto de la sociedad es adecuado para los efectos del proyecto de inversión, y si los poderes y la forma de otorgarlos son adecuados, para evitar riesgos en la operación y continuidad de la empresa en caso de ausencia fortuita de algún apoderado.

Respuesta a la pregunta de aplicación

El entorno legal y de impuestos constituye un tema relevante, pero la contestación de las tres primeras preguntas de aplicación puede redactarse en un sólo párrafo, buscando la simplicidad y la precisión.

En caso de que el evaluador considere que existe el riesgo de cambios impositivos que pudieran afectar a la empresa en el futuro, podrá hacer la aclaración dentro del mismo párrafo.

La cuarta pregunta de aplicación se podrá redactar en un párrafo separado, expresando en su caso la justificación para mantener la forma actual de constitución jurídica de la empresa y los **poderes de administración y dominio** que se tengan otorgados.

Experiencias de aprendizaje

Tareas individuales

[3.6.11]   Descripción de las obligaciones fiscales que aplican a los gastos y utilidades de la empresa

[3.6.12]   Observaciones sobre la forma como la empresa está constituida y de los poderes de administración y dominio otorgados. En su caso, sobre los cambios ser benéficos para la empresa y para los propietarios.

[3.6.13]   Efectos estimados de los beneficios y deducciones fiscales en los resultados financiaros del proyecto de inversión.

Tareas en equipo

[3.6.21]   Revisar las tareas individuales 3.6.11 a 3.6.13.

Casos virtuales.

[3.6.31]   Descripción de las obligaciones fiscales que aplican a los gastos y utilidades de la empresa

[3.6.32]   Efectos estimados de los beneficios y deducciones fiscales en los resultados financiaros del proyecto de inversión.

Fuentes de consulta complementaria

http://www.sat.gob.mx

LISR 2017

Bibliografía

Crawford, C. & Freedman, J. (2010). Small business taxation, *Oxford University Centre for Business Taxation*, 11/12/2017 http://eureka.sbs.ox.ac.uk/3368/1/WP0806.pdf

Rodríguez Nava, A., & Ruiz Alarcón, C. (2013). Contribución efectiva al Impuesto Sobre la Renta en personas morales del régimen general. *Economía: teoría y práctica*, (38), 9-49.

3.7 Responsabilidad social y ecológica

Importancia

El avance de una comunidad debería ser impulsado por una visión de largo plazo, que incluya la premisa de que el futuro de una sociedad depende del cuidado del ambiente natural, impulso en el que las empresas juegan un papel preponderante.

Las actividades propias de un negocio pueden tener también efectos positivos o negativos en la sociedad, que conviene identificar y evaluar, porque pueden mejorar o afectar las perspectivas de un proyecto de inversión en el largo plazo. Las empresas pueden contribuir al desarrollo social de la empresa mediante sus políticas de empleo, la capacitación de su personal, el impulso a un ambiente de trabajo que favorezca los valores humanos, impulso del consumo responsable, entre otros muchos efectos. Se ha propuesto que la responsabilidad social de la empresa comprende cuatro rubros: económica, legal, ética y filantrópica. Se dice que las grandes corporaciones han sido las pioneras en incorporar acciones de apoyo a la responsabilidad social dentro de sus estrategias administrativas, pero las empresas pequeñas deben incorporarlas si es que aspiran a lograr una posición destacada de desarrollo en el largo plazo.

Por ejemplo, las políticas de la empresa que disminuyan el bienestar del personal pueden aumentar la rotación de su personal y disminuir la productividad de los trabajadores; en otro contexto, la contaminación del ambiente por uso de insumos o procesos de producción inadecuados pueden causar una mala reputación a la empresa y disminuir sus ventas, al grado de perder permanentemente participación de mercado.

Preguntas de aplicación

[1.7.14]	¿Qué acciones realiza la empresa en apoyo al desarrollo de la comunidad y del ambiente?
[1.7.15]	¿Qué acciones adicionales se contemplan en el desarrollo del proyecto que beneficiarán el desarrollo de la comunidad y del ambiente?
[1.7.16]	¿Cuál es el impacto ambiental del funcionamiento de la empresa y cómo se verá afectado con el desarrollo del proyecto?
[1.7.17]	¿Cuáles reglamentos de tipo ecológico afectan el crecimiento y desarrollo de la empresa?

Premisas teóricas y prácticas

Cuando una empresa busca permanecer y crecer en el largo plazo, deberá adoptar un **modelo de negocios** que sea **sustentable** en el futuro, porque mejorará su imagen ante sus clientes y reducirá riesgos directos e indirectos en su desarrollo. Es del conocimiento general que los problemas sociales y ecológicos se incrementarán a niveles que pongan en alto riesgo el futuro de la supervivencia humana, en que las empresas son parte del problema y pueden ser parte de la solución; por consiguiente, las empresas no deberían continuar haciendo negocios ignorando tales imperativos, sino con la aplicación de soluciones innovadoras, y a través del cumplimiento de los reglamentos y el apoyo a las políticas de apoyo al ambiente.

Responsabilidad social. Muchas empresas grandes incluyen en su publicidad su principal contribución en el campo de la responsabilidad social corporativa, pero pueden plantearse muchas dudas sobre la efectividad global de dicha contribución; en general puede argumentarse que el efecto neto dista mucho de ser positivo. En tales circunstancias, es muy importante que todas las empresas jueguen un papel activo en asegurar que su contribución neta es positiva, con el fin de que la empresa asegure su propia supervivencia de largo plazo. La responsabilidad social empieza con el cumplimiento bien intencionado de la leyes laborales, que deben proteger los derechos de los trabajadores; la empresa debe tener políticas, procedimientos e indicaciones establecidas para la seguridad de los trabajadores; debe ofrecer entrenamiento y capacitación que impulse la superación del personal; promocionar y e impulsar la mejora del equilibrio trabajo-familia, mediante políticas flexibles que eviten el trastorno de las relaciones familiares, sin afectar la productividad de la empresa.

En ocasiones la empresa podrá apoyar la realización de eventos para mejorar el nivel cultural de la comunidad local. En general la operación de la empresa podrá contribuir a acrecentar el carácter **ciudadano ético** de la población.

Responsabilidad ecológica. Un principio ético que debería destacar en la empresa es el de medir y mejorar su **desempeño ambiental**, que consiste en proteger el medio ambiente, evitando o sustituyendo prácticas que continúen dañándolo, toda vez que el planeta sufre una etapa avanzada de degradación que podría no ser susceptible de revertir. Una empresa que aplique un modelo de negocios ecológicamente sustentable, evitará prácticas que agoten el capital natural, esto es, los recursos no renovables; utilizará como materia prima materiales que de otra forma se desecharían; reducirá al mínimo la utilización de energía y el uso de agua; utilizará en forma responsable el uso de materiales peligrosos; preferirá el uso de empaques reciclables; gestionará la disposición apropiada de productos obsoletos; evitará procesos y prácticas que contaminen el medio ambiente; evitará acciones que dañen la biodiversidad o que causen impacto ecológico indirecto y promoverá el consumo responsable de los productos que venda.

Teorías aplicables. La responsabilidad social de las empresas ha sido un tema estudiado por más de cinco décadas, y se han desarrollado diferentes propuestas teóricas: (1) la teoría de **grupos de interés**, que siguen con detenimiento el desempeño de las empresas e influyen en su reputación ante el mercado; (2) la teoría de los **contratos sociales**, que propone la responsabilidad de la empresa de actuar conforme un sistema de normas y valores; (3) la teoría de la **legitimidad**, que comprende el uso del poder en forma responsable; (4) la medición del desempeño de la empresa que incluya su contribución al **beneficio social**.

Como ejemplo de los efectos de empresas socialmente responsables, se ha citado el caso de las empresas de Finlandia, Suecia y Dinamarca, que se han caracterizado por comportamientos altamente éticos, a lo cual se atribuye que tales países se encuentran entre los de mayor competitividad. Por el contrario, es conocido el caso de empresas de confección de Bangladesh, cuyos trabajadores están expuestos a condiciones de trabajo peligrosas, y que en 2013 causó la muerte de 1,100 trabajadores por el derrumbe del edificio de una fábrica.

Medición del desempeño sustentable. Para conocer el grado en que una empresa contribuye a la sustentabilidad social y ecológica, se sugiere aplicar un cuestionario desarrollado a partir otros que hayan sido utilizados en estudios académicos o profesionales. La respuesta al cuestionario puede obtenerse mediante entrevistas a empleados, clientes, proveedores y competidores de la empresa.

Recursos requeridos

El administrador de la empresa sería la fuente principal de información para conocer el papel que juega la empresa en el campo de la responsabilidad social y ecológica. La entrevista a integrantes del personal, a clientes y proveedores permitirá conocer otras formas de apreciar el rol de la empresa como líder en responsabilidad social y ecológica.

Aplicación

Conforme el evaluador avanza en temas como la descripción de la empresa (3.1), la descripción del proyecto (3.4), el análisis de la industria (4.1), la producción (5.4) y recursos humanos (6.3), habrá identificado actividades y procesos operativos que pueden jugar un rol relevante en el impacto social y ecológico de la empresa. Cuando tenga suficiente conocimiento sobre dichas actividades y procesos, estará en condiciones de elegir un cuestionario para medir el grado en que la empresa en su operación actual incide en el entorno social y ecológico, y para estar en posibilidad de proponer cambios que realcen su contribución a dicho entorno.

Conviene identificar los ítems que aplican para la empresa, así como el nivel en que la empresa destaca en su cumplimiento, considerando que, cuanto mayor sea su nivel, en el mismo grado podrá ser su contribución al desarrollo y bienestar de la comunidad.

Una vez que se hayan obtenido las respuestas a las preguntas, el alumno deberá capturar las respuestas en una hoja de cálculo electrónica, y reflexionar sobre la información que se ha logrado obtener. Los valores altos significan fortalezas que mejoran la imagen de la empresa ante sus clientes, y con ello su capacidad de competir en el mercado; los valores bajos representan oportunidades de mejora que la empresa puede aprovechar. Cuando las respuestas puedan ser comparadas con las de empresas similares, o con el promedio de la industria, el análisis tendrá mayor valor para explicar el rol de la empresa como participante en la sustentabilidad social y ecológica.

Una vez que se tiene una idea clara sobre el desarrollo y las perspectivas del proyecto, el evaluador debería reflexionar sobre los posibles efectos de cada uno de los items que miden la contribución de la empresa en el entorno social y ecológico. La mejora en dicha contribución se puede considerar como una ventaja cualitativa que apoyaría la realización del proyecto de inversión.

Si la empresa desea verificar posteriormente la contribución de la empresa en apoyo del desarrollo social, podría aplicar nuevamente el cuestionario un tiempo después de realizada la inversión –un año después, por ejemplo, para conocer si las respuestas muestran los incrementos esperados.

Respuesta a las preguntas de aplicación. La respuesta a las preguntas se aplicación podría requerir entre uno y tres párrafos, según la relevancia que tenga la empresa en el entorno ecológico y social.

Experiencias de aprendizaje

Tareas individuales

[**3.7.11**]   Describir en forma resumida cómo apoya la empresa el mejoramiento del ambiente social y ecológico, los reglamentos ecológicos que le afectan, y cómo el proyecto ofrece la oportunidad de proyectar la imagen y los resultados de la empresa en dichos temas.

Tareas en equipo

[**3.7.21**]   Revisar la tarea individual 3.7.11 y acordar las modificaciones que impulsen el desarrollo de la empresa en forma social y ecológica.

Casos virtuales

[**3.7.31**]   Describir en forma resumida cómo apoya la empresa el mejoramiento del ambiente social y ecológico, los reglamentos de ecológicos que le afectan, y cómo el proyecto ofrece la oportunidad de proyectar la imagen y los resultados de la empresa en dichos temas.

Fuentes de consulta complementaria

ISO 26000 social responsibility (http://www.iso.org/)

Bibliografía

Birkin, F. Polesie, T. & Lewis, L. (2009). A new business model for sustainable development: an exploratory study using the theory of constraints in Nordic organizations. *Business Strategy and the Environment*, 18, 5, 277–290

Bocken, N. M., Short, S. W., Rana, P., & Evans, S. (2014). A literature and practice review to develop sustainable business model archetypes. *Journal of cleaner production*, 65, 42-56.

Duarte, A. P. (2011). *Corporate social responsibility from an employees' perspective: Contributes for understanding job attitudes*. Tesis doctoral, Instituto Universitario de Lisboa.

Gupta, V., & Zhang, Y. (2017). A Dynamic Theory of Environmental Performance Management and Exploratory Evidence in Chinese Context. Working paper, Retrieved on September 17, 2017 from www.researchgate.com

Jiang, Z., Zhang, H., & Sutherland, J. W. (2012). Development of an environmental performance assessment method for manufacturing process plans. *The International Journal of Advanced Manufacturing Technology*, 58(5-8), 783-790.

Porter, M. E., & Kramer, M. R. (2006). The link between competitive advantage and corporate social responsibility. *Harvard business review*, 84(12), 78-92.

Seidel, S., Recker, J.C., Pimmer, C. & vom Brocke, J. (2010) Enablers and barriers to the organizational adoption of sustainable business practices. In: *Proceeding of the 16th Americas Conference on Information Systems*: Sustainable IT Collaboration around the Globe, 12-15, Lima.

Svensson, G., Wood, G., & Callaghan, M. (2010). A corporate model of sustainable business practices: An ethical perspective. *Journal of World Business*, 45(4), 336-345.

3.8 Beneficios del proyecto

Importancia

Un proyecto de inversión con atributos para ser aprobado debe ofrecer beneficios relevantes para que la empresa pueda ser exitosa en el largo plazo, conforme a las aspiraciones del propietario. Dichos beneficios deben ser claramente superiores a los riesgos que los proyectos de inversión generalmente presentan, riesgos que se incrementan conforme aumenta la proporción del monto del proyecto con respecto al capital de la empresa. Bien sea que el objetivo del proyecto sea aprovechar una oportunidad de negocios, o enfrentar una amenaza de mercado, el propietario debe contar con indicadores confiables de sus beneficios, para tomar una decisión de la mayor trascendencia para la empresa.

Preguntas de aplicación

[1.8.18] ¿Cuál será el incremento en la rentabilidad con la realización del proyecto, cuál el VPN y cuál la TIR?

[1.8.19] ¿Cuáles beneficios del proyecto influirán en la permanencia y desarrollo de la empresa en el mediano y largo plazo?

[1.8.20] ¿Cuáles problemas podría enfrentar la empresa en el caso de que el proyecto no sea aprobado?

Premisas teóricas y prácticas

La aprobación de un proyecto de inversión en una empresa pequeña dependerá de que ofrezca mejorar su desempeño futuro, a tal grado que los riesgos que implique no sean relevantes, tomando en cuenta el significado que tenga la empresa para el propietario, así como la **idiosincrasia** que caracterice a los integrantes de la familia. En efecto, en el caso de las empresas pequeñas puede ser más importante la imagen de la familia ante la sociedad, o la permanencia de la empresa en el largo plazo, que un incremento en el rendimiento que pueda generar el proyecto de inversión.

Un proyecto de inversión puede tener efectos directos o indirectos muy relevantes en los resultados que pueda tener la empresa, así como en las aspiraciones personales de la familia. En este sentido el proceso de evaluación del proyecto debe revelar los principales beneficios que pueden interesar a la familia, como puede ser el incremento en los flujos de efectivo, la mejora en la calidad y características de los productos, la renovación de las instalaciones, el ahorro de electricidad, entre otros muchos beneficios posibles.

De acuerdo con la teoría financiera de mayor aceptación, un proyecto de inversión puede ser aceptado cuando el **valor presente** de la inversión es superior al monto del gasto de inversión requerido, utilizando una **tasa de descuento** que corresponde al rendimiento requerido por los propietarios de la empresa. En las empresas grandes se prefiere elegir el proyecto con mayor

TIR, mientras que en las empresas pequeñas les parece adecuado aprobar el proyecto con menor **periodo de recuperación**.

La importancia de responder las preguntas con bases técnicas no puede desestimarse, toda vez que el riesgo de los proyectos de inversión es generalmente alto, tal que más de la mitad de los proyectos que se emprenden no logran los resultados esperados. Las investigaciones que se han realizado sobre las causas de fracaso de los proyectos han revelado una diversidad de problemas, por lo cual la metodología que se propone incluye los aspectos que conviene considerar en la evaluación, sin descartar que sea necesario considerar otros más.

Los factores que pueden incidir en el éxito o fracaso de un proyecto de inversión pueden variar en importancia, dependiendo de la industria y del tipo de mercado. Por ejemplo, en industrias relacionadas con productos de alta tecnología, cuyos productos y usos cambian rápidamente, la predicción de las ventas futuras tendría menor certidumbre y por lo tanto mayor riesgo.

Una evaluación con rigor metodológico estará incompleta si deja de exponer los riesgos relevantes que puede enfrentar el proyecto, toda vez que cualquier predicción sobre el futuro tendrá bases subjetivas susceptibles de error, y porque muchos sucesos tienen un origen que escapa al pensamiento lógico general.

Recursos requeridos

La respuesta a las tres preguntas de aplicación se podrá elaborar en la última etapa de la evaluación, cuando la información necesaria se haya generado en los diversos temas de la evaluación.

Aplicación

Conforme el evaluador vaya avanzando en su trabajo de evaluación, tendrá oportunidad de identificar aquellos beneficios o riesgos del proyecto que el empresario debería tomar en cuenta en su decisión sobre la aprobación del gasto. Una forma práctica detectar los beneficios y riesgos del proyecto consiste en utilizar el formato como el que se muestra en el anexo *7.9.1 Beneficios y riesgos del proyecto*, en el que el evaluador podrá anotar los beneficios o riesgos que pueda haber detectado durante el estudio realizado para contestar cada pregunta de aplicación. Mediante un ejercicio como el que se sugiere más adelante en la sección *Aplicación* en el *subcapítulo 7.9 Administración de riesgos* será posible escoger entre cinco o siete beneficios o riesgos que serían la base para responder las preguntas de aplicación 19 y 20 del presente sub-capítulo.

Respuesta a las pregunta de aplicación

La respuesta a las tres preguntas de aplicación del presente subcapítulo pueden ser las más importantes para sustentar la decisión de aprobar el proyecto por el empresario. Dichas respuestas, en su forma final, deberán estar fundamentadas en los resultados de mayor relevancia de las otras 76 preguntas de aplicación que se proponen en el presente libro.

Podrá ser necesario dedicar un párrafo para redactar la respuesta de cada pregunta, mediante proposiciones que hayan sido sustentadas en la evaluación y sobre las cuales no exista duda relevante, toda vez que cualquier proposición dudosa podrá ser causa de rechazo del proyecto.

En particular la pregunta de aplicación 1.8.18 se puede responder a partir de las respuestas de las preguntas de aplicación de los subcapítulos *5.7 Resultados relevantes* y *5.8 Criterios financieros de decisión*, e incluir elementos de apoyo que pueden haber surgido en la respuesta a las preguntas sobre el flujo de efectivo (*subcapítulo 7.5*) y hacer la comparación de cuál habría sido el valor de dichos indicadores si el proyecto no se llevara a cabo.

Una técnica natural para contestar la pregunta 1.8.19 consiste en revisar las respuestas de cada una de las demás preguntas de aplicación, e identificar en ellas los principales beneficios y riesgos del proyecto. Si el número de beneficios o riesgos relevantes es mayor a siete, el evaluador podrá descartar aquellos que considere de menor valor crítico para el futuro de la empresa, de tal forma que la respuesta a la pregunta incluya solo aquellos beneficios o riesgos de mayor importancia.

Conforme el evaluador realice el proceso para contestar las preguntas 1.8.18 y 1.8.19, podrá ir identificando el grado en que el proyecto contribuye al logro de objetivos o resuelve problemas de la empresa, y cuáles problemas tendría que enfrentar la empresa si el proyecto no se realiza. El impacto de los problemas sería menor a los beneficios del proyecto, y su redacción debería ser objetiva y estar basada en un análisis cuidadoso de la evaluación.

Experiencias de aprendizaje

Tareas individuales

[3.8.11]   Describir los beneficios más importantes del proyecto en materia de rentabilidad, VPN y la TIR, con base en la respuesta de respuestas de las preguntas de aplicación de los subcapítulos *7.7 Resultados relevantes* y *7.8 Criterios financieros de decisión*.

[3.8.12]   Describir los cinco beneficios más importantes del proyecto, que se hayan encontrado en la respuesta de todas las demás preguntas de aplicación.

[3.8.13]   Describir los tres problemas más importantes que enfrentaría la empresa en el caso de que no se realice del proyecto, con base en la respuesta de todas las demás preguntas de aplicación.

Tareas en equipo

[3.8.21]   Revisar las tareas individuales 3.8.11 a la 3.8.13.

Casos virtuales

[3.8.31]   Describir los beneficios más importantes del proyecto en materia de rentabilidad, VPN y la TIR, con base en la respuesta de respuestas de las preguntas de aplicación de los subcapítulos *7.7 Resultados relevantes* y *7.8 Criterios financieros de decisión*.

[3.8.32]   Describir los cinco beneficios más importantes del proyecto, que se hayan encontrado en la respuesta de todas las demás preguntas de aplicación.

[3.8.33]   Describir los tres problemas más importantes que enfrentaría la empresa en el caso de que no se realice del proyecto, con base en la respuesta de todas las demás preguntas de aplicación.

Bibliografía

Beer, M. & Nohria, N. (2008). Cracking the code of change. *Harvard Business Review*, May-June, 103-141.

Brinckmann, J., Grichnik, D. & Kapsa, D. (2010). Should entrepreneurs plan or just storm the castle? A meta-analysis on contextual factors impacting the business planning–performance relationship in small firms. *Journal of Business Venturing* 25, 24–40.

Henning Reschke, C., Bogenhold, D., & Kraus, S. (2010). How innovation and entrepreneurship can conquer uncertainty and complexity: learning about the unexpected. *International Journal of Complexity in Leadership and Management*, 1(1), 55-71.

Kerzner, H. (2017). *Project management metrics, KPIs, and dashboards: a guide to measuring and monitoring project performance.* John Wiley & Sons.

4 Mercado

La supervivencia de una empresa puede depender del conocimiento y la capacidad que hayan acumulado para lograr un monto o composición de ventas que le permita alcanzar el nivel de rentabilidad deseado. Cuando una empresa deba decidir si eroga un gasto importante de capital, deberá contar con un análisis de mercado que soporte un pronóstico de ventas que demuestre la capacidad de alcanzar los montos de ventas necesarios.

El análisis de mercado debería basarse en cuatro temas importantes: un **análisis de la industria** para conocer las perspectivas de largo plazo de la rama de negocios en las que opera la empresa; dicho análisis contendrá elementos para elaborar un **estudio de mercado** que permita conocer las estrategias y posición de los competidores y, tomando en cuenta los recursos y capacidades de la empresa, elaborar un **plan de mercado** que determine la mezcla de las 4 P de marketing: precio, punto de venta, precio y promoción; dicho plan permitirá elaborar un **pronóstico de ventas**, que será el punto de partida para estimar el rendimiento que el empresario obtendrá de los recursos invertidos y el valor que tendrá el negocio en el futuro.

Aunque el estudio de estos temas se puede presentar como un proceso en serie, en realidad se puede abordar en paralelo, lo cual permitiría ampliar el conocimiento y reducir el nivel de incertidumbre sobre el desempeño de las ventas futuras de la empresa. Es importante tomar en cuenta que el logro de las metas de venta dependerá de que la empresa cuente con los recursos y **capacidades de marketing**, ofrezca productos innovadores y que la **cultura de marketing** de la empresa permita articular sus planes en forma efectiva.

4.1 Análisis de la industria

Importancia

El análisis de la industria tiene por objeto conocer si la actividad de la empresa seguirá siendo atractiva en el futuro, y es uno de los pasos más importantes en la evaluación de un proyecto de inversión.

Se ha argumentado que el análisis de la industria es la unidad básica de análisis, que permite determinar las tendencias del mercado y con ello las posibilidades estratégicas de la empresa, porque revela elementos para comprender cómo competir en el mercado.

Elaborar un análisis de la industria no es una tarea sencilla, lo cual puede ser causa de que en México la evaluación de los proyectos de empresas pequeñas generalmente no incluya dicho análisis. Debido a que en algunos casos el análisis de la industria puede ser de importancia crítica para evaluación, el evaluador deberá adquirir un nivel de conocimiento suficiente que le permita reducir la **incertidumbre** sobre el tema en la mejor manera.

Preguntas de aplicación

[2.1.21]	¿Cuál es la descripción de los productos que vende la empresa, de conformidad con las categorías aceptadas internacionalmente?
[2.1.22]	¿En qué etapa se encuentran los productos o servicios de la empresa en la perspectiva del ciclo de vida?
[2.1.23]	¿Cuáles son los factores que afectan la demanda, cuál ha sido el porcentaje de crecimiento de la demanda del mercado en los últimos años, y cuál es su perspectiva de crecimiento?
[2.1.24]	¿Cómo han evolucionado los precios y cómo se espera que evolucionen en el futuro?
[2.1.25]	¿Qué se conoce sobre la estructura de costos de la industria?
[2.1.26]	¿Cómo se ha comportado la participación de mercado de la empresa?
[2.1.27]	¿Cuáles son las características de los competidores más exitosos y qué se sabe sobre su desarrollo y desempeño?
[2.1.28]	¿Cuál es el segmento de mercado más atractivo hacia el futuro y por qué?

Premisas teóricas y prácticas

En el Diccionario de la Real Academia Española la palabra **industria** es definida como "Conjunto de operaciones materiales ejecutadas para la obtención, transformación o transporte de uno o varios productos naturales", y generalmente se relaciona con los negocios de manufactura y fabricación. Sin embargo, en el presente libro se utiliza el significado especial de **industria**, el cual se refiere a las actividades de un tipo particular de negocios, y que corresponde a las descripciones de clase, sub-rama o rama utilizados por el SCIAN (o NAICS por sus cifras en idioma inglés), cuyo catálogo está disponible en el sitio web del INEGI.

Para que el análisis de la industria pueda ser útil para la evaluación de un proyecto de expansión de una empresa pequeña, debe referirse principalmente a la **clase** de negocio de la empresa en cuestión, según esté definida en el SCIAN. Sin embargo, cuando el evaluador lo considere necesario, podrá ampliar el análisis e incluir la **sub-rama y** aún a la **rama**, dependiendo del tipo de empresa o de proyecto. El análisis de la industria incluye el estudio de ocho temas principales, que se describen en los incisos A-H siguientes:

(A) Características de los productos o servicios

Las características de los productos o servicios que vende la empresa revelan pautas para determinar las estrategias de venta en el largo plazo. Entre las características que interesa reconocer para entender el funcionamiento de la industria, se pueden incluir la forma física: tamaño, color y materiales con que se producen los productos, cómo funcionan y cuales beneficios ofrecen. Además, los productos pueden clasificarse con diferentes criterios, tal que puede hablarse de productos genéricos o especializados, complementarios o substitutos, intermedios o de nicho, de alta involucración, cautivos, etc. entre otras clasificaciones. Así, para cada tipo de producto, el administrador puede diseñar una estrategia de ventas especial, cuyas implicaciones pueden ser críticas para el futuro de la empresa.

Productos genéricos. Se trata de productos que usualmente se adquieren sin importar la marca o fabricante, como puede ser el azúcar, el agua embotellada, ciertas medicinas, entre muchos otros. Los consumidores usualmente darán más importancia al precio y a la disponibilidad, por lo cual el productor no requerirá un gasto relevante para promocionar su producto.

Productos especializados. Son productos cuyo uso o beneficios son necesarios para un número pequeño de consumidores, empresas u otro tipo de organizaciones. En tal caso, el crecimiento de la demanda dependerá de las perspectivas de uso de dicho bien o servicio, perspectivas que deberán ser evaluadas.

Productos complementarios. Algunos productos o servicios pueden usualmente no ser comprados en forma independiente de otro bien o servicio, por lo cual se les denomina productos complementarios. Tal es el caso de las llantas y gasolina, cuya demanda está asociada al número de automóviles en circulación.

Productos intermedios. Son aquellos que se utilizan como insumos en la fabricación de otros productos, como la madera y el acero en barras, por lo cual la demanda de los insumos depende de la demanda de los productos finales.

Productos de nicho. Se trata de productos que interesan a un subgrupo particular de consumidores, con frecuencia para usos especiales. Entre ellos se pueden citar los alimentos exóticos, los farmacéuticos especializados, productos de belleza de alto precio, entre muchos otros.

Productos de alta involucración. Se caracterizan por su precio relativamente alto, y que se compran después de tomar un largo tiempo en su consideración, como puede ser los productos electrónicos de precio muy alto, los inmuebles, la maquinaria, entre muchos otros.

(B) Ciclo de vida de los productos

Varios estudios han propuesto que los productos pueden seguir un desarrollo por etapas, similar a comportamientos observados en biología: inicia con el lanzamiento del producto, seguido por una etapa de crecimiento, hasta llegar a una fase de madurez o estabilidad. Puede decirse que la mayor parte de los productos y servicios se encuentran en etapa de madurez o estabilidad, en la que las empresas vendedoras compiten con precio, promoción, servicio o buscando diferenciar sus productos.

El caso de los productos de nuevas tecnologías puede servir de ejemplo para ilustrar el ciclo de vida. Los discos de vinilo o gramofónicos para almacenamiento de música tuvieron un ciclo de vida de alrededor de 70 años, que actualmente se pueden considerar productos "nicho"; los casetes de audio tuvieron un ciclo de vida de la mitad de tiempo antes de ser sustituidos por el CD, producto que se encontraría en etapa de declinación.

(C) Demanda de los productos

Para el análisis de la industria, la demanda del mercado se refiere a las ventas que realiza la rama de negocios en la zona en que la empresa vende sus productos. Es importante investigar cuáles fueron las ventas de los años anteriores y, a partir de dichas cifras y de los resultados del análisis, estimar las ventas que podrían registrarse en los siguientes tres o más años.

Desde luego que el mercado que interesa es el **mercado potencial** de la empresa, en el que actualmente vende o espera vender sus productos. El área de ventas puede ser una calle por sus transeúntes, un barrio, una ciudad, una región, un país, una rama empresarial, o hasta la cobertura de la red de internet mundial.

Es importante identificar los factores que afectan la demanda, factores que están relacionados con las características de los productos o servicios. De acuerdo con la **teoría de la demanda**, un incremento en los precios causará una disminución de la demanda, pero el efecto podrá ser menor o mayor dependiendo del tipo de productos; por ejemplo, un incremento del 10 por ciento en el precio de la carne de pollo dará lugar a una mayor disminución de la demanda que el mismo porcentaje de incremento en el transporte urbano, porque la mayor parte de la gente no tiene una opción alternativa de transporte. Es posible también que un aumento en la actividad económica en una región incremente la demanda de calzado, o que la disminución en los ingresos del gobierno disminuya el gasto en la construcción de infraestructura, etc.

Además, dependiendo del tipo de productos, pueden existir otros factores que pueden afectar la demanda en el corto o en el largo plazo, como puede ser el cambio en el gusto de los consumidores, la introducción de nuevos productos, etc.

Un factor de riesgo puede ser la volatilidad de la demanda, esto es, fluctuaciones impredecibles en el volumen, como puede ser el caso de la industria hotelera y de otros servicios turísticos, que se pueden ver afectados por el clima, por hechos políticos, sucesos que afecten la seguridad, entre otros.

Conviene analizar también otros factores que pueden afectar la demanda a nivel empresa, como pueden ser:

(a) Costo por el cambio de proveedor. Sucede cuando el consumidor deba asumir costos de selección y adopción de un nuevo proveedor, como puede ser el caso de una cuenta bancaria, el servicio telefónico y de un peluquero. En todos los casos el consumidor tendrá

que adaptarse al nuevo proveedor y asumir riesgos de que los productos o servicios no cumplan con las expectativas esperadas.

(b) Proceso de compra. Aplica cuando la decisión de comprar depende de la autorización de un nivel superior, porque es necesario cumplir con un proceso, como puede ser el caso de un comprador de insumos que implica investigar al nuevo proveedor y cumplir con un proceso interno establecido por la empresa.

(c) Disponibilidad del producto. Con frecuencia el cierre de una venta depende de la disponibilidad del producto en el momento que el cliente requiere, circunstancia que puede ser más importante que el precio del producto.

(d) Proceso de selección del proveedor. En el tipo de productos especializados, como es el caso de insumos para producción, o de alta involucración como puede ser la selección de un médico anestesiólogo, o de una maquinaria costosa y especializada, el comprador deberá seguir un proceso cuidadoso o preferir una relación de largo plazo con el vendedor, entre otras opciones.

(e) Listado de requerimientos. Cuando la empresa vende productos de tipo especializado o de alta involucración a empresas medianas o grandes, éstas últimas podrán utilizar una lista de condiciones que el vendedor debe cumplir antes de ser seleccionado. Un ejemplo puede ser la venta de insumos a una empresa maquiladora, que requerirá estándares de calidad certificados

D) Precio de los productos

Para el análisis y el pronóstico de precios puede ser importante tomar en cuenta circunstancias como las siguientes:

(a) Precio de referencia. Aunque pueden darse variaciones entre los precios de los diferentes vendedores, es útil identificar cual puede ser el precio de referencia, para efectos de fijación de precios por parte de la empresa. Dicho precio de referencia puede ser el precio que el consumidor esté dispuesto a pagar, o el precio de un producto similar.

(b) Modelo de fijación del precio. Puede decirse que cada vendedor utiliza un modelo para determinar el precio de venta deseado, conforme a la estrategia competitiva de la empresa, u ofrecer precios diferentes por segmento. Cada producto puede también tener un precio base, al cual se incrementan complementos del producto, como el caso de las pizzas cuyo precio se incrementa con el número de ingredientes extras, o el precio de los seguros cuando cubra riesgos adicionales o por disminuir el deducible. La empresa puede además ofrecer precios diferenciados por el volumen de compra, por ventas de contado, precios especiales en fechas específicas, precios a segmentos de clientes como pueden ser las personas de la tercera edad, o la oferta de paquetes, entre otras modalidades.

(c) Impulsores del precio. Es necesario conocer los factores económicos o de mercado que influyen en los precios de venta, como puede ser el costo de los salarios, los fletes, el costo del petróleo o de algún insumo en particular, los costos fijos, etc.

(d) Volatilidad de los precios. En algunos productos pueden darse cambios repentinos, por causas indirectas que pueden ser impredecibles, como puede ser el caso de metales como el cobre, o en productos importados cuando existe inestabilidad en el tipo de cambio, entre otros casos.

E) Estructura de costos de la industria

Cuando una empresa logra reducir sus costos por debajo de los competidores, adquiere la capacidad de incrementar sus márgenes de utilidad, o de incrementar su participación de mercado mediante la reducción de precios. Es importante conocer si existen diferencias en la composición de costos de los vendedores más importantes, bien sea por utilizar maquinaria más eficiente, menores costos de mano de obra o de transportes, procesos más eficientes, u otros motivos. Conviene también identificar cual o cuales de los conceptos de costos han sido los que han impulsado el crecimiento de los costos en el pasado, o que pueden hacerlo en el futuro.

Por ejemplo, un estudio de la industria textil internacional reveló que en la segunda década del siglo XX el porcentaje del componente salarios reales se multiplicó por diez, cuando los precios de venta apenas se duplicaron.

F) Competidores y participación de mercado

El porcentaje de participación del mercado puede ser un factor que influye en la rentabilidad y en las perspectivas de éxito de una empresa. Generalmente cuanto mayor es la participación del mercado, mayor capacidad tendrá la empresa de liderar la fijación de precios y, en algunos casos podrá tener menores costos debido a la aplicación de economías de escala, porque la producción de mayores volúmenes permite utilizar equipos más eficientes y reducir el impacto de los costos fijos.

Un aspecto importante a considerar es la existencia de barreras de entrada para nuevos competidores, que pueden consistir en necesidades de inversión altas, dificultad para acceder a canales de distribución adecuados, colusión entre los competidores actuales, reglamentación difícil de cumplir, marcas muy bien posicionadas, entre otras barreras.

G) Competidores exitosos

Las empresas en general deben conocer si su empresa puede considerarse la más exitosa del mercado, o cuál puede ser la empresa que califique para tal reconocimiento. Puede argumentarse que algunas empresas son más exitosas que otras en algunos aspectos y que ninguna empresa sería más exitosa en todo. En el caso de las empresas que cotizan en el Bolsa existe información accesible para identificar a una empresa exitosa, pero en el caso de las empresas familiares la tarea no es sencilla.

Entre las características que distinguen a una empresa exitosa se pueden destacar la participación de mercado, la rentabilidad, el crecimiento de ventas y la imagen de la empresa y de sus productos. A su vez el éxito una empresa puede ser resultado de una combinación favorable de recursos humanos y financieros, entorno favorable, atingencia en la toma de decisiones, entre otros factores, que se reflejan en indicadores favorables como pueden ser:

> *(a) Localización o puntos de venta*. La localización de una empresa puede significar una ventaja competitiva, por estar más cerca de sus clientes o de sus proveedores.
>
> *(b) Tecnología de producción*. El nivel de tecnología que utiliza la empresa le puede facilitar la mejora de calidad y novedad de sus productos, así como la reducción de costos y de tiempo de entrega.
>
> *(c) Sistemas de información y comunicación*. La utilización de programas de cómputo, tabletas, teléfonos celulares y redes, entre otras tecnologías, permiten eficientar los procesos operativos y acceder a nuevos mercados.

(d) Calidad de los productos. Se espera que el consumidor prefiera productos libres de defectos, deficiencias y variaciones.

(e) Diseño y características. La innovación de productos parece ser la clave para el desempeño de muchas empresas, lo cual parece depender de su capacidad para innovar.

(f) Servicio posventa. Algunos productos requieren el servicio posventa y, cuando el producto es de compra repetitiva, el consumidor regresará con el proveedor que ofrece un servicio confiable.

(g) Confianza del cliente. Una empresa exitosa buscará mantener una relación con el cliente basada en la confianza, que se manifiesta a través de vendedores competentes, orientados al cliente y de trato agradable. En el caso de ventas por internet es importante la confianza que el cliente percibe en su experiencia con el sitio web.

H) Segmentos de mercado atractivos

En cada rama de la actividad económica podrán existir varios segmentos de consumidores que buscan productos con características especiales, bajo condiciones y trato diferentes. La empresa debe tener identificados los diferentes segmentos de clientes de la rama en la que participa, cuál es el posicionamiento de la empresa en cada segmento, y cuales competidores tienen ventaja en cada segmento.

La segmentación inicia con identificar las características similares de los consumidores, tales como edad, educación e ingresos. Sin embargo, para efectos de estrategia de mercadeo debe tomarse en cuenta también el lugar donde residen, y el comportamiento y características fisiológicas de dichos consumidores.

En el caso de que la empresa venda productos o servicios comprendidos en más de una industria, habría qué determinar si el reporte incluirá las diferentes industrias en un solo reporte, o si se harán reportes separados.

Recursos requeridos

En la investigación y en la práctica de negocios se han propuesto diferentes formas de abordar el análisis de la industria. El contenido del análisis que aquí se propone está basado principalmente en la guía disponible en el Centro de Desarrollo de Empresas Pequeñas y Tecnología de Carolina del Norte (SBTDC, por sus siglas en inglés), así como en el contenido de reportes de análisis que se pueden adquirir en empresas norteamericanas especializadas en estudios de las ramas industriales.

En el caso de que el evaluador no tenga la posibilidad de obtener un análisis de la industria que haya sido elaborado por una empresa externa especializada, debería aprovechar el conocimiento que la empresa pueda tener sobre la industria, conocimiento que evaluador podrá contrastar con información que obtenga de fuentes accesibles por internet, de información que obtenga mediante encuestas a clientes, competidores o proveedores, o de entrevistas a profesionistas especializados.

El conocimiento sobre la industria que disponga la empresa se podrá obtener mediante entrevista al administrador de la empresa, por medio de la contestación directa de las preguntas de aplicación que se proponen en el presente subcapítulo.

La realización de un estudio de la industria con algún grado de profundidad requerirá la aplicación de entrevistas y encuestas que puede aplicar el evaluador, e implicará la erogación de gastos de transporte.

Aplicación

Al inicio de la evaluación convendrá indagar si la empresa dispone de un **estudio de la industria** o si es posible adquirir uno a una empresa que produzca y tenga estudios ya elaborados para venta. Sin embargo, en el caso de las empresas pequeñas el evaluador generalmente contestará las preguntas de aplicación utilizando información que él mismo obtenga directamente. Debido a que un estudio de la industria elaborado con rigor metodológico puede ser costoso, para el caso de una empresa pequeña se puede justificar la elaboración de un análisis preliminar que se puede realizar mediante un proceso de diez pasos:

(1) Obtener el código y descripción de sub-rama o clase de actividad que desarrolla la empresa en el catálogo que se utilice en el país para efectos censales. En el caso de México el código se obtiene del Sistema de Clasificación Industrial de América del Norte, SCIAN –NAICS por sus cifras en idioma inglés; en otros países puede utilizarse el ISIC, recomendado por la Comisión de Estadística de la Organización de Naciones Unidas.

(2) Obtener una lista de empresas que pertenezcan a la sub-rama o clase de actividad, de los directorios disponibles en fuentes gubernamentales (INEGI o del SIEM en el caso de México) o de alguna organización empresarial.

(3) Búsqueda de información en internet, sobre los productos que vende la empresa, considerando cada uno de los temas teóricos y prácticos que se proponen en el sub-capítulo.

(4) Elaborar un cuestionario para obtener datos que permitan obtener información sobre los temas del subcapítulo, para aplicar al administrador de la empresa, a otros directivos de la empresa, a competidores, proveedores o clientes. En el *anexo 4.1.1* se proporciona un cuestionario que puede ser útil para aplicar a empresas; el evaluador querrá diseñar un cuestionario para aplicar a clientes con un número menor de preguntas que permita complementar y contrastar la información que obtenga de las empresas.

(5) Aplicar el mismo cuestionario al administrador y al menos a otro colaborador de la empresa, a cinco o más empresas de la misma sub-rama o clase de actividad, y al menos a 15 clientes de la empresa o de los competidores. En general la confiabilidad del análisis aumentará si incluye un número mayor en encuestas a empresas y a clientes.

(6) Capturar en una hoja de cálculo electrónica las respuestas obtenidas de la aplicación de los cuestionarios, codificando las respuestas, de tal forma que sea posible detectar los indicadores de mercado que sugiere la teoría.

(7) Buscar las respuestas a las preguntas de aplicación mediante el **análisis cuantitativo y cualitativo** de la información obtenida.

Reporte del Análisis de la Industria

En el caso de que el evaluador elabore por sí mismo el análisis la industria con la información básica, conviene presentarlo como un anexo al reporte de evaluación del proyecto, en el que se incluyan los temas básicos siguientes:

(1) Descripción básica de la industria. Conviene partir de la descripción que proporciona SCIAN o ISIC referidos antes, incluyendo las principales presentaciones, características y usos de los productos que predominen en la rama o sector.

(2) Ciclo de vida de los productos. Basar el análisis en el conocimiento obtenido en artículos o monografías sobre el tema que se consideren confiables, y en la información obtenida por el evaluador mediante encuestas y entrevistas a personal de la empresa, a clientes y competidores.

(3) Demanda. En México el INEGI ofrece datos económicos censales cada cuatro años a nivel Estado, que puede servir como punto de partida para estimar un pronóstico de ventas de la clase o sub-rama de productos, datos que se pueden complementar con información de la empresa, de artículos publicados y de aquella que el evaluador obtenga mediante encuestas a clientes, empresas competidoras y de especialistas.

El conocimiento que se tenga sobre la demanda puede ser descrito mediante una tabla con información trimestral o anual, que contenga un desglose de los productos que representen al menos el 80 por ciento de las ventas de la **clase de actividad** o **rama** y, opcionalmente, mediante gráficas que faciliten la interpretación de los datos.

(4) Impulsores de la demanda. Usualmente la empresa tendrá un conocimiento acumulado sobre los factores que afectan la demanda de sus productos, pero conviene revisar dicho conocimiento mediante la búsqueda de artículos especializados y, en algunos casos, podrá ser de utilidad el uso de técnicas como la de **grupos de enfoque**, que pueden revelar riesgos u oportunidades que la empresa puede haber pasado por alto.

(5) Precios. Generalmente la mejor fuente de información sobre la evolución de los precios sería la propia empresa, pero conviene revisar las cifras de los últimos tres a cinco años, tanto sus valores nominales como reales, esto es, descontar los efectos de la inflación. Además, es importante indagar si dichos precios son afectados por los precios de los insumos o por el tipo de cambio, información que puede obtenerse de personas que tienen conocimiento especializado al respecto. A partir de la información obtenida es posible estimar un pronóstico de los precios de venta para los siguientes tres a cinco años, y plantear los posibles efectos de los cambios en los precios en el consumidor.

(6) Costos. La empresa debe contar con registros de cómo están integrados sus costos, y estar en posibilidad de identificar las variaciones que se hayan dado en trimestres o años anteriores. En algunas ramas de actividad económica es posible también encontrar información útil en sitios de internet, así como obtener información aproximada de competidores mediante entrevistas. Además, convendrá identificar qué factores podrán afectar el costo de los principales insumos.

(7) Competidores y participación de mercado. Normalmente la empresa tiene un conocimiento aproximado del porcentaje de sus ventas respecto al total del mercado, pero el evaluador necesitará revisar las cifras y emitir su propia opinión. Es importante analizar cuáles son los competidores más importantes y si alguno en particular ejerce un control sobre el mercado, dónde están localizados y cuál en su participación de mercado.

La empresa debería conocer el grado en que desarrolla cada uno de los factores que han influido en el éxito frente a sus competidores. Sin embargo, conviene contrastar dicho conocimiento contra la opinión de clientes y competidores. Es necesario también considerar aspectos como la localización de la empresa, la satisfacción del cliente, las características de los productos, calidad, costos, etc., y preguntarse en cuales aspectos la empresa supera a los competidores, y cuál empresa en particular es superior en cada aspecto.

(8) Operación. El éxito que pueda tener una empresa puede depender de factores externos e internos que pueden afectar su operación, como pueden ser el costo de la administración, la elección de la tecnología adecuada, el modelo de operación de empresas de otras regiones o de transnacionales, el costo de medidas de salubridad y del cuidado del ambiente, entre otras causas.

(9) Segmentos de mercado atractivos. La empresa debe tener identificado el segmento o segmentos que han sido más atractivos para la empresa y, a partir del análisis de los diferentes puntos del presente subcapítulo, podrá descubrir si habrá un nuevo segmento atractivo en el futuro y cuales perspectivas presenta el segmento actual atendido, tomando en consideración el proyecto de inversión que se evalúa.

Respuesta a las preguntas de aplicación

La respuesta a las ocho preguntas de aplicación del sub-capítulo puede ser redactada en tres párrafos, en los que el evaluador destaque los aspectos clave para la toma de decisión de autorizar el proyecto. En general se puede asumir que, ante perspectivas de mercado desfavorables, no podría justificarse la autorización del proyecto.

Experiencias de aprendizaje

Tareas individuales

[**4.1.11**]   Informe en una cuartilla sobre la disponibilidad de estudios de la industria accesibles que puedan ser útiles para contestar las preguntas de aplicación, así como una propuesta de investigación que permita contestar en forma confiable las preguntas de aplicación.

[**4.1.12**]   Elaborar o revisar los cuestionarios que aplicará para adquirir información sobre la industria.

[**4.1.13**]   Elaborar el reporte de análisis de la industria.

Tareas en equipo

[**4.1.21**]   Revisar la tarea individual 4.1.11.

[**4.1.22**]   Revisar la tarea individual 4.1.12.

[**4.1.23**]   Revisar la tarea individual 4.1.13.

Casos virtuales

[**4.1.31**]   Resumir en tres párrafos la respuesta al conocimiento que el evaluador haya adquirido sobre las preguntas de aplicación.

Fuentes de consulta complementaria

Sánchez, A. A., & Bañón, A. R. (2005). Factores asociados con el éxito competitivo de las pyme industriales en España. *Universia Business Review*, 4(8).

Coke, A. (2002). *Seven Steps to a Successful Business Plan*. New York: American Management Association

INEGI DENUE, permite consultar datos de identificación, ubicación, actividad económica y tamaño de cerca de 5 millones de establecimientos a nivel nacional, por entidad federativa y municipio, http://www.beta.inegi.org.mx/servicios/api_denue.html.

INEGI Sistema de Clasificación Industrial de América del Norte 2013 (SCIAN 2013) http://www.inegi.org.mx/est/contenidos/proyectos/SCIAN/presentacion.aspx, así como http://naics-scian.inegi.org.mx/default_ic.aspx.

Porter, M. y Rosas, M. (1982). *Estrategia competitiva: técnicas para el análisis de los sectores industriales y de la competencia*. México: CECSA.

IBISWORLD INT'L, Industry Research Reports, https://www.ibisworld.com/

Small Business and Technology Development Center (SBTDC), North Carolina, http://www.sbtdc.org/about-us/

Bibliografía

Agarwal, R., & Gort, M. (2002). Firm and product life cycles and firm survival. *American Economic Review*, 184-190.

Drejer, A. (2002). *Strategic Management and Core Competencies:Theory and Application*. Westport, CT: Quorum Books.

Hsieh, C., Nickerson, J. A., & Zenger, T. R. (2007). Opportunity discovery, problem solving and a theory of the entrepreneurial firm. *Journal of Management Studies*, 44(7), 1255-1277.

Lowe, J., Henson, S., & Gibson, B. (2006). The nature of the regional SME. *Small Enterprise Research*, 14(1), 64-81.

McAdam, R., & Keogh, W. (2004). Transitioning towards creativity and innovation measurement in SMEs. *Creativity and Innovation Management*, 13(2), 126-139.

McAfee, R. (2002). *Competitive Solutions: The Strategist's Toolkit*. Princeton, NJ: Princeton University Press. www.questia.com

Phills Jr. J.A. (2005). *Integrating Mission and Strategy for Nonprofit Organizations*. New York: Oxford University Press.

Roney, C.W. (2004). *Strategic Management Methodology: Generally Accepted Principles for Practitioners*. Westport, CT.: Praeger, www.questia.com.

4.2 Estudio de mercado

Importancia

El logro de los **objetivos** de un proyecto de inversión usualmente se refleja en las ventas de la empresa, y éstas a su vez dependerán de una estrategia que tenga como base un conocimiento suficiente del mercado. Dependiendo del objetivo del proyecto de inversión, y a partir del **diagnóstico** las acciones de mercadotecnia que viene desarrollando la empresa, el evaluador debe determinar las características de un estudio de mercado que permita a la empresa adecuar la **estrategia de mercado** acorde a los objetivos del proyecto. El estudio de mercado deberá revelar en forma confiable las características de los **clientes actuales y potenciales**, la **posición competitiva** de la empresa, y aportar elementos críticos para la elaboración del **plan de mercado** al que se refiere el siguiente subcapítulo.

Preguntas de aplicación

[2.2.29]	¿Cuál metodología fue apropiada para realizar el estudio de mercado?
[2.2.30]	¿Cuál es el segmento o segmentos de mercado que integran el mercado objetivo actual de la empresa y qué cambios se proponen?
[2.2.31]	¿Cuál es el posicionamiento competitivo actual de la empresa y cómo se espera mejorar con la implementación del proyecto?
[2.2.32]	¿Cuáles son las características del producto o servicio que influyen en la decisión de compra?
[2.2.33]	¿Cuáles son los factores económicos, sociales y de personalidad que influyen en la decisión de compra?
[2.2.34]	¿Cuáles productos que vende o venderá la empresa presentan mejores oportunidades?

Premisas teóricas y prácticas

La importancia de contar con un estudio de mercado con mayor grado de profundidad y/o amplitud dependerá del tipo de proyecto de inversión. Es de esperar que la apertura de una sucursal o la introducción de un producto nuevo requieran conocer si la demanda del mercado será suficiente, y si la empresa tendrá la capacidad para satisfacer los requerimientos de los clientes.

Conforme con las prácticas que han probado ser útiles en otros tipos de investigación, un estudio de mercado debe partir de la definición de un problema, que en el caso de un proyecto de inversión sería la necesidad de información de mercado para apoyar, en caso de aprobación del proyecto, la **toma de decisiones** sobre la **mezcla de mercadotecnia** apropiada. Dicha mezcla, que se propondrá en el **plan de mercadotecnia**, incluirá propuestas sobre las características e imagen de los **productos** a vender, los **precios** de venta, los **canales de distribución**, así como la **promoción** de ventas que convenga realizar.

La necesidad de un estudio de mercado dependerá principalmente del propósito y del monto de la inversión de capital, así como del conocimiento del mercado que la empresa posea. Si el propósito de la expansión es computarizar operaciones o contratar empleados especializados, y/o el monto de la inversión es inferior al 10% del capital contable de la empresa, en la mayoría de los casos no se requerirá un estudio de mercado completo. Sin embargo, en el caso de un proyecto de apertura de una sucursal o de un proyecto de **diversificación**, la necesidad de contar con un estudio de mercado podrá ser crucial.

La investigación puede iniciar con un método conocido como **exploratorio**, a partir de la información que disponga la empresa, y de reportes, estudios u otra información a la que se pueda acceder mediante internet, o la consulta a personas accesibles que tengan conocimiento especializado del mercado; una vez que el evaluador haya verificado y cuantificado –en la medida de lo posible, la información de tipo exploratorio, podrá identificar y describir con claridad el problema. En la medida en que el problema haya sido correctamente identificado, el evaluador dispondrá de elementos para diseñar un plan para llevar a cabo la **etapa cuantitativa** del estudio.

La metodología para elaborar un estudio de mercado también puede caracterizarse por estar compuesta de **dos tipos de trabajo: de escritorio y de campo**, e incluir la identificación y descripción de los **conceptos** que se deberán tomar en cuenta en el estudio.

La etapa cuantitativa del estudio se fundamenta en **información directa** de los clientes, que se obtiene principalmente a través de entrevistas cara a cara, para obtener información específica, información que se debe analizar mediante técnicas estadísticas.

Dependiendo del alcance del proyecto de inversión, la información que se obtenga mediante entrevistas o encuestas deber ser útil para fundamentar alguna de las siguientes tareas:

(1) identificar y anticipar los requerimientos y deseos del cliente

(2) conocer la forma como el cliente utiliza el producto o servicio y los problemas que le presentan,

(3) la frecuencia y volumen de compra, para elaborar un pronóstico de ventas,

(4) si habría demanda suficiente de un producto nuevo

(5) cuál es el segmento objetivo y el perfil de los clientes

(6) precio sugerido de venta y porcentaje en que aumentarán o disminuirán las ventas si se reduce o incrementa el precio de venta (elasticidad-precio)

(7) elegir canales de distribución

(8) conocer el grado de satisfacción de los clientes, entre otros objetivos.

El estudio que se realice debe identificar aquellos factores que afectan la decisión de comprar de los clientes, que varían de un producto o servicio a otro, como pueden ser: el precio, las características exteriores, la calidad, la opinión de otros consumidores, el lugar en que se venden, la atención del vendedor, entre otros. Un estudio apropiado deberá identificar el grado en que cada factor afectaría el monto de ventas, la relación conocida como causa-efecto, la cual conviene medir cuantitativamente. Esta etapa del estudio usualmente se lleva a cabo mediante encuestas, con preguntas diseñadas para obtener información confiable para medir cada factor que se considere importante para estudio.

Para conocer el perfil consumidor el evaluador puede partir del principio económico de **racionalidad**, el cual supone que la persona tiene información completa del producto y que elegirá la opción que le ofrezca mayor utilidad. Sin embargo, la Psicología propone que el hombre está también sujeto a tomar decisiones en forma inconsciente, sin comparar racionalmente las alternativas; en forma paralela, el comportamiento del consumidor también puede verse afectado por **normas sociales**, o por el desarrollo de **actitudes** o **creencias** que pueden resultar de la publicidad o **influencia** de familiares, amigos, etc.

Asimismo se debe tomar en cuenta que los consumidores pueden también comportarse como un grupo, o como una **comunidad de consumidores**, en el que se comparten experiencias como usuario, y desarrollan opiniones o valores comunes sobre un producto.

Un aspecto adicional por conocer, es el proceso que sigue el consumidor para concretar una compra, el cual es importante conocer especialmente en productos duraderos como automóviles, computadoras, muebles, celulares o en el caso de algunos servicios profesionales, viajes, seguros, entre otros.

Además, las ventas a organizaciones presentan una variedad de situaciones que ameritan un estudio que contemple las características del comportamiento de los compradores de gobierno, instituciones o empresas; debido al dinamismo del mercado, sus requerimientos han estado variando con creciente frecuencia. Habrá que considerar también el proceso de compra de cada cliente o segmento de clientes, y conocer el tipo de relación que debe existir entre el vendedor de la empresa y cada comprador.

La etapa de postventa puede ser muy importante para la mayor parte de las empresas, etapa que debe formar parte del estudio de mercado. Cuando se trata de clientes recurrentes, la empresa podría necesitar contar con un plan de administración de lealtad, para el conocimiento y atención de quejas de clientes, así como el servicio de garantías y compromisos que se ofrezcan.

El costo de un estudio de mercado puede ser elevado, particularmente cuando sea necesario utilizar los servicios de una empresa especializada, por lo cual el evaluador debería tomar en consideración el costo-beneficio del estudio. Además, las oportunidades de negocio no son permanentes, por lo cual el tiempo requerido para elaborar el estudio debe ser lo más corto posible.

No hay que olvidar que las conclusiones que se deriven del estudio de mercado serán revisadas por el gerente de la empresa, quien tendrá la última palabra sobre la validez y aceptabilidad del informe.

Recursos requeridos

Una vez que se ha descrito en forma preliminar las características del proyecto de inversión (subcapítulo 3.4) e iniciado el análisis de la industria (subcapítulo 4.1) se tendrán elementos para determinar qué información hará falta para elaborar un plan de mercado que responda a los objetivos del proyecto de inversión.

Bien sea que el proyecto de inversión solo tenga como como propósito evitar una disminución de las ventas o, por el contrario se pretenda alcanzar un incremento importante de ellas, el evaluador debería tener a su alcance la información de mercado que la empresa haya venido recabando, o algún estudio de mercado anterior; en caso de faltar algo de ello, el gerente de la empresa, el responsable de ventas u otro personal involucrado en las ventas podrán informar al evaluador el conocimiento que se tengan sobre los clientes y sobre el mercado, y con ello determinar la información faltante.

Cuando el evaluador haya determinado el alcance que deba tener el estudio de mercado, sobre todo el número o tipo de encuestas o entrevistas necesarias, podrá determinar si es conveniente o posible contratar a un especialista o si el evaluador tiene la capacidad para realizar el estudio. Usualmente las empresas pequeñas realizan el estudio ellas mismas, cuando el costo de un estudio externo no se pueda justificar.

Cuando la encuesta y entrevistas las deba realizar el propio evaluador, será necesario que disponga de los medios o el efectivo para cubrir los gastos de transporte y viáticos, porque la confiabilidad del estudio dependerá, entre otros factores, de que se aplique el número necesario de encuestas.

Aplicación

El estudio de mercado puede iniciar una vez que el evaluador cuente con la descripción preliminar del proyecto (subcapítulo 3.4) la cual contendrá indicios que permitan el evaluador delimitar el **problema de investigación**, del que se deriva el conocimiento de mercado que debe obtenerse mediante el estudio. El proceso de elaboración del estudio de mercado puede constar de ocho tareas principales, que se pueden realizar en la secuencia que sigue, conforme a un calendario que proponga el evaluador. La descripción de las tareas es introductoria, por lo cual el evaluador querrá **consultar literatura especializada**, para asegurar que cada tarea se realice con propiedad.

I. Entrevista al administrador de la empresa. Independientemente de la amplitud y profundidad que requiera el estudio, convendrá iniciar el proceso de investigación de mercado con una entrevista con el administrador de la empresa o a quien éste designe, para lo cual el evaluador deberá llevar una guía de entrevista, que le permita conocer: (1) si cuentan con algún estudio de mercado previo; (2) una descripción general de los clientes de la empresa; (3) variación de las condiciones de competitividad del mercado en los últimos años y meses; (4) composición de la fuerza de ventas, sus fuerzas y debilidades; (5) descripción de los canales de distribución; (6) el grado en que las instalaciones y equipamiento de ventas cubren sus necesidades; (7) aplicación actual de TICs en el proceso en los procesos de ventas y posventa; (8) disponibilidad de revistas, catálogos, etc. sobre el mercado y sus productos; (9) disponibilidad de datos mensuales y anuales sobre ventas y precios, internos y externos; (10) registros de quejas y sugerencias de clientes y (11) si disponen de cuestionarios que hayan utilizado en un estudio de mercado o que hayan aplicado a sus clientes; el evaluador podrá omitir algunas preguntas, modificarlas y agregar otras, dependiendo de la actividad de la empresa y según sea conveniente para alcanzar los objetivos del estudio de mercado. Es práctico utilizar en la entrevista una tableta o computadora, para anotar con precisión las respuestas a cada pregunta; opcionalmente el evaluador podrá grabar la entrevista y luego transcribir la información relevante de cada pregunta. En ocasiones el entrevistado podrá pedir la participación del personal de ventas que pueda proveer información específica. Si quedaran temas con información incompleta o imprecisa, el evaluador tendrá la necesidad de solicitar una entrevista posterior.

II. Obtener información de fuentes secundarias. Es fundamental que el evaluador haga una búsqueda de datos de fuentes secundarias que permitan contrastar y complementar la información que se haya recabado en la entrevista con el gerente, a la que se refiere en el punto anterior. La búsqueda puede empezar en sitios de internet que incluirán: (a) Censos de población para conocer la composición de edad, ingresos, educación, etc. del área que sirve la empresa; (b) Censos económicos, para obtener datos por región de las empresas de las ramas de actividad; (c) organizaciones empresariales. En algunos casos podrán disponer de **datos de panel**, esto es, cifras mensuales de ventas, con desglose por categorías de productos, que pueden facilitar el análisis.

III. Propósito de la investigación. Un estudio de mercado puede tener uno o más objetivos que el evaluador debe establecer, una vez que haya analizado la información de mercado proporcionada por la gerencia de la empresa y la información recabada de fuentes secundarias. Dichos objetivos puede incluir: (a) el grado de satisfacción del cliente con el producto; (b) el precio de venta adecuado; (c) la efectividad del sitio web; (d) el perfil del consumidor; (e) efectividad de los competidores, (f) efectividad de los canales de distribución, entre otros objetivos.

IV. Fuentes de información primaria. Una vez que el evaluador ha establecido el propósito del estudio de mercado, podrá seleccionar una o varios métodos que le permitan obtener la información. Los **métodos cuantitativos** son los más comunes para la evaluación de un proyecto de inversión, en particular cuando están basados en encuestas con preguntas estándar a clientes o a una muestra de personas, para obtener datos que puedan ser objeto de **análisis estadístico**. Las **encuestas** pueden ser aplicadas en centros comerciales o en lugares a los que concurran clientes potenciales o mediante internet; en el caso de clientes que sean empresas, podrá utilizarse el teléfono o mediante visitas personales. Los **métodos cualitativos** pueden ser útiles cuando el evaluador necesite explorar situaciones en los que tenga dudas de fondo, o que el conocimiento sea muy vago, desde conocer el significado que tengan para el consumidor algunos conceptos; para descubrir comportamientos del consumidor, u otros casos en los que prevalezca la incertidumbre. Entre dichos método se encuentran: (a) grupos de discusión o **grupos de enfoque**, (b) observar al consumidor en su comportamiento, (c) acompañar a un consumidor y hacerle preguntas, y (d) ocurrir al negocio como un consumidor misterioso. En todos los casos el evaluador debe elaborar un calendario y estimar el gasto a efectuar.

V. Diseño de cuestionarios. Será necesario contar con un cuestionario para cada uno de los métodos que el evaluador haya determinado utilizar para obtener **información primaria** del mercado. El diseño puede partir de un cuestionario existente que haya utilizado la empresa, que esté sugerido en algún libro, o publicado en internet; el evaluador deberá eliminar o añadir preguntas según se requiera. Los cuestionarios pueden contener **preguntas abiertas**, que el encuestado puede contestar con sus propias palabras, o **preguntas cerradas**, en el que el encuestado elige la respuesta entre una lista de palabras o enunciados.

El **cuestionario estructurado** se utiliza con mayor frecuencia porque contiene **preguntas cerradas**, que facilitan el análisis estadístico de las respuestas. Las preguntas pueden ser **dicótomas** (ejemplo: si, no), de opción múltiple **nominales** (ejemplo: soltero, casado, unión libre, etc.), de escalas ordinales (ejemplo: diario, cada semana, cada mes… nunca) o escala de intervalo (ejemplo: 5 a 20, 21 a 30…); en algunas preguntas es necesario agregar la opción de respuesta nula, como: "ninguna de las anteriores", u "otra" que el encuestado debe anotar.

El título o un párrafo corto al inicio del cuestionario deberían alentar al entrevistado a contestar las preguntas con fidelidad, e iniciar el cuestionario con preguntas generales o fáciles de contestar.

Cada pregunta debe estar relacionada con un aspecto del estudio, evitando preguntas innecesarias, y cuidar que las preguntas estén organizadas por temas, conforme al **propósito del estudio**. Es importante también utilizar palabras cuyo significado sea asequible y similar para todas las personas a quienes esté dirigido, y evitar palabras con significado ambiguo.

Es común que las encuestas incluyan preguntas para identificar las características demográficas del entrevistado: edad, nivel de escolaridad, nivel socioeconómico, nivel de ingresos, religión y sexo. La forma de redactar las preguntas es crucial para lograr que la persona encuestada proporcione información confiable y útil, porque es necesario que la pregunta sea comprensible, y que el encuestado tenga la capacidad y la voluntad de contestarla. El encuestado tendrá mejor disponibilidad si se le pide elegir el rango de ingresos en que se sitúa, en vez de reportar el monto de sus ingresos mensuales. En otro sentido, cuando una pregunta tiene qué ver con aspectos de conducta, las personas normalmente tienden a contestar lo que consideran socialmente aceptable, evitando revelar sus propios sentimientos; en tal caso, conviene hacer una **pregunta indirecta**, esto es, cómo reaccionaría otra persona ante la situación particular.

Cuando se desea conocer los sentimientos, actitudes, intenciones o emociones del encuestado, convendrá utilizar preguntas de **escala Likert**, porque permiten obtener valores numéricos que pueden ser analizados estadísticamente. La redacción con escala Likert contiene un enunciado, que el encuestado debe calificar en un rango de 1 a 5, en la que 1 puede significar el menor efecto, 5 el mayor efecto –o viceversa, y los números 2 al 4 los valores intermedios; se pueden utilizar escalas Likert de 1 a 7 o con mayor rango, pero utilizar diferentes rangos en un estudio puede ocasionar errores en el análisis.

Al final del cuestionario es conveniente incluir una frase de agradecimiento al encuestado, que refleje el valor que tiene para el evaluador el haber contado con su colaboración de tiempo y disposición para responderlo.

Una vez que se haya revisado que el cuestionario incluye todos los temas requeridos, que la redacción es clara y concisa, y que no contiene errores de ortografía y sintaxis, es necesario probar el cuestionario en campo, para verificar que las respuestas son apropiadas para los objetivos del estudio. La aplicación del cuestionario a más de diez personas con el perfil del consumidor potencial de la empresa, permitirá validar que cada pregunta tiene un sentido similar para todos los encuestados, y que es contestada con seguridad y sin mayor reflexión.

En el caso de que el estudio requiera obtener información difícil de obtener mediante cuestionarios, porque sea necesaria la reflexión o interacción con los encuestados, o cuando por otros motivos las preguntas puedan quedarse sin contestar en una encuesta normal, será necesario realizar **entrevistas**; surgen situaciones similares cuando es necesario obtener respuestas de niños o personas de edad avanzada. Las entrevistas podrán efectuarse cara a cara o por teléfono, y preparar una lista de **preguntas abiertas** que puedan guiar al entrevistador a preguntar detalles o aclarar respuestas.

Una consideración importante consiste en evitar pasar por alto cuestiones éticas, como son el respeto a la privacidad, la falta de consideración y el cumplir con los ofrecimientos hechos al encuestado.

VI. Elegir muestra. Excepto en el caso de empresas que venden exclusivamente a otras empresas, la aplicación de encuestas a todos los clientes potenciales no es factible, por lo cual el evaluador debe seleccionar una muestra representativa de posibles clientes o **población objetivo**, esto es, que tenga las características promedio de todos ellos. La gerencia de la empresa podrá tener una mejor idea que el evaluador sobre dónde y cómo identificar una muestra representativa: si sus clientes potenciales acuden a alguna zona comercial, si frecuentan espectáculos deportivos particulares, si utilizan algún tipo de transporte, o viven en una zona o barrio particular.

Una vez que el evaluador haya identificado los lugares en los que puede entrevistar a los **clientes potenciales**, estará en posibilidad de determinar el número de encuestas que es necesario aplicar, y cómo seleccionar a los sujetos de tal forma que la información que se obtenga permita conocer mejorar a los clientes.

La **selección de la muestra**, esto es, a cuales sujetos se debe entrevistar, puede hacerse eligiendo una **técnica probabilística** –que utiliza criterios estadísticos para seleccionar a los sujetos a encuestar, o una **técnica no-probabilística** –que descansa en la experiencia o criterios del evaluador, o en motivos prácticos.

Entre las técnicas probabilísticas a elegir se encuentran: (a) **muestra sistemática**, que consiste en seleccionar, por ejemplo, a cada quinta pareja al salir de un restaurante, o cada octava madre o padre al recoger a sus hijos de una escuela; (b) **muestra estratificada**, en la que se determina una proporción proporcional de sujetos a encuestar, por estrato de clientes o por región (c) **grupo representativo** que se considere que posee las características de la **población objetivo** o (d) **al azar** cuando se dispone de una lista de sujetos idóneos para encuestar registrada en una hoja de cálculo electrónica, la selección puede hacerse utilizando la función *ALEATORIO()*.

Entre las técnicas no probabilísticas, puede ser aceptable utilizar tipos de muestra como: (a) **conveniencia**, en la que el evaluador elegirá a los sujetos a encuestar con base en el conocimiento que tenga de los clientes, por la facilidad de acceder a los encuestados; (b) **juicio**, mediante la cual la selección se hace utilizando el mejor juicio del evaluador, por considerar que la muestra será representativa de la población objetivo; (c) **cuota** de población en proporción al tamaño de cada segmento identificado de clientes o (d) **bola de nieve**, que puede ser práctica cuando un encuestado sugiere a otro, lo que facilita el acceso a sujetos que brinden información útil para los objetivos del estudio.

Determinar un **tamaño de la muestra** que brinde certeza de los resultados puede ser una tarea retadora, porque los criterios estadísticos son de difícil aplicación, y es usual que surjan desacuerdos sobre cuál sería el mejor criterio en una situación particular. Además, el riesgo de error es de difícil medición, porque hay otras fuentes de mayor riesgo como pueden ser las fallas en la elaboración del cuestionario, en la selección de la muestra y en la propiedad con que se realice el trabajo de campo. Por tales motivos, cuando el evaluador identifica adecuadamente la población objetivo y selecciona una muestra representativa, un tamaño de muestra de entre 60 y 300 sujetos será suficiente; un tamaño de muestra menor tendrá menor grado de confiabilidad.

VII. Trabajo de campo.

La aplicación efectiva de las encuestas requiere la **capacitación** de los encuestadores y una adecuada **planeación**. La capacitación incluye asegurar que el encuestador conoce con claridad los objetivos de la encuesta y el significado de los **conceptos** utilizados en ella; será importante que la **forma de acercamiento** al encuestado favorezca una buena disposición de éste, y que el comportamiento del entrevistador no altere la orientación de las respuestas.

Es recomendable procurar que la atención del encuestado no sea afectada por fatiga, ruido o la presencia de otras personas y, cuando el número de preguntas sea mayor de siete y el encuestado lo desee, se le entregue el cuestionario para que lo lea y conteste personalmente.

Un caso especial puede ser la introducción de un producto nuevo, lo cual requerirá hacer una **prueba de mercado**, que consiste en presentar o en dar muestras a consumidores potenciales, para tener una idea del grado en que el producto es del agrado de los posibles consumidores.

VIII. Análisis de la información. Cuando se hayan aplicado encuestas, el evaluador puede utilizar una tabla en una hoja de cálculo electrónica para la captura de los datos, en la que se asigne una columna para registrar la respuesta de cada pregunta del cuestionario, así como un renglón por cada encuestado. Opcionalmente el evaluador podrá capturar los datos directamente en un **software estadístico** especializado o en una base de datos apropiada.

Antes de iniciar la captura conviene definir códigos que faciliten el análisis estadístico de la información, bien sea que el análisis se efectúe utilizando las funciones estadísticas incorporadas en la hoja de cálculo, o que los datos que se hayan capturado se transfieran a un paquete de software estadístico para su análisis. La codificación consiste en asignar números para cada respuesta expresada mediante palabras o frases: por ejemplo, la codificación de la opción SI/NO sería SI=1, NO=0; en una pregunta de opción múltiple, como el estado civil, soltero=1, casado=2, unión libre=3, divorciado=4, etc. En el caso de escalas tipo Lykert, las respuestas de los encuestados vienen expresadas en números, mientras que las respuestas a otras preguntas como el número de miembros que integran la familia estarán expresadas también en número, por lo cual en dichos casos las respuestas se capturarán como tales.

La captura subsecuente de los datos de las encuestas debe efectuarse con el cuidado necesario para evitar errores, y detectar inconsistencias posibles en el llenado y, en su caso, si las inconsistencias son graves, el evaluador podría optar por invalidar todas las respuestas del sujeto encuestado en cuestión.

Cuando la captura de los datos ha sido concluida, conviene revisar los datos registrados de algunos renglones en forma aleatoria, para verificar que la captura se haya efectuado correctamente. La revisión cuidadosa de los datos registrados en cada columna permitirá detectar errores como un 3 cuando la respuesta debería ser 1 o 0, o una letra donde debería haberse anotado un número.

El análisis estadístico de los datos puede elaborarse mediante hoja de cálculo electrónica, usando las funciones estadísticas y graficando los datos. Las funciones más útiles son las de PROMEDIO(), que proporciona el promedio aritmético de un rango de datos, DESVESTA() para obtener la desviación estándar y FRECUENCIA(datos, grupos) para facilitar la elaboración de tabla de frecuencias.

Un paso inicial del análisis consiste en detectar la presencia de valores atípicos que pueden afectar los promedios, como puede ser la inclusión de un encuestado con edad de 80 años cuando el promedio de los demás encuestados es de 23 años; en ocasiones será conveniente eliminar un renglón de datos porque entonces el promedio será un mejor indicador para entender el mercado. El segundo paso consiste en elaborar gráficas de frecuencias de los datos de cada una de las columnas, para observar la forma de cada gráfica; en el caso de que se requiera un **análisis de regresión**, será necesario detectar si la gráfica tiene la forma de una **curva normal**, porque de ello puede depender la utilidad del análisis. Los pasos posteriores del análisis dependerán de los objetivos prácticos del estudio y del grado en que el estudio requiera **análisis causal**, que permitiría conocer, por ejemplo, la proporción en que un número de factores explican la demanda de un producto; en tal caso, será útil el uso de software estadístico especializado.

Conforme avance el análisis, convendrá crear tablas o gráficas de los hallazgos que constituyan pistas sobre lo que se busca, y comparar o contrastar contra resultados de estudios previos, lo cual permitirá al evaluador disponer de elementos para integrar el reporte del estudio de mercado.

IX. Reporte de investigación. Cuando el evaluador realice por sí mismo el estudio de mercado querrá elaborar un reporte detallado, que se podrá anexar al reporte de evaluación del proyecto.

Respuesta a las preguntas de aplicación. El evaluador podrá contestar cada pregunta en un párrafo separado, o combinar dos preguntas en un solo párrafo, cuidando que la explicación esté sustentada objetivamente y que exista congruencia con el logro de los objetivos del proyecto.

Experiencias de aprendizaje

Tareas individuales

[**4.2.11**] Describir la composición actual de ventas de la empresa por productos principales y por segmentos de clientes, así como su posicionamiento competitivo; incluir una descripción de la información de mercado que dispone la empresa, y la necesidad de un estudio de mercado, especificando en forma preliminar el tipo y alcance del estudio.

[**4.2.12**] Elaborar un plan de estudio de mercado, que incluya requerimientos, especificaciones, objetivos y el plan de realización; incluir propuesta de cuestionarios a utilizar.

Tareas en equipo

[**4.2.21**] Revisar la tarea individual 4.2.11.

[**4.2.22**] Revisar la tarea individual 4.2.12.

Casos virtuales

[**4.2.31**] Describir la composición actual de ventas de la empresa por productos principales y por segmentos de clientes, así como su posicionamiento competitivo; incluir la información que haya recabado, que permita contestar en forma preliminar las preguntas de aplicación.

Fuentes de consulta complementaria

INEGI DENUE, http://www.beta.inegi.org.mx/servicios/api_denue.html, permite consultar datos de identificación, ubicación, actividad económica y tamaño de cerca de 5 millones de establecimientos a nivel nacional, por entidad federativa y municipio,.

Bibliografía

Danielson, M.G. & Scott, J.A. (2006). The Capital Budgeting Decisions of Small Businesses. *Journal of Applied Finance*, 16, 2, 45+.

Paley, N. (2005). *The Manager's Guide to Competitive Marketing Strategies*. London: Thorogood, disponible en www.questia.com.

4.3 Plan de mercado

Importancia

Con base en un diagnóstico de las tácticas de mercadotecnia que la empresa venga aplicando, el evaluador debe proponer un **plan de mercado** que comprenda programas y acciones que la empresa deba realizar para alcanzar los objetivos del proyecto de inversión. Dicho plan debe coadyuvar a que la empresa tenga la capacidad de satisfacer las necesidades y deseos de sus clientes, lo cual permitirá a la empresa sobrevivir y prosperar en el largo plazo.

La importancia de un plan de mercado adecuado es una tarea retadora, aún para los profesionales en administración, toda vez que el plan deberá prever adecuaciones durante su aplicación para hacer frente a circunstancias imprevistas, o evitar errores que podrían poner en riesgo el logro de los objetivos de ventas

El plan de mercado necesario debe partir de la identificación de las **necesidades del consumidor** que satisface el producto o servicio, y de las motivaciones que expliquen el **comportamiento del consumidor** y, con los resultados del estudio de mercado, diseñar una mezcla de mercadotecnia que permita alcanzar los **objetivos del proyecto**. De alguna manera la **mezcla de mercadotecnia**, conocida como las cuatro "P" comprende cuatro estrategias básicas de Precio, Producto, Promoción y Plaza, mezcla que deberá adecuarse al tipo de producto, esto es, si se trata de productos durables, no durables, servicios, básicos, de conveniencia, de emergencia, de especialidad, o de otro tipo.

Preguntas de aplicación

[**2.3.36**]	¿Cuáles son los nuevos productos que la empresa ofrecerá y/o cuales cambios se necesitan en las características y calidad de los productos, respecto a lo que ofrece actualmente la empresa?
[**2.3.37**]	¿Cuáles son los cambios que se proponen en la política de precios de la empresa y por qué?
[**2.3.38**]	¿Cuáles es la propuesta de promoción que se propone con el proyecto y en qué se diferencia de la estrategia de promoción anterior?
[**2.2.39**]	¿Cuál es la propuesta de distribución se propone y en qué se diferencia respecto a la estrategia actual?

Premisas teóricas y prácticas

I. Marketing.

El plan de mercado debe tomar en consideración las funciones propias de marketing, que inician con el diseño y características de los productos, su venta o renta según sea el caso, el transporte, el almacenamiento y el servicio post-venta. El plan debe incluir los objetivos de volumen ventas, el porcentaje de participación de mercado, el nivel de satisfacción del cliente, el porcentaje de devoluciones y quejas, así como el grado de aceptación que la imagen de la marca tenga en el mercado; debe también tomar en cuenta que, en algunos productos, el volumen de ventas puede ser dinámico por la llegada de nuevos competidores o de productos sustitutos.

No cabe duda que las estrategias más importantes del plan de mercado emergerán del estudio de mercado y podrá ser necesario que la **orientación de la producción** y/o la **orientación al cliente** respondan a los requerimientos de dichas estrategias; simultáneamente el evaluador deberá proponer el grado en que la empresa aplicará cada una de las **estratégicas genéricas de Porter** para efectos de competitividad: costos inferiores, diferenciación de productos, excelencia en la operación y procurar una relación profunda con el cliente.

Para tales efectos, será necesario clasificar a los clientes por segmentos, elegir el segmento o segmentos prioritarios, y diseñar una combinación de mercadotecnia específica para cada segmento. La **segmentación** puede estar basada en características de los clientes (p.e. edad, nivel socioeconómico, escolaridad, etc.), según el área en que se localicen, en características sicológicas o culturales o, alternativamente, en atributos de los productos.

Un segmento de clientes en particular puede caracterizarse por tener necesidades o deseos similares, por lo que los productos que adquieran tendrán las características que el segmento demande.

Habrá que considerar el caso excepcional de empresas pequeñas que encuentren ventajosa la división de la operación en unidades de negocios, con el fin de identificar con precisión el segmento de negocios más productivo. Un caso especial es la venta a negocios conocido como **B2B**, que requiere un plan especial, y puede incluir el entrenamiento o capacitación del personal de la empresa a la que vende.

La elección del segmento o mercado objetivo puede fundamentarse en el tamaño del segmento o del mercado, en su potencial de crecimiento, así como la capacidad de la empresa para satisfacer los requerimientos de dicho segmento; en todos los casos el evaluador deberá identificar fallas o brechas en la satisfacción de las necesidades de los clientes, porque representan oportunidad de negocio.

El plan de mercado debe incluir metas o indicadores de posicionamiento, el grado de aceptación de productos e imagen de las marcas de la empresa. Además, debe incluir sugerencias para responder a reacciones de los competidores, cuando adviertan alguna afectación en su posicionamiento.

II. Necesidades.

Un plan de mercado no debiera elaborarse sin tomar en cuenta el tipo de necesidades del cliente que satisface los productos, necesidades que pueden ser analizadas mediante la teoría de Abraham Maslow (1943), la cual jerarquiza las necesidades en cinco niveles: básicas (fisiológicas), seguridad, pertenencia y amor, estima y de actualización. Conviene también tomar en cuenta que el precio que los consumidores estarán dispuestos a pagar por un producto dependerá de la valoración que haga de un producto en particular, valoración que depende del cómo el **consumidor** ha sido influenciado por factores sociales y culturales.

III. Comportamiento del consumidor

Otro aspecto importante para analizar es el proceso o los factores que influyen en la decisión de compra del consumidor, factores que pueden ser de tipo racional, sicológico, de comportamiento o de conocimiento. Si bien la teoría económica propone que el individuo toma las decisiones de compra con base en la evaluación racional de la utilidad o el valor del producto en cuestión, es importante valorar el grado en que los demás factores influyen en la decisión. Se ha propuesto que los factores antes citados aplican tanto a las personas como a las empresas, pero la importancia de cada factor podrá ser diferente para cada empresa.

IV. Estrategia de productos.

La estrategia de productos de la empresa consiste en determinar la mezcla de productos o líneas de productos que ofrecerá la empresa, las características de los productos, cuales venderá en forma de paquetes, cuales en forma directa o a través de intermediarios, entre otras opciones.

El proyecto de inversión puede proponer que la empresa produzca o comercialice un nuevo producto o línea de productos, lo cual implicará que cambie la **mezcla de productos** que ofrezca. Los cambios que se propongan en dicha mezcla deben tomar en cuenta la etapa del **ciclo de vida** en que se encuentra cada producto, esto es, si se trata de un producto nuevo, si se espera una demanda creciente, si el nivel de demanda se ha consolidado, o si se trata de un producto cuya demanda irá disminuyendo por cambios en los gustos de los consumidores, la llegada de productos sustitutos, o por otras causas.

V. Estrategia de precios.

Elegir el precio adecuado es con frecuencia una de las decisiones más difíciles de tomar, sobre todo cuando los consumidores son sensibles al precio, o cuando el costo de los productos sufre variaciones inesperadas. Al mismo tiempo, alcanzar los objetivos de volumen, de mantener o incrementar su participación de mercado y de precio de ventas implicará de alguna forma **maximizar utilidades** y generar un **retorno sobre inversión** requerido por el empresario. La forma en que se formula el precio también puede afectar los resultados, ya que el precio puede determinarse mediante un **porcentaje sobre costo**, o establecer un precio mayor para crear la **imagen de calidad superior** o, cuando la empresa vende una **categoría de productos** a un mismo precio, por ejemplo $250 por unidad, otra categoría a $300 por unidad, etc.

La empresa puede también puede haber alcanzado un **poder de mercado**, cuando es el competidor más fuerte, que le permita fungir como **líder en fijar el precio**, y los competidores serían seguidores o, en el caso de ser el único proveedor, establecer un precio alto para **clientes cautivos**.

Adicionalmente, la empresa debe tomar en cuenta la posibilidad de fluctuaciones en el tipo de cambio cuando exporta, cuando los competidores ofrecen productos importados, o cuando utiliza insumos importados.

Las condiciones de mercado pueden impulsar a la empresa a ofrecer precios especiales cuando el cliente adquiera un **paquete de productos**, o fijar un precio menor cuando aspire a ganar **participación de mercado**, o introduzca un producto nuevo; puede ofrecer precios diferentes por segmento de clientes o por zona geográfica, así como también cargar un mayor precio cuando su producto ofrezca un **mayor valor** que el ofrecido por los competidores, o cuando ofrezca **productos novedosos**.

VI. Estrategia de promoción.

La estrategia de promoción consiste principalmente en elegir los medios para comunicar al cliente los beneficios de los productos que ofrece la empresa, o la marca del producto, e impulsarle a comprar y, en su caso, establecer una relación duradera. La comunicación puede incluir la **utilidad o beneficio fundamental** que ofrece el producto, utilidad o beneficio que pueden ser tangibles, intangibles, o presentarse como superiores a la realidad, y aún enfatizar beneficios potenciales. La utilidad o beneficios de un producto dependerán del **tipo de producto**, según se trate de servicios, bienes durables o no durables, o que se trate de productos genéricos, productos especiales, que se adquieran con frecuencia o por una sola vez, por impulso o si el consumidor compara cuidadosamente entre alternativas.

La **marca**, por su parte, puede llegar a convertirse en un símbolo para el consumidor, especialmente cuando el nivel de satisfacción con el producto ha sido constante por un lapso relevante de tiempo.

La **estrategia de comunicación** puede incluir una propuesta de mensaje para incluir en las comunicaciones publicitarias, cuando dicho mensaje se considere fundamental para alcanzar los objetivos del proyecto.

El mensaje o mensajes pueden alcanzar grados diferentes de eficacia según las formas o medios de comunicación en que se promuevan, tales como redes sociales e internet, espectaculares, camisetas, vehículos, carteles, folletos, radio, televisión, promotores, patrocinio de eventos, relaciones públicas, ferias, etc.

Adicionalmente, en algunos casos la empresa podrá ofrecer los productos en **paquetes** que añadan atractivo para el consumidor, generalmente por un precio menor que el que se tendría mediante la compra de los mismos productos por separado.

Cuando la comunicación constituya un elemento importante del plan de mercado, convendrá proponer una descripción del **proceso de comunicación**, para que el administrador del proyecto pueda, en su momento, verificar si la comunicación logra el objetivo de atraer al consumidor.

En el caso de que las ventas dependan de la retención de clientes, habría que valorar la implementación de acciones para cultivar su lealtad, conocidas como **marketing de relaciones** y **programas de lealtad**.

El presupuesto para gastos de promoción en las empresas pequeñas podría representar entre el 5 y el 20% de las ventas, y cualquier gasto debe generar un beneficio superior.

VII. Estrategia de distribución.

En casi todos los proyectos de inversión conviene revisar los canales de distribución que viene utilizando la empresa, para determinar la necesidad de un replanteamiento que permita mejorar los resultados. Dependiendo del tipo de productos que venda o de los segmentos de mercado que atienda, la estrategia de distribución debe evaluar la conveniencia de utilizar intermediarios, mayoristas, distribuidores, agentes, minoristas, contratos de franquicia o a través de internet. Opcionalmente podrá contar con un centro de distribución, o con dos o más puntos localizados en lugares convenientes.

Recursos requeridos

Una vez que el evaluador disponga de un estudio de mercado útil, cuando la descripción y objetivos del proyecto se hayan establecido y conforme se tenga un avance relevante en los demás temas de la evaluación, será momento de elaborar un plan de mercado preliminar.

En la descripción del proyecto y en el estudio de mercado (sub-capítulos 3.4 y 4.2) se encuentran los elementos que sirven de guía para la elaboración del plan de mercado, que se apoya en el conocimiento del mercado y en los recursos con que cuenta la empresa.

Debido a que la empresa podrá haber acumulado experiencia en realización de los planes de mercado previos, será crucial la identificación del personal que pueda aportar criterios para que el nuevo plan tenga mayores posibilidades de éxito, y contar con la disposición y autorización del administrador para que el plan pueda generar una actitud positiva en el personal de la empresa.

Aplicación

Es importante valorar si las condiciones del mercado en el pasado han sido favorables para la empresa, y si se han observado cambios positivos o negativos que podrían afectar las ventas de la empresa en el futuro. Dichas condiciones o cambios se pueden detectar mediante entrevistas con personal de la empresa, así como en diferentes procesos de la evaluación del proyecto.

Entre los **objetivos del proyecto** el evaluador podrá proponer resultados de mercado, como puede ser el **volumen de ventas** por producto, por líneas, segmento de clientes o por zona; puede ser la retención de clientes, la imagen de la marca, el porcentaje de devoluciones, o el nivel de satisfacción de los clientes. Dichos resultados se pueden medir cuantitativamente, por lo cual el plan debe incluir una tabla con los valores que se espera alcanzar en cada indicador de resultados.

Los **objetivos cuantitativos** se pueden determinar gradualmente conforme avance la evaluación del proyecto, pero será conveniente proponer cifras preliminares de crecimiento en ventas desde la primera etapa de la evaluación y, conforme avance ella, las cifras se pueden ir adecuando según nivel de confiabilidad del análisis.

En el caso de que la empresa haya seleccionado más de un segmento de clientes de importancia crítica para los proyecto, los objetivos podrán desglosarse por segmento, con el fin de detectar cambios en la demanda que requieran la modificación de la mezcla de mercadotecnia.

Es necesario redactar una descripción de cada segmento, que incluya sus características, tales como: edad, sexo, si son solteros, si es familia con hijos, si ambos integrantes de una pareja trabajan, el nivel de ingresos, ocupación o educación.

En los proyectos de inversión es comúnmente necesario revisar y modificar la **mezcla de mercadotecnia**, particularmente en relación con el producto o línea de productos que sea afectado por el proyecto y, en su caso, definir **estrategias por segmento**. La **estrategia de producto** se referirá principalmente a las características y especificaciones que los productos deben cumplir para su venta, así como, en su caso, las circunstancias en que la empresa debe abstenerse de comercializar los productos, por restricciones de calidad, legales o por representar riesgos para el consumidor. La **estrategia de precio** debe contener los precios para cada segmento de mercado, precios para venta en paquete, precios a mayoristas o intermediarios, condiciones para ventas a crédito o para exportación. La estrategia de promoción puede contener propuestas sobre la marca, de mensaje para el segmento de clientes objetivo y de los medios de comunicación, así como un presupuesto para publicidad; dicho presupuesto puede incluir principalmente la necesidad de nuevos recursos de personal, equipo y tecnologías de información.

Reporte del plan de mercado

Si bien las preguntas de aplicación podrán redactarse en menos de una cuartilla, conviene que el evaluador redacte un plan de mercado detallado, a partir del cual podrá redactar la respuesta a las preguntas. La extensión del plan dependerá de la información relevante que deba contener, sin exceder de 15 cuartillas.

El plan de mercado debe contener un **diagnóstico** de la experiencia tenida por la empresa con la implementación de planes de mercado previos, un análisis resumido del **entorno de mercado** y de sus perspectivas, los **objetivos cuantitativos** del plan, una propuesta de **segmento de mercado** o segmentos seleccionados, así como la estrategia de mercado en cuanto a **producto, precio, promoción y distribución**.

Respuesta a las preguntas de aplicación

La respuesta a las preguntas puede hacerse dedicando un párrafo a cada pregunta, pero el evaluador podrá agregar tablas cuando sea necesario enfatizar fechas, cifras de ventas, presupuesto de gastos u otros elementos que sean relevantes.

Experiencias de aprendizaje

Tareas individuales

[**4.3.11**] Describir cuál ha sido la estrategia que la empresa ha seguido en cuanto a las cuatro P, con información obtenida del administrador y/o de otro personal de la empresa.

[**4.3.12**] Elaborar un plan de mercado detallado, en reporte con extensión de dos cuartillas o más, que pueda y convenga ser aplicado por la empresa en caso de aprobación del proyecto.

Tareas en equipo

[**4.3.21**] Revisar la tarea individual 4.3.11

[**4.3.22**] Revisar la tarea individual 4.3.12

Casos virtuales

[**4.3.31**] Contestar las preguntas de aplicación, con base en el conocimiento adquirido en tareas previas de la evaluación.

Bibliografía

Jones, M. A., Reynolds, K. E., Arnold, M. J., Gabler, C. B., Gillison, S. T., & Landers, V. M. (2015). Exploring consumers' attitude towards relationship marketing. *Journal of Services Marketing*, 29(3), 188-199

Palia, A. P. (2014, January). Online Marketing Control With The Strategic Business Unit Analysis Package. In Developments in Business Simulation and Experiential Learning: *Proceedings of the Annual ABSEL conference* (Vol. 36).

4.4 Pronóstico de ventas

Importancia

El pronóstico de ventas de una empresa sirve normalmente de base para elaborar los estados financieros proyectados, que a su vez son la base para determinar la viabilidad financiera de un proyecto.

La elaboración del pronóstico constituye una tarea retadora y, aun cuando se utilicen las mejores técnicas, en el futuro pueden suceder eventos inusuales o inesperados que requerirán acciones de la empresa para reorientar la operación según se trate de oportunidades o amenazas.

Preguntas de aplicación

[2.4.40]	¿Cuál es el pronóstico de cifras de ventas mensuales del producto, línea o categoría de producto, o del segmento clave para lograr los objetivos del proyecto?

Premisas teóricas y prácticas

El pronóstico de ventas puede ser elaborado para cada segmento de clientes con potencial para generar utilidades que justifique una **mezcla de mercadotecnia** particular, cuando la empresa considera estar en condiciones de competir en dicho segmento.

La elaboración de un pronóstico puede hacerse utilizando técnicas estadísticas a partir de datos históricos de ventas, como la proyección de una **línea de tendencia**, pero el pronóstico se puede basar en opiniones o suposiciones de los vendedores, del gerente de ventas o del propietario de la empresa.

Cuando se trata de ventas de insumos, la empresa puede preguntar a sus clientes el volumen que esperan comprar en un periodo futuro.

En cualquiera de los casos, los pronósticos no dejan de ser suposiciones que pueden verse afectadas por sucesos inesperados, tanto de tipo económico como político, que en el pasado han dado origen a crisis duraderas y con ello el fracaso de proyectos de inversión y de las mismas empresas, aunque también pueden darse mejores condiciones. Sin embargo, el proceso de evaluación también debe advertir sobre la necesidad de que la empresa mantenga una alerta ante indicadores de riesgo, y mantenga recursos que permitan enfrentar cambios desfavorables.

Recursos requeridos

Un pronóstico de ventas prudente deberá tener como base el **plan de mercado** elaborado conforme se sugiere en el sub-capítulo anterior, así como las cifras del volumen y monto de ventas reales de la empresa, con un desglose por segmento de clientes. Además, será necesario contar con la colaboración del personal de la empresa involucrado en la función de ventas, por el apoyo que puedan brindar para que el pronóstico tome en cuenta su experiencia y conocimientos sobre el mercado.

Aplicación

Una vez que se ha diseñado el **plan de mercado** se tendrán elementos para elaborar el pronóstico de ventas, el cual puede desglosarse por producto, por línea de producto, por categoría de productos o por segmento de mercado.

En el plan de mercado se habrán propuesto objetivos de ventas, así como la **mezcla de mercadotecnia** que permita a la empresa lograr dichos objetivos. Dichos objetivos habrán tomado en cuenta los efectos que el proyecto de inversión podrá tener en el volumen de ventas de productos que la empresa ya tenga en venta, o por agregar la venta de productos nuevos; en ambos casos en la elaboración del pronóstico de ventas requiere incorporar el conocimiento que se habrá acumulado durante el proceso de evaluación del proyecto.

Al iniciar el pronóstico el evaluador habrá obtenido de la empresa las cifras históricas de ventas de la empresa, conocidas como **series de tiempo**, sean estas mensuales, trimestrales o anuales; dichas cifras deberán estar disponibles en hojas de cálculo electrónicas, con el fin de graficar las cifras para detectar visualmente si se observa alguna tendencia, **estacionalidad** y/o **volatilidad**.

En el **análisis de la industria** y en el **estudio de mercado** se pueden haber detectado factores externos que inciden en el precio o volumen de ventas de los productos, factores que deben tomarse en cuenta para efectos del pronóstico de ventas. Entre los factores que pueden incidir en las ventas pueden incluirse las ventas de productos relacionados, el crecimiento de la economía, el tipo de cambio, el gasto de gobierno, entre otros. Una vez que el evaluador tenga indicios de cuáles factores pueden afectar las ventas, deberá buscar series de tiempo de cada factor, con el propósito de evaluar si existe correlación entre cada factor y las ventas. Solo en el caso de que el evaluador disponga de datos de ventas y de al menos un factor por más de 15 meses o trimestres, podrá efectuar un **análisis de correlación**; el análisis puede hacerse en una hoja electrónica o utilizando software para análisis estadístico. Es poco usual que en la evaluación de proyectos de empresas pequeñas sea necesario un análisis de este tipo, pero en su caso será necesario utilizar los criterios estadísticos necesarios para que los pronósticos sean confiables.

Convendrá también plantear dos o más escenarios, conforme los criterios que se sugieren en el subcapítulo *7.3 Diseño de escenarios y evaluación financiera*, lo cual hace necesario un esfuerzo dedicado del evaluador en esta tarea.

Es común elaborar el pronóstico con cifras mensuales, con desglose por productos, o por categoría de productos, o por segmento de clientes; la opción que elija el evaluador será aquella que dé mayor relevancia y utilidad para el administrador de la empresa.

Es importante considerar la posibilidad de cambios económicos, políticos y de mercado que pudieran afectar en forma drástica las ventas. Para tal efecto, el evaluador puede utilizar el conocimiento adquirido durante el proceso de evaluación, y de ser posible hacer una reflexión en equipo, en la que participe personal de ventas de la empresa. En caso de identificar alguna situación de riesgo relevante, habrá que hacer un planteamiento breve pero conciso, que incluya acciones para enfrentar el problema.

Respuesta a la pregunta de aplicación.

La redacción de la pregunta podrá hacerse en un solo párrafo con los supuestos más importantes que fundamentan el pronóstico, así como las características del escenario más probable.

Enseguida se sugiere agregar una tabla con el pronóstico de los primeros doce meses de operación del proyecto, y cifras anuales de los cinco años que se proyectan conforme se propone en el subcapítulo *7.6 Estados financieros proyectados*; la tabla contendrá los productos, líneas, categorías o segmentos claves que sean necesarios para facilitar su interpretación.

Experiencias de aprendizaje

Tareas individuales

[4.4.11]   Mediante hoja de cálculo electrónica analizar cifras de ventas históricas de la empresa y de los factores que afectan las ventas, y elaborar el pronóstico de ventas para los doce meses iniciales con el proyecto y anuales por cinco años; explicar los elementos que sirvieron de base para el pronóstico.

Tareas en equipo

[4.4.21]   Revisar la tarea individual 4.4.11.

Casos virtuales

[4.4.31]   Redactar en un párrafo la respuesta a la pregunta de aplicación, y elaborar una o dos tablas explicativas.

Fuentes de consulta complementaria

Luther, W. M. (2001). *The marketing plan: How to prepare and implement it*. AMACOM Div American Mgmt Assn.

Bibliografía

Armstrong, J. S., Green, K. C., & Graefe, A. (2015). Golden rule of forecasting: Be conservative. *Journal of Business Research*, 68(8), 1717-1731.

Mentzer, J. T., & Kahn, K. B. (1995). Forecasting technique familiarity, satisfaction, usage, and application. *Journal of forecasting*, 14(5), 465-476.

5 Operación

La operación puede considerarse **área funcional** de la empresa, que tiene como fin llevar a cabo el propósito principal del negocio en forma eficiente y, en cierta forma, esbelta. Al igual que las otras funciones de la empresa como Mercado, Finanzas, o Recursos Humanos, sus actividades no se desarrollan en forma independiente de las otras, sino en combinación con las otras funciones, como por ejemplo Operación-Finanzas o Mercado-Operación. Además, la forma como funcionan y se integran la operación y las demás funciones de la empresa conforman lo que se conoce como el **modelo de negocios**, esto es, las características, políticas y configuración de la organización que hacen a la empresa diferente hasta cierto grado de sus competidores.

Si bien las decisiones de operación de la empresa se refieren principalmente al quehacer de corto plazo, una empresa que aspire a crecer incluirá en su trabajo diario una perspectiva de largo plazo. Las empresas medianas y grandes disponen de sistemas de medición integral de operación tales como **ERP**, **BSC** y otros, pero las empresas pequeñas debieran contar con reportes de información interna que les permita dar seguimiento a indicadores básicos de **desempeño**.

5.1 Gasto de capital inicial

Importancia

El gasto de capital inicial se refiere al monto que la empresa debe erogar en la compra de activos fijos como maquinaria, adaptaciones, mobiliario, vehículos, etc. y, en su caso, de **capital de trabajo** adicional que el evaluador considere necesarios para la realización del proyecto de inversión.

La tarea de determinar en forma realista el monto de gasto de capital inicial es crítica, porque la empresa debe disponer del dinero o financiamiento suficiente, y porque el riesgo de subestimar los gastos ha sido siempre muy alto. En efecto, en la medida en que el gasto real supere al presupuestado disminuirían los rendimientos hasta el punto de poner en riesgo el futuro de la empresa.

Preguntas de aplicación

[3.1.41]	¿Cuál sería el desglose de la inversión en activos fijos del proyecto, su descripción y su justificación operativa?
[3.1.42]	¿Cuál sería el monto de capital de trabajo adicional que requerirá la empresa para la realización del proyecto?

Premisas teóricas y prácticas

La tarea de estimar el gasto de capital inicial se fundamenta principalmente en dos tareas de diferente naturaleza: la elaboración de una lista apropiada de los **activos fijos** que la empresa debe adquirir –con las especificaciones precisas de cada activo y, por otra parte, la estimación del monto de **capital de trabajo** adicional que será necesario disponer para llevar a cabo el proyecto de inversión.

Cada concepto de gasto de capital debe tener una justificación en particular desde el punto de vista operativo, y en forma directa o indirecta debe contribuir el logro de los objetivos del proyecto.

Gastos en activo fijo. Los activos fijos que deban adquirirse se determinan en forma gradual, a partir de la descripción inicial del proyecto, tomando en cuenta los requerimientos que surjan conforme se aplican otros temas de la evaluación, como son Instalaciones, Tecnología, Calidad, TICs (sub-capítulos 5.2, 5.5, 5.10 y 5.11 respectivamente), entre otros. Cada concepto de inversión debe ser descrito con el apoyo de personal especializado en la utilización del activo, que conozca su duración, limitaciones, etc., con el fin de seleccionar el mejor entre los activos equivalentes disponibles.

En el caso de maquinaria, vehículos o equipos, es importante conocer los gastos de instalación y de accesorios; la disponibilidad de asesoría, de capacitación y de refacciones; los requerimientos de mantenimiento y adaptaciones, así como el alcance de la garantía del proveedor.

En el caso de que este tipo de activos estén cotizados en moneda extranjera, habrá que ponderar la posibilidad de que un cambio en el valor de la moneda pueda incrementar significativamente el gasto.

En la literatura se advierte sobre el riesgo de que el gasto real exceda el monto presupuestado, riesgo que se podría controlar si se evitan cambios en las características de los activos propuestos en el plan. Para tal efecto conviene que la empresa designe a una persona o a un equipo de personas como responsables de la compra, y se les provee de una lista de verificación, con el fin de que las adquisiciones se realicen conforme a las características, calendario y el costo presupuestado.

Es común que en la construcción o adaptación de inmuebles se exceda el presupuesto, sobre todo por modificaciones en los planos o en los materiales; el gasto en tecnologías de información puede igualmente superar el monto originalmente previsto.

Incremento en el capital de trabajo. El concepto **capital de trabajo** tiene dos acepciones principales: la primera se refiere a los recursos de corto plazo que emplea una empresa en su operación, tales como Clientes, inventario de mercancía y efectivo en caja y en bancos, recursos susceptibles de financiar mediante créditos de proveedores y de bancos a corto plazo; la segunda acepción es un **indicador contable** que resulta de restar los **pasivos circulantes** a los **activos circulantes**, y que es útil para medida de eficiencia o de la salud financiera de la empresa. Se utiliza también el concepto **capital de trabajo bruto**, que se refiere al monto de inversión en activos circulantes que la empresa requiere para sus actividades de operación, e incluye las cuentas de Caja y Bancos, Inventarios y Clientes.

La gestión de una empresa incluye la aplicación de una **estrategia de capital de trabajo**, que incluya indicaciones sobre el volumen de existencia de inventarios, el volumen de compra y el plazo de pago a proveedores; las condiciones de crédito que se otorguen a sus clientes, así como el nivel de efectivo que se considere suficiente para cumplir los compromisos de pago de la empresa. Las indicaciones referidas constituyen lo que se conoce como **políticas de capital de trabajo**, las cuales pueden tener rasgos de ser conservadoras, normales o agresivas. Un nivel agresivo puede consistir en un incremento en la **rotación de inventario**, cuando sus proveedores puedan surtir pedidos en menor tiempo, o aumentar la participación de mercado aun cuando se incremente el porcentaje de créditos incobrables, o utilizar crédito de proveedores para reducir la necesidad de créditos o aportación de capital propio.

La aplicación de un nivel agresivo podría traer riesgos para la empresa, por lo cual solo sería ventajoso en algunas ramas de actividad, cuando la empresa registre márgenes de utilidad superiores al promedio del sector, cuando los activos circulantes representan una proporción alta del total de activos y la empresa dispone de fuentes adecuadas de financiamiento.

Es importante considerar que algunos proyectos de inversión pueden tener como objetivo reducir los requerimientos de capital de trabajo, como puede ser el caso de relocalizar la empresa manufacturera para acercarla a proveedores importantes, que reduciría el monto de inversión en inventarios; o cuando la inversión tenga por objeto impulsar las ventas de contado, para reducir la inversión en clientes, entre otros casos posibles.

Recursos requeridos

En el caso de que la idea del proyecto surja de la empresa, al inicio de la evaluación el administrador entregaría la lista de activos fijos que considere necesario adquirir; gradualmente y conforme avance el proceso de evaluación, el administrador o el personal que éste designe podrán especificar las características de los activos referidos; si la idea de la inversión es propuesta por el evaluador, será necesaria la participación de la empresa en la revisión de la lista de dichos gastos.

Aplicación

Conviene elaborar una tabla preliminar que contenga un detalle de los activos fijos que requiera el proyecto, que servirá de base para la descripción del proyecto de inversión a la que se refiere el sub-capítulo 3.4.

Posteriormente y conforme se avanza en la evaluación del proyecto se irá revisando la lista de activos fijos a adquirir. La descripción de cada activo debe ser suficiente para evitar errores durante la realización del proyecto, por lo cual se sugiere especificar sus características, costo, instrucciones sobre su utilización, así como los comentarios suficientes sobre la justificación del gasto; dicha justificación puede ser de tipo técnico, operativo y económico.

El desglose de las **necesidades de capital de trabajo adicional** que requiere el proyecto incluye las cuentas contables Efectivo y Bancos, Clientes e Inventarios (cuentas deudoras), así como Proveedores (cuenta acreedora) cuyas cifras se obtienen de los Estados Financieros Proyectados, que se elaboran conforme al sub-capítulo 7.6.

El monto de cada cuenta se puede obtener de los *Estados financieros proyectados*, restando al valor de la cuenta sin el proyecto, al valor de la cuenta de primer año de operación con el proyecto. A la suma del monto de las tres cuentas de activo citadas se le resta el monto de la cuenta de Proveedores, cuyo resultado son las necesidades de capital de trabajo adicional del proyecto

Respuesta a la pregunta de aplicación

Por lo general será suficiente incluir una tabla que contenga hasta seis conceptos de gasto en activos, más un renglón con el agregado de otros gastos. En algunos casos será necesario incluir un párrafo con aclaraciones de importancia para el administrador. Las necesidades de capital de trabajo podrán describirse en un párrafo de tres renglones.

Experiencias de aprendizaje

Tareas individuales

[**5.1.11**]   Elaborar un reporte detallado que contenga los activos fijos que deban adquirirse para la realización del proyecto, que contenga las características e información importante sobre su utilización, así como su justificación para lograr los objetivos del proyecto.

Actividades en equipo

[**5.1.21**]   Revisar la tarea individual 5.1.11.

Casos virtuales

[**5.1.31**]   Redactar la respuesta a las preguntas de aplicación.

Bibliografía

Belt, B. (1979). Working capital policy and liquidity in the small business. *Journal of Small Business Management* (pre-1986), 17(000003), 43.

Boisjoly, R. P. (2009). The cash flow implications of managing working capital and capital investment. *The Journal of Business and Economic Studies*, 15(1), 98.

Cantarelli, C. C., Flybjerg, B., Molin, E. J., & Van Wee, B. (2013). Cost overruns in large-scale transportation infrastructure projects: Explanations and their theoretical embeddedness. *arXiv preprint arXiv*:1307.2176.

Eden, C., Williams, T., & Ackermann, F. (2005). Analysing project cost overruns: comparing the "measured mile" analysis and system dynamics modelling. *International Journal of Project Management*, 23(2), 135-139.

Flyvbjerg, B. & Budzier, A.(2011). Why your IT project may be riskier than you think, *Harvard Business Review*, 89, 9, 23-25.

Ganuza, J. J. (2007). Competition and cost overruns in procurement. *The Journal of Industrial Economics*, 55(4), 633-660.

Gunjan, M., Vikram, S., & Soumyadeep, S. (2010). Indian Banks' Methods for Assessing Working Capital. *Advances in Management*.

Hill, M. D., Kelly, G. W., & Highfield, M. J. (2010). Net operating working capital behavior: a first look. *Financial management*, 39(2), 783-805.

Jackson, S. (2002, September). Project cost overruns and risk management. In *Proceedings of Association of Researchers in Construction Management 18th Annual ARCOM Conference*, Newcastle, Northumber University, UK (pp. 2-4).

Khoury, N. T., Smith, K. V., & MacKay, P. I. (1999). Comparing working capital practices in Canada, the United States, and Australia: a note. *Canadian Journal of Administrative Sciences/Revue Canadienne des Sciences de l'Administration*, 16(1), 53-57.

5.2 Desarrollo del proyecto

Importancia

Durante la evaluación del proyecto será posible identificar las tareas que la empresa deberá realizar para desarrollar el proyecto, en caso de ser autorizado; dichas tareas podrán realizarse en forma secuencial, y algunas destacarán por su importancia o porque requieran mayor cuidado que otras.

Conviene que la evaluación de un proyecto incluya sugerencias y recomendaciones que el evaluador considere importantes para que se adopten durante la implementación del proyecto, para enfrentar riesgos que hayan sido previstos durante la evaluación.

Debido a que en la práctica la mayor parte de los proyectos de inversión exceden el presupuesto de inversión y/o el periodo de implementación, o no alcanzan a lograr los beneficios esperados por la empresa, en algún momento surgirá la inquietud sobre las causas del incumplimiento. En tal caso, el empresario o administrador querrá indagar si la evaluación omitió un factor importante, si el equipo responsable de la gestión del proyecto falló en algún aspecto o si sucedieron eventos impredecibles.

Preguntas de aplicación

[3.1.41]	¿Cómo se llevaría a cabo el desarrollo del proyecto de inversión desde el punto de vista operativo?
[3.1.42]	¿Cuáles son los principales riesgos operativos relevantes que podría enfrentar el proyecto y como se respondería a ellos?

Premisas teóricas y prácticas

Cuando un proyecto de inversión es aprobado la empresa debe contar con un programa de gastos y acciones que deba llevarse a cabo para cumplir los objetivos del proyecto. Dicho programa debe indicar el rango de tiempo en que deban realizarse dichos gastos y acciones, y coincidir en un plano que se conoce como **ruta crítica**, que en la medida en que en la implementación no se tengan que hacer cambios, podrá ser indicación de una elaboración apropiada.

En ocasiones será necesario detectar limitaciones de capacidad y de recursos, así como indicadores que podrían sugerir la conveniencia de cancelar el proyecto.

Programa y diagrama de actividades. Una técnica útil para completar el desarrollo del proyecto en tiempo es la elaboración de un programa de actividades en forma de diagrama, en el que se identifiquen las tareas, tiempos, costos, persona responsable y otras características que se consideren relevantes. Se sugiere que ninguna tarea debería prolongarse por más de cinco semanas, por lo cual una tarea que requiriera más tiempo podría dividirse en sub-tareas.

Gerente y equipo de gestión del proyecto. En la práctica, cuando un proyecto se inversión se autoriza, la empresa designa a un gerente de proyecto que esté a cargo de la implementación, con el apoyo de un equipo de tres a cinco integrantes de departamentos involucrados de la empresa, personal que seguiría reportando a sus jefes en la estructura regular de la empresa.

Selección del equipo de gestión. No es común que una persona sea especialista en todo tipo de tareas –legales, técnicas, compras, etc., por lo cual la integración de un equipo que gestione el desarrollo del proyecto habría de incluir personal competente en cada área operativa afectada.

Subcontratación. El proyecto podría incluir la subcontratación de algunas actividades que la empresa no esté especializada para hacerlas, como pueden ser la implementación de TICs, obras de construcción específicas, capacitación, etc.

Mediciones y control. Cada actividad del proyecto debiera tener definido el tiempo que se tardará en ser realizada y su costo, mediciones que serán útiles para el control durante la implementación del proyecto.

Riesgos. El desarrollo del proyecto podrá enfrentar riesgos internos y externos, que será necesario advertir.

Cancelación de un proyecto. Es posible que por razones imprevistas, en algún momento del desarrollo del proyecto se identifiquen problemas que puedan poner en peligro la empresa, en cuyo caso podría convenir la cancelación del proyecto.

Recursos requeridos

Los elementos para describir cómo se desarrollará el proyecto y la identificación de los principales riesgos operativos se encontrarán en la contestación de las demás preguntas de aplicación propuestas en el libro, una vez que haya convicción en las respuestas, en una etapa avanzada de la evaluación.

Aplicación

Conforme se avance en la evaluación del proyecto, el evaluador irá identificando las tareas que deben realizarse para su implementación, así como las características que deban tener las tareas a realizar. En etapas tempranas de la evaluación, el **diagrama PERT** para la implementación del proyecto podrá hacerse a lápiz, en una hoja de cálculo electrónica o mediante software especializado disponible en internet, si bien en el caso de proyectos sencillos el diagrama puede ser elaborado mediante una hoja de cálculo. Luego, conforme se adquiera más información habrá que integrarla al diagrama y, en la etapa final de evaluación, incorporar los valores de referencia que servirán para el control de implementación del proyecto.

Una descripción de cómo se desarrollaría el proyecto podría ser redactada en forma comprensible en dos páginas, pero dependiendo de la complejidad del proyecto puede ser necesario un número mayor de páginas.

Es fundamental que exista congruencia inequívoca de cada una de las tareas y acciones del programa con la descripción del proyecto (sub-capítulo 3.4) y, particularmente, con los conceptos de gasto de capital inicial (sub-capítulo 5.1), con la etapa pre-operativa (sub-capítulo 7.2) y con el flujo de efectivo (sub-capítulo 7.5).

Respuesta a las preguntas de aplicación

Un párrafo puede ser suficiente para contestar ambas preguntas, pero generalmente será necesario ampliar la explicación hasta que sea suficientemente clara y contenga las actividades y riesgos relevantes. Una tabla que contenga fechas, actividades y valor de indicadores puede ser indispensable.

Anexo al reporte de evaluación

Considerando que el **plan de ejecución de un proyecto** es un documento crítico para el éxito de un proyecto, conviene incluir un anexo con un detalle suficiente, para complementar las respuestas a las preguntas de aplicación.

Experiencias de aprendizaje

Tareas individuales

[**5.2.11**]   Describir mediante procesador de palabras u hoja de cálculo electrónica, el proceso mediante el cual se desarrollará el proyecto, en caso de ser autorizado; incluir las actividades y gastos en forma calendarizada, así como los riesgos relevantes que se deban tomar en cuenta. Opcionalmente elaborar un diagrama PERT, mediante un programa de cómputo adecuado.

[**5.2.12**]   Describir en un párrafo el proceso de desarrollo del proyecto y los principales riesgos; de ser necesario agregar una tabla o gráfica PERT con elementos relevantes que faciliten su interpretación.

Actividades en equipo

[**5.2.21**]   Revisar las tareas individuales 5.2.11 y 5.2.12.

Casos virtuales

[**5.2.31**]   Describir en un párrafo el proceso de desarrollo del proyecto y los principales riesgos; de ser necesario agregar una tabla o gráfica PERT con elementos relevantes que faciliten su interpretación.

Fuentes de consulta complementaria

www.sinnaps.com

Dinsmore, P.C. & Jeannette Cabanis-Brewin, J. (2011). *The AMA Handbook of Project Management*, 3rd Ed. New York: American Management Association.

Bibliografía

Lewis, J.P. (2007). *Fundamentals of Project Management. New York*: American Management Association, www.questia.com

5.3 Instalaciones

Importancia

Los proyectos de inversión de capital generalmente implican al menos la necesidad de revisar si el logro de los objetivos que requiere la adaptación, ampliación o rediseño de las instalaciones y aún revisar si la localización actual de la empresa es apropiada para los fines de largo plazo de la empresa. En la mayoría de dichos proyectos será necesario un estudio cuidadoso de localización de las instalaciones, particularmente cuando el objetivo incluya la apertura de sucursales, la creación de un negocio nuevo, la ampliación de las instalaciones o cuando el proyecto en sí consiste en buscar una mejor localización de las instalaciones; asimismo un proyecto de inversión puede contemplar la reducción de instalaciones para disminuir costos.

La revisión, búsqueda y la elección de una localización conveniente puede ser una tarea crítica muy importante para éxito y supervivencia de la empresa, pero habrá que evitar alternativas de localización que representen riesgos relevantes, incluyendo que el costo pueda exceder el presupuesto, al grado de causar problemas de liquidez.

Preguntas de aplicación

| [3.3.45] | ¿Cuál es su propuesta de localización de la empresa y cómo se justifica? |
| [3.3.46] | ¿Qué cambios se proponen en las instalaciones respecto a la infraestructura, distribución y adaptaciones? |

Premisas teóricas y prácticas

Una vez que la empresa haya logrado superar la etapa inicial de su **ciclo de vida** del negocio, es muy probable que en las etapas siguientes de crecimiento y expansión se vea en la necesidad de revisar el estado y limitaciones de sus instalaciones y/o buscar un lugar nuevo para ampliar su mercado o mejorar los resultados de operación.

Adaptar, ampliar o rediseñar instalaciones. Un proyecto de inversión puede tener como objeto principal la ampliación, mejora, rediseño o modernización de la planta. Sin embargo, los proyectos con objetivos tales como la introducción de nuevos productos, el reemplazo de maquinaria o equipo que incorporen innovaciones tecnológicas, o la atracción de un segmento nuevo de clientes, pueden requerir cambios en las instalaciones.

Cambio de ubicación, nueva sucursal o instalaciones adicionales en otra localidad. El cambio de ubicación puede ser costoso y ser necesario estudiar con cuidado las circunstancias de la nueva localización, tales como el tamaño del mercado, el tránsito de vehículos o peatones, la capacidad de atraer nuevos clientes, el acceso a proveedores, la facilidad para implementar acciones de logística, la disponibilidad de personal y su costo.

Adicionalmente será necesario detectar la localización de las empresas competidoras, los reglamentos de zonificación en vigor, así como evaluar entre alternativas, como la renta de un inmueble, construir uno adecuado a sus necesidades, comprar un inmueble o rentar espacio temporal.

En el caso de una empresa manufacturera, la distribución de la planta y la localización de maquinaria y equipos debe favorecer el flujo eficiente de los productos en proceso, evitar cuellos de botella, minimizar la posibilidad de accidentes e impulsar la calidad; los espacios deben ser suficientes para empaque y almacenamiento, y contemplar las necesidades de expansión futura, entre otros atributos; además, una planta de manufactura bien diseñada influirá en la creación de un ambiente que mejore la disposición de los trabajadores. Por su parte en los comercios de menudeo conviene asegurar que el acomodo de mostradores, exhibidores y estanterías facilite a los clientes encontrar lo que buscan; asimismo, los pasillos deben posibilitar la comodidad de los clientes, con espejos, sillones de descanso y baños adecuados a las políticas de ventas y servicio.

Recursos requeridos

En el curso de la entrevista inicial de trabajo con el administrador de la empresa, será posible conocer si ésta ya tiene detectados problemas relacionados con la localización y con las instalaciones. En reuniones posteriores con el administrador o con personal de la empresa será posible conocer más detalles sobre los cambios que se consideren necesarios.

En el caso de apertura de sucursales o de cambio de ubicación, el evaluador tendría que desplazarse a lugares tentativos, lo cual implicará gastos de transporte y de viaje.

Aplicación

La necesidad de cambios en las instalaciones o de relocalizar la empresa podrá ser detectada en el proceso de evaluación del proyecto durante la elaboración del FODA (sub-capítulo 3.3); una descripción con mayores detalles podrá ser elaborada gradualmente, conforme se estudian otros temas de la evaluación, principalmente de producción, TICs y ventas (sub-capítulos 5.4, 5.11 y 5.6 respectivamente).

La elaboración de una propuesta de localización y/o cambios en las instalaciones podrá llevarse a cabo mediante cuatro actividades: averiguar las necesidades detectadas previamente por la empresa, identificar los factores a tomar en cuenta, la búsqueda de alternativas y la comparación entre alternativas.

Conocer necesidades detectadas por la empresa. En la primera entrevista de trabajo con el administrador de la empresa será posible averiguar el avance que ha logrado la empresa en ideas o propuestas sobre la apertura de sucursales o relocalización de la planta; o sobre problemas que hayan detectado en las instalaciones actuales, tales como el área aprovechada, la cercanía con los clientes, la existencia de servicios públicos necesarios, la localización de proveedores, entre otras necesidades.

Lista de factores de consideración. Al inicio de la evaluación conviene elaborar una lista preliminar de los factores que deben ser tomados en cuenta en el caso de cambios en instalaciones, como puede ser las áreas requeridas de producción, almacenamiento, ventas, etc., la localización de clientes y competidores, entre otros factores. Conforme el evaluador realiza otros temas de la evaluación será posible precisar la descripción de los factores o identificar otros requerimientos a tomar en cuenta.

Los factores a tomar en cuenta serían aquellos que se consideren críticos para la empresa, conforme con su actividad, de tal forma que para una empresa manufacturera sería importante la proximidad de materia prima y la disponibilidad y costo de transporte, mientras que para una empresa proveedora de servicios, el lugar deberá estar al alcance de sus clientes, además de que la localización de sus competidores podrá afectar sus ventas.

La búsqueda de lugares para la localización o relocalización de las instalaciones puede partir de recomendaciones del administrador, pero en ocasiones será posible consultar a empresas inmobiliarias especializadas.

Los planos de distribución de áreas y los requerimientos de infraestructura deberían ser elaborados por profesionales calificados, pero la empresa o el equipo evaluador pueden elaborar bosquejos que sirvan de apoyo a los profesionistas que se contraten. En el caso de áreas de producción, habrá que considerar los requerimientos del responsable de cada área. En el caso de áreas de ventas y servicio, la opinión de los responsables de dichas áreas será fundamental, así como de especialistas en comercialización.

Elegir entre alternativas. Es deseable que el evaluador del proyecto desarrolle más de una propuesta de localización, que pueden detallarse en una tabla que muestre la valoración de factores que caractericen cada propuesta, de tal forma que la elección de la mejor de ellas pueda tener bases objetivas.

Las propuestas que el evaluador estudie y compare generalmente serán provisionales, toda vez que los detalles específicos se establecerían una vez que el proyecto haya sido aprobado. Sin embargo, en el caso de que el evaluador disponga de detalles específicos y costos confiables la propuesta que se elija podría llevarse a cabo como tal.

Antes que la empresa inicie la operación con una nueva distribución de la planta, conviene que disponga de un diagnóstico del nivel de satisfacción que alcanza la distribución actual, respecto a los requerimientos que se consideren satisfactorios. De esta manera, cuando se implementen los cambios que contemple el proyecto, podrá elaborarse una nueva medición, para determinar si los cambios lograron el propósito deseado.

Respuesta a la pregunta de aplicación

La contestación a las dos preguntas podría requerir uno o dos párrafos, a menos que el objeto principal de la inversión tenga que ver principalmente con las instalaciones, en cuyo caso podría ser necesario una descripción detallada.

Experiencias de aprendizaje

Tareas individuales

[**5.3.11**]　　Descripción de propuesta de localización y/o cambios de instalaciones.

Tareas en equipo

[**5.3.21**]　　Revisión de la tarea 5.3.11

Casos virtuales

[**5.3.31**]　　Descripción de propuesta de localización y/o cambios de instalaciones.

Bibliografía

Galbraith, C. S., Rodriguez, C. L., & DeNoble, A. F. (2008). SME competitive strategy and location behavior: An exploratory study of high-technology manufacturing. *Journal of Small Business Management*, 46(2), 183-202.

Pe'er, A. & Vertinsky, I. (2007). Firm exits as a determinant of new entry: Is there evidence of local creative destruction?. *Journal of Business Venturing*, 23 280-306.

Vlad, D. G. (2011). Economic and behavioral influences on small businesses bankruptcy. *Journal of Management Policy and Practice*, 12(6), 46-53.

5.4 Producción

Importancia

En el ámbito empresarial el concepto **producción** usualmente se relaciona con la actividad de manufactura, porque en ella se identifica claramente el proceso de convertir insumos en productos para venta. Sin embargo, en la evaluación de un proyecto de inversión es razonable utilizar el significado económico de producción, que aplica también a empresas que utilizan trabajo, capital y bienes en la producción de servicios.

La evaluación de un proyecto de inversión hace necesario comprender a profundidad el proceso de producción que utiliza la empresa, así como las innovaciones implementadas por la industria en tal proceso. El diagnóstico del proceso de producción actual puede ser la base para justificar la necesidad de modificarlo, conforme se requiera para alcanzar los objetivos del proyecto.

Cuando la estrategia y el proceso de producción de una empresa tienen características que resultan en menor competitividad respecto a sus competidores, la probabilidad de éxito será menor y como consecuencia podrá afectar el logro de los objetivos de proyecto.

Preguntas de aplicación

[**3.4.47**]	¿Cuál es una descripción clara y resumida de los procesos de producción?
[**3.4.48**]	¿Cuáles ventajas o desventajas se observan en los procesos de producción, y cuales cambios se proponen con el desarrollo del proyecto?

Premisas teóricas y prácticas

La estrategia y el proceso de producción están relacionados con otros temas en la evaluación de un proyecto, tales como: Instalaciones, Tecnología, Costos y Abastecimiento, y en el caso del estudio de la producción tomar en cuenta la interacción entre dichos temas. El estudio de la función de producción puede estar basado en conceptos o enfoques que en la práctica han sido útiles para que la empresa alcance el nivel de competitividad deseada:

Proceso de producción. El proceso se puede describir como una secuencia de actividades en las que se utilizan insumos tangibles (energía, materias primas, productos intermedios, etc.) e intangibles (conocimientos, habilidades, programas de cómputo, etc.) que resultan en productos o servicios para venta. La configuración del proceso de producción es producto de la estrategia de la empresa, a través de la planeación.

Tipos de producción. El proceso de producción variará según los métodos que adopte la empresa, desde la elaboración individual de cada producto –un mueble, un vestido, el platillo en un restaurante; la producción por lotes –sillas, piezas de cerámica de un diseño especial, siembra de melón, etc.; o un tipo de línea continua de producción, que es común en fábricas que producen un solo artículo.

Diagrama de flujo de actividades de producción. Es importante que la empresa cuente con diagramas de flujo con el detalle de proceso de producción que permita identificar cualidades o características del proceso o del producto que deben estar sujetas a control por el responsable de la producción. Cuando un proceso tiene un nivel de complejidad nuevo, cuyo desarrollo haya implicado un conocimiento o una creatividad valiosa, podría convenir registrar la patente, para evitar que otra empresa pueda replicarlo sin autorización. El diagrama debe estar elaborado con símbolos de uso generalizado, para facilitar su interpretación y comparabilidad con flujos de otras empresas.

Capacidad instalada. La empresa debe contar con los espacios, maquinaria, herramientas, instalaciones y trabajadores capacitados, en cantidad y calidad, que permitan cumplir con los programas de trabajo y volúmenes de producción que hayan sido planeados. Considerando que los pronósticos con frecuencia no se cumplen, las necesidades de capacidad deben contemplar opciones que permitan enfrentar demandas en exceso o situaciones inesperadas. Es importante recordar que el exceso o insuficiencia de capacidad instalada, o mantener desocupados equipos costosos puede incrementar significativamente los costos.

Cadena de suministros. El análisis del proceso de producción de una empresa puede ser elaborado como parte de un proceso conocido en idioma inglés como **supply chain**, que incluye desde el abastecimiento de insumos hasta la entrega del producto o servicio final al cliente. Dicho proceso, que recibe la mayor atención en las empresas grandes, tiende a involucrar a sus proveedores en alguna parte de la cadena de suministros. Por ejemplo, la producción de un componente puede ser elaborado por una empresa proveedora, en la que ésta es considerada como si formara parte de la empresa.

Mejora continua (Kaizen). En el diagnóstico de los procesos de producción habrá que evaluar si en la empresa se aplica un programa de mejora continua y, en su caso, si los cambios que apliquen para efectos de la implementación del proyecto de inversión requieren algún cambio en la aplicación del Kaizen.

Lean y Six Sigma. Los enfoques de administración conocidos en inglés como **Lean** y **Six Sigma**, utilizan técnicas que pueden considerarse compatibles, en los que el primero se caracteriza principalmente por reducir los desperdicios y con ello disminuir costos, mientras que el segundo busca reducir tiempos y costos de producción a lo largo de la **cadena de suministro.** Uno y otro enfoque pueden permitir a la empresa mejorar su competitividad.

Estadística de producción. El control de los procesos de producción requiere que la empresa disponga de bases de datos de indicadores producción, que le permitan detectar tendencias o cambios que adviertan sobre posibles oportunidades de mejora o de problemas que deban ser atendidos.

Recursos requeridos

Es necesario que el evaluador tenga acceso a las áreas de producción, así como autorización del administrador y la colaboración del personal de producción para alcanzar un conocimiento directo de las actividades del proceso: cómo se desarrollan dichas actividades, las competencias requeridas, etc.; es deseable que disponga también de un diagrama de los procesos utilizados, ya que en caso negativo habrá de elaborarlo mismo. En caso de que el proyecto de inversión implique un cambio en los procesos, o la ampliación del área de producción, convendrá contar con opiniones de personas que podrían estar a cargo de aplicar dichos cambios.

Aplicación

El primer paso para el estudio de la producción puede ser la búsqueda de información sobre procesos de producción utilizados en la industria, que permita al evaluador elaborar una agenda de entrevista con el jefe de departamento de producción. Dicha agenda incluiría preguntas específicas sobre los procedimientos y suministros utilizados, así como sobre la existencia de manuales y diagramas, que permitan al evaluador elaborar un diagnóstico preliminar de los procesos de producción. Dicho diagnóstico podrá ser descrito en una o dos cuartillas, debería estar acompañado de un diagrama actualizado del flujo actividades de producción, e indicar los tiempos requeridos en cada actividad.

Conviene que el evaluador presente el diagnóstico al responsable de producción y al administrador de la empresa, para revisar si el diagnóstico presenta una visión coherente, si el diagrama de flujo muestra las actividades relevantes, y si los tiempos y otras mediciones están sustentados objetivamente.

Una vez que se ha valorado el diagrama de flujo de actividades actual, sus valores y observaciones sobre el nivel de cumplimiento a los requerimientos actuales, el evaluador examinará con personal de producción de la empresa, las afectaciones posibles que tendría el proyecto en caso de ser implementado.

El diagnóstico que se elabore y la propuesta de cambios en la estrategia y en el proceso de producción podrán ser descritas en una o dos cuartillas y, en el caso de que los cambios sean relevantes, adjuntarlas como anexo en el reporte de evaluación.

Respuesta a la pregunta de aplicación

Se sugiere utilizar al menos un párrafo, pero según la importancia del tema podrá extenderse hasta una cuartilla, e incluir una tabla que facilite su comprensión.

Experiencias de aprendizaje

Tareas individuales

[5.4.11]   Elaborar agenda de entrevista al administrador sobre la estrategia y los procesos de producción de la empresa.

[5.4.12]   Elaborar diagnóstico de la estrategia y procesos actuales de producción de la empresa.

[5.4.13]   Elaborar propuesta de estrategia y procesos de producción de la empresa acordes a los requerimientos del proyecto.

Actividades en equipo

[5.4.21] Revisar la tarea individual 5.4.11.

[5.4.22] Revisar la tarea individual 5.4.12.

[5.4.23] Revisar la tarea individual 5.4.13.

Casos virtuales

[5.4.31] Elaborar diagnóstico y propuesta de estrategia y procesos de producción de la empresa acordes a los requerimientos del proyecto.

Bibliografía

Acur, N., Gertsen, F., Sun, H., & Frick, J. (2003). The formalisation of manufacturing strategy and its influence on the relationship between competitive objectives, improvement goals, and action plans. *International Journal of Operations & Production Management*, 23(10), 1114-1141

Browning, T. R., & Heath, R. D. (2009). Reconceptualizing the effects of lean on production costs with evidence from the F-22 program. *Journal of Operations Management*, 27(1), 23-44.

Demeter, K. (2003). Manufacturing strategy and competitiveness. *International Journal of Production Economics*, 81, 205-213.

Ray, G., Barney, J. B., & Muhanna, W. A. (2004). Capabilities, business processes, and competitive advantage: choosing the dependent variable in empirical tests of the resource-based view. *Strategic management journal*, 25(1), 23-37.

Schoenherr, T., & Narasimhan, R. (2012). The fit between capabilities and priorities and its impact on performance improvement: revisiting and extending the theory of production competence. *International Journal of Production Research*, 50(14), 3755-3775.

Thun, J. H. (2008). Empirical analysis of manufacturing strategy implementation. *International Journal of Production Economics*, 113(1), 370-382.

Womer, N. K. (1979). Learning curves, production rate, and program costs. *Management Science*, 25(4), 312-319.

Yang, M. G. M., Hong, P., & Modi, S. B. (2011). Impact of lean manufacturing and environmental management on business performance: An empirical study of manufacturing firms. *International Journal of Production Economics*, 129(2), 251-261.

5.5 Tecnología

Importancia

La tecnología se refiere principalmente a la aplicación derivada de la ciencia en la operación de la empresa, aplicación que incluye contar con personal mejor capacitado para utilizar procesos de operación más eficientes, que dispone de métodos, equipos e información con un nivel tecnológico superior a sus competidores, la cual brindará mayores posibilidades de un mejor desempeño de la empresa.

En las últimas décadas el **ciclo de vida de los productos**, esto es, su tránsito introducción-madurez-declive ha venido acortándose, por la creciente intensidad de creación nuevos productos sustitutos, con mejores características o menor precio, como sucede en el caso de los teléfonos celulares, en los medios de transporte, etc. Además, con mayor frecuencia los **cambios tecnológicos** incluyen el descubrimiento de materiales nuevos, el desarrollo de equipos de producción más eficientes, la creación de servicios y productos nuevos, o mejores formas de realizar procesos y desarrollo organizacional, que generan presiones competitivas u oportunidades de negocios, y que las empresas deben considerar en sus planes de desarrollo.

Problema que resuelve

Cuando una empresa lleva a cabo una inversión de capital importante y falla en mantener o mejorar el nivel de aprovechamiento de la tecnología, pondrá en riesgo no solo el gasto nuevo de inversión, sino el futuro de la empresa.

Preguntas de aplicación

[3.5.49]	¿Cómo se compara el uso de recursos tecnológicos por la empresa en apoyo de su operación, respecto a sus competidores?
[3.5.50]	¿Cuáles cambios se recomiendan en la utilización de recursos tecnológicos por la empresa para el éxito del proyecto?

Premisas teóricas y prácticas

La tecnología es considerada como uno de los recursos que apoyan la competitividad, en la medida en que la empresa supera a sus competidores en cuanto a: (1) maquinaria y equipos de producción, (2) equipos de cómputo y de comunicación, (3) procesos de producción y bases de datos, (4) patentes, (5) alianzas tecnológicas, (6) conocimiento y experiencia de su personal y (7) modelo de organización capaz de responder efectivamente al entorno cambiante y competitivo de la actualidad. Conforme con la clasificación anterior, los **recursos tangibles** como la maquinaria y el equipo, su valor contable y nivel tecnológico son usualmente conocidos en la empresa. En cambio, los **recursos intangibles** pueden no ser reconocidos adecuadamente en las empresas pequeñas, no obstante su creciente importancia en las últimas tres décadas para determinar el valor del negocio. La importancia de cada tipo de recursos variará sensiblemente entre una empresa y otra, aún en empresas de una misma rama de actividad. Sin embargo, aun cuando la empresa posea maquinaria y equipos de la tecnología más avanzada, el aprovechamiento de estos dependerá de la capacidad de los recursos humanos de la empresa para aprovecharlos en forma eficiente.

Recursos tecnológicos tangibles. Esta categoría comprende la maquinaria y equipos de diferentes tipos, así como planos, modelos, manuales de operación y prototipos. La maquinaria y equipos de producción pueden ser de tipo automático e inteligentes, semiautomáticos, o los apropiados para la producción con mano de obra intensiva.

Recursos tecnológicos intangibles. Se refieren a las capacidades que despliega el personal de la empresa, que incluyen el **conocimiento** derivado de su entrenamiento, experiencia, y las relaciones personales dentro y fuera de la organización; la influencia de dichos recursos se aprecia en el desempeño de la empresa a lo largo de la **cadena de suministro**, esto es, desde el proceso de abastecimiento hasta el servicio posventa. Dicho conocimiento es considerado como un recurso, y como la principal fuente para creación de valor, conocimiento que se clasifica como tácito o explícito. El **conocimiento tácito** es aquel que poseen los individuos en lo personal o bien a nivel grupo de trabajo, de cómo desarrollar su trabajo –sus experiencias y habilidades, así como sus relaciones personales internas y externas, conocimiento que no está documentado pero que es crucial para el desarrollo apropiado en la creación de valor en cada proceso. Se dice que el conocimiento tácito que poseen los individuos es mayor que el que pueden ellos mismos explicar o describir. El **conocimiento explícito** a su vez es aquel que está descrito en los manuales de operación o de procesos administrativos, en las bases de datos de operación, de clientes y de competidores, así como también en propuestas, planes de trabajo, reportes, y archivos organizados, entre otros.

Administración del conocimiento. El conocimiento que puede acumular una empresa puede llegar a ser la fuente de **ventaja competitiva** sustentable, por lo cual es necesario que la empresa administre particularmente tal recurso. Para tal efecto deberá identificar las mejores prácticas internas, acrecentar y mantener las habilidades de los empleados, así como retener al personal clave mediante recompensas, que los estimulen para contribuir y compartir dicho conocimiento.

Administración de la tecnología. El nivel tecnológico puede ser crucial para la supervivencia de las empresas, por lo cual será beneficioso determinar cuáles recursos tecnológicos tangibles, tácitos y explícitos le permitirían alcanzar una posición ventajosa respecto a sus competidores, y cuáles son los recursos de que dispone actualmente. Simultáneamente podrá determinar cómo podría **optimizar los procesos internos** en forma efectiva, para alcanzar las ventajas competitivas deseadas mediante dicha tecnología.

Una vez que la empresa haya determinado los recursos que requiere y aquellos con los que cuenta, convendrá que los ordene en orden de importancia. Será también importante revisar cuál ha sido la estrategia de la empresa: si se ha concentrado en utilizar la misma tecnología o si ha optado por **explorar nuevas tecnologías**, porque podría ser peligroso concentrarse solo en las primeras o en las segundas. Durante dicho análisis se podrá observar si la **falta de recursos tecnológicos** puede atribuirse a restricciones financieras, o por falta de capacidad de innovación de la empresa. Puede decirse que el proceso de evaluación tecnológica equivale a elaborar un **benchmarking** con respecto a su competidor más importante, lo cual permitirá elaborar una estrategia tecnológica mejor sustentada.

El diagnóstico de la capacidad tecnológica de la empresa permitirá a la empresa determinar si algún conocimiento tácito conviene hacerlo explícito. Por ejemplo, en el caso de una empresa de fabricación de artículos de alfarería, podría ser útil elaborar un instructivo del proceso de manipulación de piezas, cuando el proceso incida en la calidad del producto. Asimismo, la empresa podrá elegir entre adquirir o desarrollar tecnología, esto último cuando la empresa cuente con la capacidad para hacerlo, y a la vez sea beneficioso desde el punto de vista costo-beneficio. En el caso de una empresa antes referida, el desarrollo de técnicas novedosas para la fabricación productos nuevos podría ser un factor de éxito en el largo plazo. Por otra parte, el evaluador deberá indagar si la empresa ha incluido la **planeación tecnológica** como un elemento de la planeación estratégica, particularmente cuando el rol de la tecnología sea prioritario en el éxito de la empresa. Finalmente, será importante examinar si la gerencia ha estado impulsando el desarrollo del conocimiento en el personal, mediante la capacitación u otros medios de aprendizaje.

Recursos requeridos

Es de esperar que la empresa cuente con información esencial para determinar las fuerzas y debilidades que tenga en materia de tecnología, pero siempre será necesaria una revisión más amplia, porque la influencia de tecnología seguirá siendo creciente en el futuro.

Aplicación

El estudio del tema Tecnología para efectos de la evaluación de un proyecto de expansión puede tener una relación directa con otros temas de la evaluación, principalmente en los sub-capítulos siguientes: 4.1 Análisis de la industria, 5.2 Instalaciones, 5.4 Producción, 5.11 TICs y 6.3 Recursos humanos.

La entrevista inicial con el propietario y/o administrador de la empresa puede ser el punto de partida para que el evaluador tenga una idea sobre la importancia que puede tener la tecnología para el proyecto de inversión.

Posteriormente cuando el evaluador disponga de información preliminar sobre las preguntas de aplicación relacionados, estará en posibilidad de elaborar un cuestionario que le permita conocer la opinión de la empresa sobre el nivel tecnológico que utiliza la empresa en comparación con el competidor o competidores más importantes. Las preguntas que incluya dicho cuestionario deberán tener relevancia para la empresa y el proyecto, con el fin de evitar cuestiones innecesarias que distraigan la atención de otros asuntos importantes. En algunas preguntas se busca conocer la posición que tiene la empresa respecto a los competidores más importantes.

El administrador podrá contestar las preguntas, o designar a la persona que pueda hacerlo, y en la ocasión podrá surgir algún tema relevante para agregar al estudio.

La información que se obtenga mediante el cuestionario deberá ser comparada con la información que obtenga el evaluador durante el estudio de los temas relacionados antes referidos. Es posible que surjan dudas que requieran ser aclaradas con el personal de la empresa, o con personas externas que tengan información confiable.

Respuesta a la pregunta de aplicación

Se sugiere utilizar al menos un párrafo, pero según la importancia del tema podrá extenderse hasta una cuartilla, e incluir una tabla que facilite su comprensión.

Anexo al reporte de evaluación

En el caso de que el nivel tecnológico se considere crítico para el desarrollo del proyecto, el análisis del tema podrá desarrollarse en una o dos cuartillas, que servirán de base para contestar las preguntas de aplicación. Dicho análisis mostrará la importancia y el nivel de utilización de los recursos tecnológicos aplicables, y cómo se comparan con los niveles requeridos para el proyecto y con los que alcanzan los competidores, con el fin de fundamentar las acciones o el gasto de inversión que pueda requerirse. Convendrá especificar las acciones a tomar según su importancia, el orden en que deberán de ejecutarse, los costos, políticas y otras recomendaciones

Experiencias de aprendizaje

Tareas individuales

[**5.5.11**]   Elaborar cuestionario para conocer el nivel de tecnología que utiliza la empresa.

[**5.5.12**]   Elaborar un diagnóstico del nivel tecnológico y una propuesta de acciones que requiera el proyecto.

Actividades en equipo

[**5.5.21**]   Revisar la tarea individual 5.5.11.

[**5.5.22**]   Revisar la tarea individual 5.5.12.

Casos virtuales

[**5.5.31**]   Elaborar la respuesta a las preguntas de aplicación del subcapítulo y describir la información y/fuentes que sustenten la respuesta.

Bibliografía

Alavi, M., & Leidner, D. E. (2001). Knowledge management and knowledge management systems: Conceptual foundations and research issues. *MIS quarterly*, 107-136.

Brem, A., Gerhard, D. A., & Voigt, K. I. (2014). Strategic technological sourcing decisions in the context of timing and market strategies: An empirical analysis. *International Journal of Innovation and Technology Management*, 11(03), 1450016.

Dilek, C., Phaal, R. & Probert, D. (2009). Understanding technology management as a dynamic capability: A framework for technology management activities. *Technovation* 4.29, 37-246.

Greene, F. J., & Hopp, C. (2017). Are formal planners more likely to achieve new venture viability? A counterfactual model and analysis. *Strategic Entrepreneurship Journal*, 11(1), 36-60.

Kelley, D. J., & Nakosteen, R. A. (2005). Technology resources, alliances, and sustained growth in new, technology-based firms. *IEEE Transactions on Engineering Management*, 52(3), 292-300.

Lee, S., Yoon, B., Lee, C., & Park, J. (2009). Business planning based on technological capabilities: Patent analysis for technology-driven roadmapping. *Technological Forecasting and Social Change*, 76(6), 769-786.

Leonidou, L. C., Leonidou, C. N., Fotiadis, T. A., & Zeriti, A. (2013). Resources and capabilities as drivers of hotel environmental marketing strategy: Implications for competitive advantage and performance. *Tourism Management*, 35, 94-110.

Smith, E. A. (2001). The role of tacit and explicit knowledge in the workplace. *Journal of knowledge Management*, 5(4), 311-321.

Teece, D. J. (1998). Capturing value from knowledge assets: The new economy, markets for know-how, and intangible assets, *California management review*, 40.3, 55-79.

Yew Wong, K., & Aspinwall, E. (2005). An empirical study of the important factors for knowledge-management adoption in the SME sector. *Journal of knowledge management*, 9(3), 64-82.

5.6 Ventas

Importancia

Los resultados de la **función de ventas** revelan si la empresa va en el rumbo deseado y, cuando se lleva a cabo un proyecto de inversión, si las perspectivas de la evaluación fueron acertadas. La función de ventas constituye una etapa intermedia de la **cadena de suministro** que inicia con el **abastecimiento** de los proveedores, al cual sigue la fase de **producción** y la función de ventas a través de los **canales de distribución** en los que se inserta el servicio pos-venta.

El éxito de la función de ventas puede depender de que la empresa adopte una estrategia de ventas adecuada, estrategia que debe ser aplicada mediante una administración de ventas, la cual debe incluir la elaboración de un plan de ventas en el que haya participado el responsable de la **función de marketing**.

Cuando la función de ventas de desarrolla sin los recursos, la experiencia, el conocimiento y técnicas adecuadas, las ventas pueden ser inferiores a lo esperado y afectar los resultados del proyecto. En la medida en que la estrategia y el plan de ventas se hayan diseñado con tales elementos, habrá mejores perspectivas de alcanzar los objetivos del proyecto.

Preguntas de aplicación

[3.6.51]	¿Cuál es una descripción resumida del volumen de ventas mensual de la empresa, cómo se espera que evolucione y qué estacionalidad se prevé?
[3.6.52]	¿Cómo se ha desarrollado la gestión de ventas y cuales cambios se proponen para el desarrollo deseado del proyecto?

Premisas teóricas y prácticas

La **función de ventas** (y marketing) se desarrolla en las empresas en forma diferente en una constructora de vivienda, que en una que fabrica productos de alfarería, o que en otra que organiza excursiones y paquetes turísticos. En las empresas pequeñas el responsable de las ventas puede ser el propio administrador, pero en algunos casos tendrán un jefe o gerente especializado. Por ejemplo, una empresa dedicada a la elaboración de botanas con ventas en una región podrá tener dos o más responsables de ventas de áreas determinadas, mientras que una empresa fabricante de muebles puede tener un vendedor dedicado a las ventas a tiendas departamentales y otro a las ventas por internet, etc.

Cuando se evalúa un proyecto de inversión es necesario partir de un diagnóstico de cómo está organizado el esfuerzo de ventas, de las capacidades y de la cultura de la empresa, en la medida en que tales aspectos influyen en el desempeño de las ventas. Conviene que durante el proceso de diagnóstico el evaluador reflexione sobre las implicaciones que el proyecto tendrá en la gestión de ventas de la empresa. Dicho diagnóstico revelará la existencia de aspectos en los que la empresa es fuerte y que puede beneficiar el desarrollo del proyecto, así como otros que representan una debilidad que conviene atender.

En tal sentido, y considerando que las empresas se caracterizan por enfrentar limitaciones de recursos, el evaluador deberá identificar y evaluar las prácticas de ventas que sean importantes para el éxito del proyecto. Tanto la experiencia de negocios como la investigación han identificado un número de prácticas que han probado incidir en el éxito de la función de ventas, que se presentan enseguida:

Plan de ventas. Conviene que exista un plan escrito en el que se incluyan políticas, acciones y objetivos apropiados, que tomen en consideración las acciones o factores que se describen en ésta sección, en la medida en que apliquen a la empresa en estudio. El plan debe establecer la prioridad de las actividades de ventas, así como el periodo de tiempo en que deben realizarse.

Precios y crédito. Es importante evaluar la estrategia actual de precios de la empresa, para analizar la necesidad de cambios que respondan al objetivo del proyecto de inversión. La estrategia de precios puede consistir en vender a un precio menor, estrategia que exige recortar gastos de venta al mínimo; es frecuente establecer un precio que responda a las preferencias del cliente, según las características del producto y los precios de los competidores; pueden vender de contado u otorgar crédito, ofrecer descuentos por pronto pago o aceptar pagos con tarjetas de crédito que incluya la opción de pago en mensualidades sin intereses. La empresa podrá utilizar una o varias alternativas simultáneamente, previa estimación del margen de utilidad que cada alternativa ofrece, aunque en ocasiones le convendrá cambiar temporalmente de estrategia. Una actividad importante en este rubro sería la cobranza de las ventas de crédito, cuya eficiencia influye en el desempeño financiero de la empresa.

Segmentación de mercado. La clasificación de clientes por segmentos, que consideren las características económicas, familiares, educación y rasgos de personalidad, permitirán diseñar estrategias superiores de ventas, al ofrecer a cada segmento de clientes una combinación de valor superior que los competidores. La segmentación permitirá elegir el segmento o segmentos a los que se dará prioridad, así como aplicar un modelo de ventas apropiado, como por ejemplo, si las ventas son de tipo **transacción** o si cultivan una relación de largo plazo con los clientes.

Canales de distribución. En algunos casos las empresas venden sus productos directamente al consumidor final y, dependiendo del tipo de producto, la venta puede hacerse en el punto de venta o, cuando se trata de materia prima o de partes para ensamble, puede entregarse a la empresa compradora.

En la mayoría de los casos, sin embargo, los productos deben pasar a lo largo de una cadena de intermediarios, como pueden ser los mayoristas, distribuidores, agentes o minoristas. En tal circunstancia, conviene que la empresa sea muy cuidadosa en la administración de los canales de distribución, la cual inicia con la selección de intermediarios, y en cuidar que cada uno apoye el esfuerzo de la empresa de incrementar la satisfacción de los clientes.

En casos especiales puede ser ventajosa la combinación de canales de distribución, que permitan reforzar las experiencias del cliente: teléfono, e-servicios, mercadeo directo. Para ello es importante que el diseño e implementación sea cuidadosos, y que periódicamente se evalúe su desempeño. En general el uso de multicanales debería permitir a la empresa mejorar su capacidad de adquisición, retención y desarrollo de clientes. Asimismo, podrá ser conveniente buscar nuevos canales de distribución.

Es importante reconocer que la suerte de una empresa depende del adecuado funcionamiento de los canales de distribución, ya que una administración adecuada de dichos canales le permitirá crear una ventaja estratégica. Dicha administración comprende la selección de los intermediarios y mantener una relación favorable con ellos, así como ofrecerles precios y condiciones atractivas.

Disponibilidad de recursos materiales y financieros. La aplicación del plan de ventas estará sujeta a la disponibilidad de recursos tecnológicos, asesoría externa, etc.

Tamaño y composición de la fuerza de ventas. El exceso de vendedores afecta los costos, mientras que los supervisores con perfil inapropiado pueden afectar el clima de trabajo, y con ello la efectividad de todo el equipo de ventas.

Personal dedicado y capacitado suficiente. En la medida en que el personal de ventas esté concentrado en su función y cuente con la capacitación suficiente, las perspectivas de ventas se verán menos afectadas por la incertidumbre.

Selección de personal. Cuando el personal de ventas tiene el perfil adecuado para su función, con orientación a resultados, refleja la capacidad de la empresa para aplicar políticas apropiadas de selección de personal.

Estructura de personal en la función de ventas. Según sea mayor el número de empleados dedicados a ventas, será más importante la existencia de un organigrama escrito, en el que se determine cómo deben coordinarse los esfuerzos para lograr los objetivos de ventas deseados.

Asignación de cuotas de ventas. Una práctica que se considera exitosa consiste en asignar cuotas por vendedor o por grupo, por periodos de una semana o mes. Las cuotas se refieren no solo a ventas, sino acciones como envío de cartas, número de llamadas, número de recomendaciones de nuevos clientes, etc.

Remuneraciones y compensaciones. Cuando una empresa aplica un método de evaluación del desempeño en ventas adecuado a las circunstancias de la empresa, estará en mejores posibilidades de aplicar políticas de remuneraciones acordes a las responsabilidades asignadas a cada vendedor, así como de compensaciones que incentiven desempeños relevantes.

Relación con el cliente. En la mayor proporción de las ramas de negocios los resultados de ventas dependen de mantener una relación cercana con los principales clientes, relación que debe ser administrada cuidadosamente, y conocer el porcentaje de ventas que se realiza a cada cliente o segmento de clientes.

Cultura con deseo de ganar. El grado en que los valores del personal de ventas estén orientados hacia el cumplimiento de los objetivos de ventas, será siempre un factor importante para el éxito.

Supervisión y control. Es importante que la empresa dé seguimiento al cumplimiento puntual de las actividades del plan de ventas, porque permitirá detectar la necesidad de medidas para corregir desviaciones, o impulsar nuevas acciones que mejoren los resultados.

Almacenamiento. Conviene que la empresa cuente con almacenamiento en lugar o lugares que eficienten la entrega del producto al cliente, faciliten la venta, y refuercen la relación con el cliente para futuras operaciones.

Administración de la relación con el cliente. Incluye la forma y la frecuencia de contacto con el cliente, de manera que promuevan su recurrencia en un marco de racionalización de costos. En muchas empresas el éxito radica en el énfasis en construir una relación duradera.

Base de datos de clientes. Cada vez es más importante que la empresa cuente con una base de datos de los clientes, con información de características demográficas (sexo, edad, escolaridad, etc.) y psicográficas (preferencias de compra, patrones de uso de los productos, frecuencia de compras etc.) por la utilidad que puede tener en el diseño del plan de mercado, incluyendo la atracción de nuevos clientes.

Inteligencia de mercado. El personal de ventas tiene la mejor posición para enterarse del cambio de gustos en los consumidores, o de las estrategias y tácticas de los competidores, información que conviene acumular en un archivo organizado para orientar el quehacer futuro de la empresa. De esta manera será posible identificar a competidores ineficientes, clientes que demandan productos con características diferentes, deficiencias en la fijación de precios, o quejas de clientes por problemas en los productos o en los servicios.

Posibilidades de los productos. En ocasiones los productos pueden tener usos diferentes a los reconocidos, que pueden ser de interés para aumentar las ventas.

Reducción de costos. En el desarrollo de la función de ventas, la interacción de los vendedores con los clientes puede permitir la detección de oportunidades para reducir el costo de los productos, en particular cuando lo productos tienen atributos que no añaden valor para el cliente.

Innovación. El personal de ventas y de servicio posventa tienen el privilegio de escuchar las opiniones de los clientes sobre las características, ventajas y desventajas de los productos, opiniones que pueden ser útiles para introducir innovaciones a los productos, y aún diseñar productos nuevos.

Marketing. Algunas corrientes teóricas argumentan que la función de ventas –o administración de la fuerza de ventas, forma parte de la función de marketing pero, en la práctica, en las empresas medianas y grandes la función de ventas se llega a desarrollar en forma independiente de la función de marketing. Conforme es mayor el tamaño de la empresa, y la administración adopta métodos y técnicas de mayor sofisticación, algunas funciones de ventas serán desarrolladas por personas capacitadas en funciones identificadas en mayor medida con la mercadotecnia. La evaluación de un proyecto de inversión implica identificar el grado en que algunas funciones de mercadotecnia deberían ser adoptadas por la empresa, que permita cumplir los objetivos del proyecto. Además, se espera que los responsables de mercadotecnia incluyan en su estrategia una perspectiva de largo plazo.

Administración de producto. Es importante que la empresa tenga identificada con claridad la definición de los productos que vende y sus características distintivas, para compararlas con los productos de la competencia. A partir de dicha definición se puede plantear cómo los productos deber estar orientados a la visión del negocio, en términos de satisfacer las necesidades del cliente. Una administración adecuada permitirá descubrir nuevos atributos o usos de los productos, o crear nuevos atributos, etc. que satisfagan las necesidades de los clientes.

Administración de marca. Cuando una empresa de cualquier tamaño aspira a permanecer o a crecer, dará la mayor importancia a que el nombre de la empresa y el de sus productos sean reconocidos favorablemente por el público consumidor objetivo. En las empresas pequeñas, ésta importante tarea podrá ser responsabilidad del empresario o administrador pero, conforme las aspiraciones reales de la empresa se proyecten a niveles mayores, la función se asignaría a un gerente, con la tarea de monitorear las fluctuaciones de la imagen de la empresa en los consumidores, y sugerir al administrador acciones para mejorar las perspectivas.

Publicidad y promoción. Es importante evaluar el grado en que el gasto en publicidad contribuye en las cifras de ventas, y analizar cuales recursos (eslóganes, diseño de empaque, exposición de productos en los medios, etc.) podrían jugar un papel más efectivo. Además, la implementación de un proyecto de inversión podrá requerir cambios en las actividades de publicidad y promoción.

Mezcla de mercadotecnia. La estrategia de ventas de la empresa puede ser la tarea más importante y retadora, y puede estar basada en el método de las cuatro P de marketing: producto, precio, lugar (*place*) y promoción; cuando la empresa atiende a más de un segmento de clientes, deberá ofrecer una combinación particular para cada segmento de clientes. La aplicación del método influirá en la elección del **modelo de venta**, que puede estar centrado en cada **transacción**, esto es, no se espera que un cliente particular haga una segunda compra, por lo cual no hay necesidad de cultivar una relación con el cliente; en otro extremo opuesto, la empresa puede aplicar un modelo en el que habrá la mejor relación con clientes prioritarios, lo cual requerirá el trabajo colaborativo de toda la organización. Conforme a lo anterior, cada empresa según su rama y recursos, aplicará una mezcla de mercadotecnia para cada segmento de clientes, aplicando tecnologías de ventas que reflejen la ventaja competitiva que permita a la empresa lograr sus objetivos.

En el caso de ventas a negocios cuando estos son un segmento relevante, como puede ser el caso de la confección en serie de uniformes (código SCIAN 315223), la empresa habrá de diseñar una estrategia especial: buscará crear diseños especiales de uniformes, ofrecer precios competitivos, contar con disponibilidad suficiente de uniformes para entrega inmediata y nombrar a un ejecutivo de ventas que administre un plan de promoción, que permita a la empresa mantener o incrementar su posicionamiento como proveedor. Otro ejemplo de mezcla de mercadotecnia específica aplicará en el caso del lanzamiento de un nuevo producto.

Una empresa que busque mantenerse y crecer procurará aplicar nuevas tecnologías de ventas en la medida en que le permitan mejorar su competitividad.

Relación entre ventas y marketing. Aun cuando en teoría la función de ventas se puede insertar en la función de marketing, en la práctica en las empresas grandes generalmente cada función se desarrolla en departamentos separados, aun cuando los objetivos de generar mayores ventas y utilidades sean los mismos en ambos departamentos. Un departamento de ventas enfocará sus esfuerzos en concretar las ventas y en efectuar el cobro respectivo, mientras que el responsable de mercadotecnia se enfocaría en los resultados de largo plazo.

Cuando en las empresas pequeñas se cuente con personal dedicado a la función de marketing, convendrá que las características de su relación con el personal de ventas estén definidas, que sus objetivos estén alineados y que exista colaboración e integración entre las dos funciones, lo cual implica que se comparta la información. En las empresas grandes llegan a existir conflictos entre las funciones de ventas y de marketing, pero en las empresas pequeñas no es de esperar que existan.

Capacidad de marketing. Aun cuando en la empresa no exista un departamento de marketing, en la evaluación de un proyecto de inversión podrá ser importante evaluar la capacidad de marketing, que viene a ser el capital intelectual de la empresa en ésta función. En efecto, la empresa debe contar con personal que tenga conocimiento suficiente del mercado y de los productos, que pueda advertir el crecimiento de las expectativas del cliente y el incremento de las fluctuaciones de mercado; además, estará al tanto del avance en las tecnologías de información, por su importancia en la gestión de ventas.

Orientación al mercado. Desde hace varias décadas se ha reconocido la importancia de que la empresa muestre una clara orientación al mercado, lo cual requiere la búsqueda constante de información de mercado, y hacerla del conocimiento del personal clave, para impulsar acciones innovadoras. Dichas acciones podrán sustentar una política de ventas basadas en valor, para que los clientes perciban que se le ofrecen productos de alto valor, lo cual apoyará el desarrollo relaciones de largo plazo con el cliente. Además, el éxito en ventas se verá impulsado por el grado de emprendedurismo que prevalezca en la empresa,

Estrategia de largo plazo. El trabajo que realicen los especialistas de mercadotecnia de la empresa deberían estar basadas en un plan estratégico, el cual deben incluir: (a) acciones indirectas para enfrentar competidores, esto es, evitar el enfrentamiento directo en características de productos, precio, etc. y preferir acciones sutiles que mejoren el posicionamiento de la empresa; (b) concentrar las actividades en satisfacer las necesidades de segmentos de clientes; (c) desbalancear competidores mediante acciones sorpresa o distrayendo su atención; (d) establecer objetivos alternativos, para enfrentar cambios posibles en el ambiente competitivo; (e) agrupar personal de ventas en unidades de negocios, cada una con un segmento de clientes y (f) diseñar portafolios de productos que estimulen la aceptación de los clientes.

Recursos requeridos

La elaboración de un plan de ventas debe tener como antecedentes los resultados de ventas mensuales de al menos dos años previos, con el desglose de los principales productos. Será indispensable la colaboración del personal clave de ventas, que permita elaborar un diagnóstico de los factores que influyan en la ejecución de un plan de ventas, acorde a la visión de desarrollo de la empresa. La elaboración de dicho plan deberá considerar la capacidad de producción actual, así como, en su caso, los cambios que genere el proyecto.

Aplicación

Como paso inicial se sugiere elaborar un cuestionario con preguntas que permitan diagnosticar las capacidades de la empresa en materia de ventas, con base en las premisas teóricas y prácticas descritas previamente. Conviene mostrar el cuestionario al administrador, quien podrá contestar las preguntas él mismo, o indicar la persona o personas que conozcan las respuestas.

Adicionalmente el evaluador solicitará a la empresa las cifras de volumen de ventas y precio de los productos principales, por mes o trimestre, de al menos dos **ejercicios contables** anteriores. Conviene capturar las cifras en una hoja de cálculo que facilite la elaboración del plan de ventas por el número de años que se vayan a pronosticar.

El plan de ventas debe estar basado en el plan de mercado (sub-capítulo 4.3) y especificar las metas de volumen y precio que sirvan de referencia o base para la formulación de escenarios (sub-capítulo 7.4) y de los estados financieros proyectados (sub-capítulo 7.6). Es necesario incluir en el plan, en forma detallada, las principales políticas y acciones que permitirán lograr las metas de ventas, particularmente durante el primer año de la aplicación del proyecto.

Respuesta a las preguntas de aplicación

La respuesta a las preguntas de aplicación puede redactarse en dos o tres párrafos, en los que se resuman los elementos más importantes del diagnóstico y del plan de ventas.

Anexo al reporte de evaluación

La propuesta de plan de ventas puede tener una extensión de dos o más páginas, y su contenido debe iniciar con el diagnóstico de la función de ventas actual, seguido por el plan en sí, que puede incluir desde los **segmentos de mercado objetivo**, los requerimientos de personal, la publicidad, etc. y utilizar tablas cuando ayuden a comprender mejor la propuesta. Generalmente el plan de ventas completo se incorporará como un anexo al reporte de evaluación.

Es recomendable que durante el diseño de las propuestas del plan, el evaluador revise los puntos clave con el personal de la empresa o, mejor aún, que dicho personal se involucre en el diseño de las propuestas porque, en el caso de que el proyecto se lleve a cabo, dicho personal podrá estar a cargo de su implementación, y su motivación será mayor si consideran el plan como propio.

Experiencias de aprendizaje

Tareas individuales

[**5.6.11**]   Elaborar un cuestionario para conocer las capacidades de la función de ventas de la empresa.

[**5.6.12**]   Elaborar un diagnóstico de la función de ventas que incluya la estrategia, el plan, la administración y los resultados de ventas, así como los recursos necesarios.

[**5.6.13**]   Elaborar propuesta de cambios a la función de ventas que permita lograr los objetivos del proyecto.

Actividades en equipo

[**5.6.21**]   Revisar la tarea individual 5.6.11.

[**5.6.22**]   Revisar la tarea individual 5.6.12.

[**5.6.23**]   Revisar la tarea individual 5.6.13.

Casos virtuales.

[**5.6.31**]   Elaborar un diagnóstico de la función de ventas que incluya la estrategia de ventas y los recursos que utiliza.

[**5.6.32**]   Elaborar propuesta de cambios a la función de ventas que permita lograr los objetivos del proyecto.

Bibliografía

Cohen, B. y Winn, M.I. (2007). Market imperfections, opportunity and sustainable entrepreneurship. *Journal of Business Venturing*, 22, 29– 49

Frates, J., & Sharp, S. (2005). Using business intelligence to discover new market opportunities. *Journal of Competitive Intelligence and Management*, 3(2), 16-28.

Gruber, M., MacMillan, I. C., & Thompson, J. D. (2013). Escaping the prior knowledge corridor: What shapes the number and variety of market opportunities identified before market entry of technology start-ups?. *Organization Science*, 24(1), 280-300.

Hiles, A. (2010). *The definitive handbook of business continuity management*. John Wiley & Sons.

Lawless, M. J. (2013). The View from the Sales and Marketing Organizations. *The Journal of Business Forecasting*, 32(4), 13.

Panagopoulos, N. G., & Avlonitis, G. J. (2010). Performance implications of sales strategy: The moderating effects of leadership and environment. *International Journal of Research in Marketing*, 27(1), 46-57.

Rehme, S., & Rennhak, C. (2012). The conflict between marketing and sales, *Innovative Marketing*, 8, 2, 74-90.

Terho, H., Eggert, A., Haas, A., & Ulaga, W. (2015). How sales strategy translates into performance: The role of salesperson customer orientation and value-based selling. *Industrial Marketing Management*, 45, 12-21.

5.7 Costos

Coautora: Mtra. Melisa Bergese, Universidad Nacional de Litoral, Argentina.

Importancia

Cuando un empresario desea aumentar el valor de su negocio tendrá que hacerlo mediante la reducción de costos, el incremento de las ventas o una combinación de ambas. En este sentido, será crucial el análisis de los costos unitarios y globales, particularmente cuando una empresa estudia un proyecto de expansión. El modelo de análisis será diferente según la actividad de la empresa y las características del proyecto, por lo cual el evaluador deberá ser cuidadoso en la elección del enfoque y en las técnicas de análisis que utilice.

Usualmente en las empresas pequeñas la administración de costos se lleva a cabo mediante prácticas sencillas, por lo cual puede ser necesario que el evaluador realice un esfuerzo mayor en identificar la estructura de los costos con base en diferentes enfoques, en forma independiente de los que reporta la contabilidad, con el fin de detectar oportunidades de mejorar la competitividad en costos de la empresa. Además, la administración de costos debe adecuarse a la estrategia de la cadena de suministro que se adopte en el caso de que se lleve a cabo el proyecto de expansión, que al mantener o mejorar la estructura de los costos superior a sus competidores, apoyará la competitividad de la empresa y su desarrollo futuro.

Cuando el análisis de los costos no se elabora con el enfoque y el cuidado necesarios, el pronóstico de las cifras de costos puede producir errores en los estados financieros proyectados, y llevar a decisiones erróneas.

Preguntas de aplicación

[3.7.53]	¿Cómo se compara la estructura de costos de la empresa respecto a los competidores y cómo se verá afectada con el desarrollo del proyecto?

Premisas teóricas y prácticas

Para efectos de la evaluación de un proyecto de inversión, el presente libro propone incluir en el tema de **costos** los gastos de producción, de marketing y de venta, porque al deducir la suma de dichos conceptos al monto de ventas en el Estado de Resultados, se obtiene la utilidad de operación. El enfoque del análisis tiene como fin apoyar a la gerencia en la toma de decisiones, por lo cual no es indispensable que el análisis se ajuste a las normas de contabilidad generalizadas.

La utilización formal de técnicas modernas de costos en las empresas pequeñas se viene aplicando en una proporción menor de empresas, pero las empresas pueden aún lograr una competitividad aceptable para los propietarios. Sin embargo, el logro de los objetivos de un proyecto de inversión puede requerir que la empresa revise sus prácticas actuales y determine la conveniencia de mejorarlas. Los temas que siguen se consideran importantes como marco de referencia para contestar las preguntas de aplicación:

Definiciones básicas de costos

Para analizar la estructura de costos de una empresa es necesario tener en claro ciertas **definiciones teóricas** al respecto. En primer lugar, resulta necesario definir el concepto de costo como "todo sacrificio de bienes o valores económicos, presentes o futuros, valuados de diferente manera según el objetivo perseguido con su conocimiento o determinación, en que es necesario o presumible incurrir para la obtención de un producto, la prestación de un servicio, cumplir una tarea o alcanzar un objetivo mediato o inmediato normalmente para generar un ingreso más o menos diferido en el tiempo, caracterizado o medido de determinada manera según las características y objetivos finales propios de cada organización" (IAPUCO, 1993). Al analizar cada parte integrante de esta definición destaca:

Bienes económicos. Según la teoría económica el costo tiene qué ver con el sacrificio de bienes económicos, que por naturaleza son escasos, y que se diferencian de los llamados bienes libres como es el aire, y ante la presencia de necesidades ilimitadas del hombre algunos bienes adquieren un carácter económico.

Costo de oportunidad. La definición se aparta del concepto contable del costo ya que no sólo se refiere a la suma de valores cuantificables en dinero que representan consumos de factores de la producción realmente incurridos, sino que además considera el costo de oportunidad, que es aquel que se determina en función de la alternativa u oportunidad abandonada. Para ejemplificar, si el empresario realiza un proyecto de inversión con financiamiento de una entidad bancaria, la operación tendrá un costo financiero que deberá abonar en función de los términos contractuales acordados. En cambio, si el mismo empresario opta por financiar el proyecto con fondos propios, que no tienen un costo financiero explícito, estará sacrificando ingresos por otras alternativas de inversión, como la de realizar una operación de mínimo riesgo, tal como colocar el dinero en una operación de plazo fijo. El rédito que obtendría por esa alternativa abandonada constituye el costo de oportunidad.

No existe un único cálculo de costos. Un costo puede asumir distintas magnitudes económicas, y distintos valores según sea el objetivo buscado en su determinación. Podemos calcular costos para valuar inventarios en los estados contables, evaluar la compra de una máquina, la continuidad de una línea de producción, seleccionar alternativas entre producir un insumo o adquirirlo a un tercero, entre otras.

En segundo lugar, analizaremos las principales clasificaciones de costos. Clasificar los costos significa agruparlos en función de ciertos criterios definidos previamente, o sea que los mismos pueden ser encasillados o asociados de diferentes maneras. Las definiciones que se expondrán a continuación son abordadas en función de las definiciones oficiales del Instituto Argentino de Profesores Universitarios de Costos (1993).

Nivel de actividad

El nivel de actividad de una empresa se refiere a la cantidad de unidades producidas en el período de tiempo en son vendidas. Analizando los cambios en el nivel de actividad podemos identificar:

Costos variables. Son aquellos que en su cuantía total varían conforme cambia el volumen de la producción, en el mismo sentido de dichos cambios, como es el caso las materias primas, el gasto en energía eléctrica, los materiales menores, entre otros.

Costos fijos. Son aquellos que en su cuantía total permanecen constantes en el tiempo, por las características de los factores productivos que los generan o bien por razones de decisión o planeamiento en términos temporales y a los que no afectan cambios en los volúmenes incurridos o reales de actividad. Este concepto genérico agrupa dos tipos de costos fijos según la vinculación con la capacidad y su uso:

Factores fijos estructurales. Determinan o caracterizan la estructura y la máxima posibilidad de producción; existen independientemente del volumen de producción y tienen una extrema rigidez, dado que no cambiarán mientras no se tome la decisión de modificar la capacidad máxima posible de alcanzarse, de manera que se hallan vinculados a las decisiones de inversión o desinversión.

Factores fijos operativos. Son aquellos cuyo uso está ligado a la decisión de la utilización de los factores básicos o estructurales. Surgen luego de que se ha tomado la decisión de utilizar un determinado nivel de actividad. Son consecuencia de una decisión de uso de la estructura o capacidad del ente, dependen de aquella decisión, y por lo tanto permanecerán constantes mientras no se modifique. Su constancia en el tiempo es relativamente menor que la de los costos fijos estructurales o básicos.

Para ejemplificar esta situación, podemos decir que la amortización del inmueble donde funciona la empresa es un costo fijo estructural, mientras que el costo del personal de supervisión del área producción es un costo fijo operativo, ya responde al uso que el empresario ha decidido hacer de su capacidad (a mayor cantidad de turnos diarios donde la empresa esté produciendo, mayor cantidad de personal de supervisión)

Unidad de costeo

Para analizar esta clasificación debemos previamente definir qué se entiende por unidad de costeo: es un concepto referido a una unidad definida físicamente, ya sea el resultado de un proceso o segmento del mismo o a una unidad abstracta referida generalmente a una función y con respecto a los cuales se procura acumular o concentrar costos. En función de cómo se vinculan los costos con una unidad de costeo identificamos:

Costos directos. Son aquellos cuya relación con una unidad de costeo por su naturaleza o funcionalidad, es evidente, clara e inequívoca, lo que permite su apropiación o imputación a aquella en forma inmediata o precisa, con prescindencia de su comportamiento respecto del cambio en los volúmenes de actividad posibles, previstos o reales. Así, por ejemplo podemos decir que la materia prima utilizada en la realización de una línea de producto es un costo directo a la misma. Del mismo modo, si en un proceso productivo se usa una máquina que genera una única línea de producto, entonces la amortización de dicha máquina es un costo directo a dicha línea.

Costos indirectos. Son aquellos que no pueden relacionarse, vincularse o identificarse con una unidad de costeo determinada, por su naturaleza o por razones funcionales, en forma evidente, clara e inequívoca; con prescindencia de su comportamiento ante cambios en los volúmenes de actividad posibles, previstos o incurridos, lo que impide su apropiación o imputación a aquella en forma inmediata, o que aun cumpliendo aquellas condiciones, por razones de economía del sistema o su poca relevancia no es aconsejable su apropiación directa

Por las características que presentan estos costos, es necesario recurrir a cálculos de distribución para poder asignarlos. Podemos citar, a modo de ejemplo, en una empresa de transporte el sueldo del mecánico que atiende el mantenimiento de todas las unidades o vehículos, o en una empresa productora de muebles el solvente o las pinturas que se utilizan para la terminación de varios productos diferentes.

Finalmente es importante destacar que un costo por su naturaleza puede ser directo respecto de una unidad de costeo e indirecto respecto de otra. En otras palabras, lo que define el carácter de directo o indirecto es la elección de la unidad de costeo respecto de la cual se acumularán los costos, definición que muchas veces está sujeta a las decisiones empresariales.

Evitabilidad del costo

En función de este criterio los costos pueden ser clasificados en costos evitables y no evitables y resulta de importancia esta clasificación al analizar decisiones de cierre de líneas de producción, sucursales, etc.

Erogabilidad del costo

Esta clasificación pone énfasis en la salida concreta de dinero o de recursos de la empresa, en un plazo determinado.

Costos erogables. Son los costos que llevan consigo una salida implícita de dinero en el corto plazo, son financieramente exigibles. Por ejemplo, el costo de las materias primas y materiales.

Costos no erogables. Son costos que no configuran una salida de dinero inmediata, como por ejemplo las amortizaciones.

Es importante destacar que esta clasificación pone énfasis en el aspecto financiero (y no económico) del factor bajo análisis, o sea en el hecho material de su pago. Es imprescindible tener en cuenta el plazo para el cual se están clasificando los costos, ya que en el largo plazo todos los costos serán erogables.

Análisis Costo-Volumen-Utilidad

La función de costos totales de una empresa está dada por la siguiente ecuación:

Costos Totales (CT) = Costos Fijos (CF) + Costos variables Totales (CVT)

Siendo que los costos variables, tal como hemos explicado previamente, dependen de la cantidad de unidades producidas (q) y del costo variable unitario (cv), podemos reformular la ecuación anterior de la siguiente manera:

CT = CF + cv.q

Gráficamente, la ecuación de costos totales de la empresa se representa como una función lineal cuya ordenada al origen está dada por la cuantía de los costos fijos y su pendiente está representada por los costos variables:

Figura 5.7.1 Función de Costos Totales

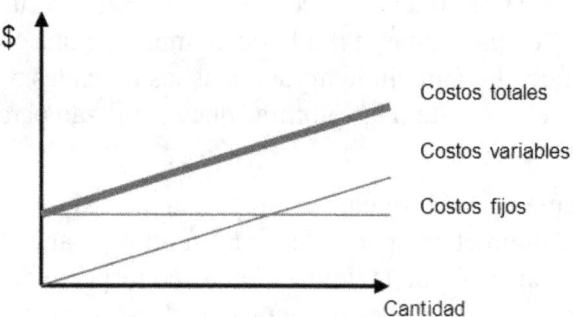

Punto de equilibrio. Es una herramienta para analizar la estructura de costos de una empresa y tomar decisiones en función de ello, y consiste en encontrar el volumen de ventas en el que la empresa cubre sus costos fijos y la utilidad bruta es cero. En su forma simple dicha herramienta supone que el costo variable y el precio por unidad de producto no cambian en el periodo analizado, si bien en el largo plazo el costo variable podría disminuir.

Contribución marginal. El sistema de costeo variable incorpora como una variable a la llamada contribución marginal, la que surge como diferencia entre el precio de venta y el costo variable (en términos unitarios)

$$cmg = \text{precio de venta unitario}(pv) - \text{costos variables unitarios }(cv)$$

Retomando el concepto de punto de equilibrio, éste representa la situación en donde una empresa no tiene beneficio ni soporta pérdidas, es decir donde sus ingresos por ventas son los necesarios para cubrir sus costos totales. Si lo representamos en forma de ecuación, obtenemos lo siguiente:

$$\text{Ventas Totales} = \text{Costos Totales}$$

$$VT = CF + cv.q$$

Siendo que las Ventas Totales son función de las cantidades vendidas y su precio de venta unitario, la ecuación queda expresada de la siguiente manera:

$$pv.q = CF + cv.q$$

Si nuestra intención es conocer qué cantidad de unidades debemos vender para cubrir nuestros costos totales, despejamos la variable cantidad y obtenemos:

$$Q_e = CF / (pv - cv) \qquad Q_e = CF / cmg$$

Representado gráficamente el punto de equilibrio se observa como la intersección de las funciones "Venta Total" y "Costos Totales", existiendo una zona de pérdidas a la izquierda del punto de equilibrio y una zona de ganancias a su derecha

Figura 5.7.2. Punto de Equilibrio

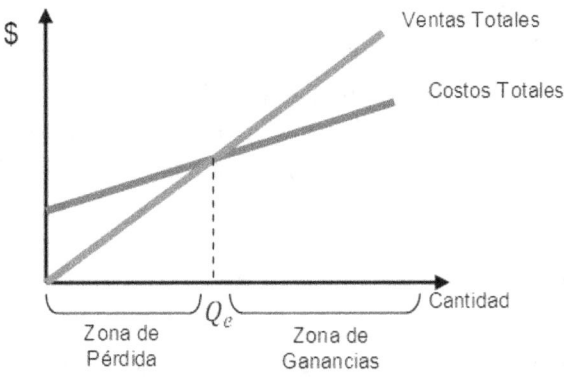

Comparando estructuras de costos

Hasta aquí se han expuesto conceptos y herramientas que le permitirán conocer sobre la estructura de costos de una empresa y que le permitirán dar respuesta a los siguientes interrogantes:

- ¿Cuáles son los costos de mi empresa?
- ¿Cuales son fijos y cuáles variables?
- Dentro de los costos fijos, ¿cuánto es el monto de costos fijos operativos y cuántos son costos fijos estructurales?
- ¿Tengo una mayor ponderación de costos fijos dado a la automatización de procesos que disminuyen los costos variables de transformación del producto?
- ¿Estoy trabajando por encima del punto de equilibrio? ¿Qué tan alejado estoy?

Todos estos interrogantes también podrán ser aplicados a los competidores a fin de comparar su situación con la de nuestra empresa y elaborar conclusiones.

Análisis de costos en proyectos de inversión

Las herramientas del análisis marginal nos brindan información de utilidad para la toma de decisiones referidas, entre otras, a distintos tipos de proyectos de inversión en una empresa en marcha, como puede ser ampliar la capacidad, reemplazar maquinaria, terciarizar o no una parte del proceso productivo.

De acuerdo con Yardin, A. (2009) en su libro "El análisis marginal: La mejor herramienta para tomar decisiones sobre costos y precios" (Capítulo 9: Análisis Sectoriales, Argentina), se pueden identificar cuatro situaciones de análisis sectoriales que podrían configurarse como una decisión de inversión en todos los casos:

(1) Abastecimiento de materias primas: fabricar o comprar insumos. De utilidad para analizar decisiones donde se opta entre adquirir insumos (comprar) a un tercero o fabricarlos con equipos y personal propio (fabricar). En el caso de comprar sólo existen costos variables, para el caso de fabricarlos existirán nuevos costos fijos y costos variables que deberán ser menores a los costos de adquirir a un tercero para que el análisis tenga sentido.

El análisis se realizará calculando el punto de indiferencia, es decir, qué cantidad hace que el costo de fabricar o comprar sea el mismo. Luego comparamos esa cantidad con nuestro lote de compra y evaluamos la conveniencia de una u otra situación:

$$Q_i = CFf / (cvc - cvf)$$

Donde CFf = costos fijos fabricar; cvc= costos variables unitarios de comprar; cvf= costos variables unitarios de fabricar.

(2) Los canales de comercialización: venta masiva o al detalle. En análisis tiene lugar para empresas productoras que actualmente canalizan la venta del producto en el canal mayorista y su intención es desarrollar una estructura comercial para llegar al producto de manera directa al consumidor final.

Esta nueva estructura comercial trae aparejado nuevos costos fijos, que deberán ser compensados con un mayor precio de venta que genere las contribuciones marginales suficientes para cubrirlos, pero sin olvidar que estamos dejando de realizar la venta del producto por el canal mayorista, por lo que surge un costo de oportunidad dado por ser menor el precio de venta al por mayor.

Calculamos el punto de equilibrio sectorial, para conocer las cantidades que deberán ser comercializadas por el canal minorista para cubrir tanto sus costos fijos como el costo de oportunidad:

$$Qe = CF / (pvd - pvm - cvc)$$

Donde CF= costos fijos de la nueva estructura comercial; pvd= precio de venta al detalle o minorista; pvm= precio de venta al por mayor (costo de oportunidad) y cvc= costos variables de comercialización.

(3) El grado de terminación de los productos: Venta en bruto o procesado. Tal como en el caso anterior, el análisis se centra en el concepto de costo de oportunidad. Analizamos la rentabilidad de continuar con el procesamiento de un producto agregándole valor y donde a su vez surgen nuevos costos tanto fijos (especialmente amortizaciones de maquinarias) como variables.

$$Qe = CF / (pvp - pvb - cv)$$

Donde CF= costos fijos de producir; pvp= precio de venta procesado; pvb= precio de venta en bruto (costo de oportunidad) y cv= costos variables de producción.

(4) La selección de equipos alternativos. De utilidad para analizar decisiones entre la adquisición de un equipo de alta productividad (Opción A) y alto precio o uno de baja productividad y precio más bajo (Opción B).

Opción A: bajo costo variable de producción, alto costo fijo de amortización.

Opción B: alto costo variable de producción, bajo costo fijo de amortización

A través de la siguiente ecuación podremos calcular a qué nivel de actividad es indiferente uno u otro equipo en cuanto los costos que generan. Luego del cálculo lo comparamos con nuestro nivel de actividad normal para poder sustentar la toma de decisiones.

$$Q = (CFa - CFb) / (cvb - cva)$$

Donde CFa= costos fijos del equipo A; CFb= costos fijos del equipo B; cvb= costos variables del equipo B y cva= costos variables del equipo A

Sistemas de costeo

A la hora de definir qué es un costo hemos hecho referencia al sacrificio de factores de la producción necesarios para la obtención de un bien o servicio. Existen dos perspectivas de análisis posibles a la hora de definir esta necesidad:

(1) Perspectiva cualitativa: asociada a la cualidad que debería tener el factor para ser considerado de consumo necesario, siendo posible dos variantes:

(a) Si consideramos que todos los factores productivos empleados son necesarios para la obtención de nuestro bien o servicio, incluyendo un margen de utilidad, estamos frente al llamado **sistema de costeo completo**.

(b) Si consideramos que sólo aquellos factores que poseen un comportamiento variable son necesarios para la obtención del bien o servicio, y que los que poseen un comportamiento fijo son necesarios para mantener operativa la estructura de producción, estamos frente al llamado **sistema de costeo variable**.

(2) Perspectiva cuantitativa: asociada a la cantidad de factor que debería ser considerado de consumo necesario, siendo posible dos variantes:

(a) El **sistema de costeo resultante** considera que todo lo que efectivamente se haya consumido es necesario. Es decir, el cálculo del costo se realiza una vez ocurridas las operaciones y se obtiene a posteriori.

(b) En cambio, el **sistema de costeo normalizado** considera que lo necesario es solo aquello que se ha predeterminado según pautas consideradas normales. Este modelo (conocido también como modelo estándar) calcula a priori los costos del producto analizando comportamientos normales tanto del componente físico como del componente monetario del costo. En este sentido, la diferencia entre los costos reales y los costos normales darán lugar a un "desvío", que deberá ser analizado correctamente para identificar causas y tomar acciones correctivas.

Cabe destacar, que el hecho de poder obtener el dato del costo del producto de manera previa, otorga mayor previsibilidad y brinda información relevante a la hora de definir el precio dentro de la estrategia comercial y para la elaboración de presupuestos.

Por otro lado, también existen variantes entre modelos a aplicar según las características de los procesos productivos de la empresa. Si el flujo de operaciones de la empresa sigue una disposición lineal, obteniendo productos seriados y con destino a reponer un stock, el sistema más adecuado será el de **acumulación de costos por procesos**. En cambio, si la empresa trabaja a pedidos, obteniendo productos diferentes según los requisitos del cliente, será aplicable el **sistema de costeo por órdenes de trabajo**.

Todos los sistemas enunciados son combinables dando lugar a múltiples variantes. La utilización creciente de TICs, incluyendo la utilización de software, principalmente las hojas de cálculo electrónicas y los paquetes de contabilidad facilita la tarea del analista de costos.

Costeo basado en actividades ABC

Cuando las empresas buscan aplicar un sistema de costeo que les permita conocer con mayor fidelidad el costo de los principales productos que vende y de los cuales obtiene mayores utilidades, pueden optar por utilizar un método que les permita identificar los costos por nivel de **actividad**: por unidad de producción, por lote, por producto, por tipo de clientes, o por gastos generales que no pueden ser asignados en forma práctica a alguno de los otros niveles –tales como rentas, impuestos o salarios de la gerencia. Dicho costeo se puede llevar mediante registros paralelos a los contables, que al ser analizados y presentados a la gerencia, permitirán a ésta determinar si conviene tomar acciones para mejorar la eficiencia. En el caso de una empresa constructora de vivienda, por ejemplo, el costeo de la **actividad** de urbanización debería mostrar que el gasto por metro cuadrado es inferior al que cobraría una empresa especializada en urbanización; en caso contrario el evaluador del proyecto podría proponer acciones para reducir costos, o bien sugerir la subcontratación de dicha actividad con un tercero.

La implementación de un sistema de costeo basado en actividades (ABC por sus siglas en inglés) no es una tarea libre de retos, pero el proceso puede iniciarse mediante la identificación de las **actividades** u objeto de costo que realiza la empresa, para efectos de costeo. En el caso de una empresa que vende o renta inmuebles, el administrador desearía conocer cuál es el costo en particular de vender, y cual el de administrar y rentar inmuebles; en el caso de una empresa que fabrica uniformes, al administrador le interesaría conocer el costo de fabricación por lote, o por tipo de cliente cuando desea conocer cuáles tipos de cliente son más rentables. El segundo paso consistiría en identificar el **costo variable** que corresponde imputar a cada actividad, incluyendo gastos de marketing, de ventas y de distribución, que desde el punto de vista contable no se clasifican dentro del costo de ventas. Un tercer paso consistiría en calcular el costo de cada actividad, para lo cual habrá determinar los criterios para asignar los costos variables y la proporción de costos variables que se asignarán a cada actividad. Durante éste paso es posible identificar las causas impulsoras de costos variables de una actividad, que en el caso de la confección de uniformes para un cliente importante podría ser la gestión de compra de insumos especiales, atención a cambios de especificaciones, mayor énfasis en la calidad, entre otros.

La asignación de costos variables requiere un análisis cuidadoso, en particular en la distribución de los costos entre las diferentes actividades u objetos de costo, de tal manera que el costo que se determine para cada actividad, permita identificar cuales actividades son más rentables.

Se considera que la implementación del sistema de costeo ABC es complejo, por lo cual en su caso convendría utilizar asesoría de un especialista.

Presupuesto de costos

Bien sea que la empresa no tenga implementado un método formal de costos –y aun así la empresa sea competitiva, o cuando la competencia hace necesario la adopción de un sistema como el Costeo Basado en Actividades, el análisis de los costos puede revelar oportunidades de mejora. Por otra parte, un **proyecto de inversión** puede incluir acciones para aumentar o disminuir conceptos de gastos directos o indirectos, acciones que deben congruentes dentro de la propuesta global de la evaluación. Conforme a las premisas anteriores, es necesaria la elaboración de un presupuesto en el que participe el personal responsable de marketing, ventas, distribución y de gerencia, de tal forma que se eviten incongruencias que afecten los resultados futuros. Tales presupuestos deberán incluir conceptos como renta, mantenimiento de planta, depreciación de instalaciones, aire acondicionado, seguros, gastos, supervisión, gastos en TIC's y gastos generales, entre otros. Los presupuestos se elaboran generalmente para un año y se especifican en miles de pesos, pero en el caso de la evaluación de un proyecto de inversión conviene elaborarlos para tres años; la **fidelidad** y la utilización de **criterios objetivos** en la elaboración de presupuestos son críticos en la confiabilidad de la evaluación del proyecto de inversión.

Costos relevantes

En la elaboración del presupuesto de gastos es posible detectar incrementos o disminuciones por montos importantes en algunos conceptos, variaciones que se pueden atribuir al proyecto, los cuales pueden causar la aceptación o el rechazo del mismo, por lo cual se les puede denominar como **costos relevantes**.

Los gastos de administración normalmente se consideran fijos dentro de un rango de actividad de la empresa, pero un proyecto de inversión que incremente el volumen de operaciones fuera de dicho rango, puede implicar un aumento de dichos gastos fijos.

Recursos requeridos

El diagnóstico de la estructura de costos de una empresa requiere conocer las cifras contables y extracontables relacionadas con los costos, así como el acceso al administrador o a personal de la empresa familiarizado en el tema. Debido a la importancia de elaborar una propuesta de estructura de costos objetiva y confiable, dicho acceso puede ser necesario en más de una ocasión.

Aplicación

Una vez que el evaluador tenga un panorama general de la operación de la empresa, convendrá agendar una reunión con el administrador de la empresa para solicitar la información contable y extracontable relacionada con los conceptos de costo de la empresa. Durante la entrevista será de ayuda conocer cómo ha evolucionado la administración de costos en la empresa, y cuales posibilidades de mejora han detectado.

Mientras se avanza en otros temas de la evaluación, será importante allegarse información de costos de empresas competidoras locales o foráneas, en cifras o de tipo cualitativo, con el fin de detectar áreas de oportunidad. La elaboración del FODA en particular puede favorecer la detección de elementos para guiar el diagnóstico y, posteriormente, la propuesta de costos que apoye la viabilidad del proyecto de inversión.

La propuesta de costos debe además tomar en cuenta las propuestas de otros temas de la evaluación, como el relativo a los aspectos fiscales (subcapítulo 3.6), el pronóstico de ventas (subcapítulo 4.4), el plan de producción (subcapítulo 5.4), entre otros.

Debido a la relación profunda que puede existir entre todos los temas de la evaluación del proyecto, conforme se hagan avances en los demás temas de la evaluación, podría ser necesario actualizar la propuesta de costos. Adicionalmente, cuando se formulen los estados financieros proyectados pueden surgir indicadores que sugieran la necesidad de replantear alguna propuesta que puede afectar la estructura de costos.

Respuesta a la pregunta de aplicación.

La propuesta de la estructura de costos en el reporte final puede plantearse mediante dos párrafos y una tabla de cifras. El primer párrafo contendría un resumen del diagnóstico de la estructura de costos actual de la empresa, seguida de un párrafo en el que se describa la propuesta de modificación y su justificación; cuando la propuesta implique cambios relevantes, será necesario incluir una tabla con cifras que aclaren el sentido de la propuesta.

Puede ser necesario agregar un tercer párrafo en el que se sugieran medidas para asegurar la implementación apropiada de la propuesta de costos, así como los indicadores a los que el administrador debe dar seguimiento, e identificar las causas de cambios inesperados que puedan implicar riesgos que afecten la rentabilidad de la empresa.

Experiencias de aprendizaje

Tareas individuales

[**5.7.11**]   Descripción del **método de costeo** que ha utilizado la empresa en los últimos tres años.

[**5.7.12**]   Descripción de las características y formalidad de los **presupuestos** que la empresa ha elaborado en los últimos tres años.

[**5.7.13**]   Propuesta de cambios en los métodos de costeo y en los procedimientos de presupuestación.

[**5.7.14**]   Presupuesto de costos y gastos para tres años, tomando en cuenta el presupuesto de ventas y los requerimientos de los planes de tecnología, producción, calidad y TIC's.

Tareas en equipo

[**5.7.21**]   Revisar las tareas individuales 5.7.11, 5.7.12 y 5.7.13 tomando en cuenta el conocimiento adquirido en los demás temas de la evaluación.

[**5.7.22**]   Revisar la tarea individual 5.7.14 considerando los avances logrados en los demás temas de la evaluación.

Casos virtuales

[**5.7.31**]   Descripción de la estructura observable de costos de la empresa.

[**5.7.32**]   Presupuesto de costos y gastos para tres años, tomando en cuenta el presupuesto de ventas y los requerimientos de los planes de tecnología, producción, calidad y TIC's.

Bibliografía y referencias

Cartier, Enrique N. (2017). *Apuntes para una teoría del costo*. Cap. VI Acerca de los modelos de costeo (99-122). Buenos Aires, Argentina

Castellanos Elías, J. (2003). Revisión crítica al ABC y a los" nuevos métodos de costeo". *Contaduría y Administración*, 209, 47-55.

Dalla Via, N., & Perego, P. (2014). Sticky cost behaviour: evidence from small and medium sized companies. *Accounting & Finance*, 54(3), 753-778.

Hoozée, S., & Hansen, S. (2017). A comparison of activity-based costing and time-driven activity-based costing. *Journal of Management Accounting Research*.

Huynh, T., Gong, G., & Huynh, H. (2013). Integration of activity-based budgeting and activity-based management. *International Journal of Economics, Finance and Management Sciences*, 1(4), 181-187.

IAPUCO, Comisión Técnica del Instituto Argentino de Profesores Universitarios de Costos (1993). Costos. Terminología. *Revista Costos y Gestión*, 3, 9. Buenos Aires, Argentina.

Marques, A. V. C., Santos, C. K. S., Lima, F. D. C., & de Souza Costa, P. (2014). Cost stickiness in Latin American open companies from 1997 to 2012. *European Scientific Journal*, ESJ, 10(10).

Monroy, C. R., Nasiri, A., & Peláez, M. Á. (2014). Activity Based Costing, Time-Driven Activity Based Costing and Lean Accounting: Differences among three accounting systems' approach to manufacturing. In *Annals of Industrial Engineering* 2012 (pp. 11-17). Springer, London.

Phan, T. N., Baird, K., & Blair, B. (2014). The use and success of activity-based management practices at different organisational life cycle stages. *International Journal of Production Research*, 52(3), 787-803.

Rasiah, D. (2011). Why Activity Based Costing (ABC) is still tagging behind the traditional costing in Malaysia?. *Journal of Applied Finance & Banking*, 1(1), 83-106.

Ríos-Manríquez, M., Colomina, C. I. M., & Pastor, M. L. R. V. (2014). Is the activity based costing system a viable instrument for small and medium enterprises? The case of Mexico. *Estudios gerenciales*, 30(132), 220-232.

Rodriguez, C. R., Nasiri, A., & Peláez, M. A. (2014). Activity Based Costing, Time-Driven Activity Based Costing and Lean Accounting: Differences among three accounting systems' approach to manufacturing. In *Annals of Industrial Engineering 2012* (pp. 11-17). Springer, London.

Shigaev, A. (2015). Accounting entries for activity-based costing system: The case of a distribution company. *Procedia Economics and Finance*, 24, 625-633.

Yardin, Amaro (2009). *El análisis marginal: La mejor herramienta para tomar decisiones sobre costos y precios*. Cap. 9: Análisis Sectoriales (213-235). Buenos Aires, Argentina

5.8 Abastecimiento

Importancia

El abastecimiento es una **función de negocio** que comprende las prácticas y las políticas de compra de productos y servicios que requiere la empresa para su operación, con los requerimientos de especificaciones, calidad, volumen, precio y tiempo. La función referida se inserta en el concepto conocido como **cadena de suministro**, y su administración se considera de importancia crítica para el logro de los objetivos de la empresa.

Cuando una empresa mantiene regularmente inventarios superiores a lo necesario, corre el riesgo de pérdidas por daños en las características de los productos, o por obsolescencia de los mismos; por el contrario, cuando los faltantes en el inventario de materia prima o partes para ensamble son frecuentes, la empresa puede sufrir retrasos en la producción y, en el caso de una empresa comercializadora, la falta de productos puede causar pérdida de clientes y el incumplimiento de las metas de ventas. Considerando que las compras a proveedores lleguen a superar el 70% del total de costos, la reducción de un punto en el gastos se reflejaría un incremento proporcional en las utilidades de la empresa.

Preguntas de aplicación

[3.8.54]	¿Cuáles son las características de abastecimiento de la empresa actualmente y qué ventajas y/o desventajas se observan?
[3.8.55]	¿Cuáles cambios se proponen en el abastecimiento de la empresa para efectos del desarrollo del proyecto?

Premisas teóricas y prácticas

La función de abastecimiento puede ser de importancia crítica para el ***desempeño financiero*** de la empresa, porque la suerte de ésta puede depender de su relación con los proveedores, toda vez que la competencia se ha vuelto más agresiva, particularmente por efectos de la globalización, y porque el ***ciclo de vida de los productos*** tiende a disminuir, especialmente en productos de tipo tecnológico. Resulta útil considerar que la función de abastecimiento se puede insertar en el concepto ***cadena de suministro***, cuyo estudio ha adquirido creciente importancia especialmente en las empresas medianas y grandes, porque resalta la utilización de recursos valiosos para la competitividad.

Se habla de la ***cadena de suministro***, desde una visión amplia, como el proceso de negocios que inicia con la búsqueda de proveedores, incluye las actividades de abastecimiento, la producción, hasta la logística para la entrega del producto al cliente. Sin embargo, en el presente libro la evaluación de la función de abastecimiento se refiere principalmente al acopio de materias primas, partes y suministros para producción y de productos terminados para venta.

Para efectos de la elaboración de un plan de abastecimiento, se considera importante tomar en cuenta las teorías o prácticas que pueden ser importantes en menor o mayor medida en las empresas pequeñas:

Estrategia de compras. La estrategia de compras puede definirse como el plan o método para lograr los objetivos de ventas deseados, considerando el uso efectivo de recursos y las habilidades internas y las oportunidades y riesgos del entorno. Es importante que el responsable de compras tenga de una estrategia clara, la cual debe elaborarse a partir del plan estratégico de la empresa, y de identificar aquellos productos que tengan mayor impacto en la productividad de la empresa, que puedan causar un cuello de botella en la producción o que exista riesgo de suministro; en su caso podrá ser necesario contar con un plan especial para cada proveedor importante.

Dependiendo del tamaño o características de la empresa, la estrategia de compras debería tomar en cuenta las siguientes recomendaciones: (a) evitar exceso de personal, (b) evitar barreras de comunicación internas, (c) eliminar actividades redundantes, (d) favorecer la transparencia de las actividades, (e) evitar perturbaciones en los suministros.

Por otra parte, la estrategia debe especificar políticas de compras, tales como el énfasis en el costo de adquisición, en la calidad, o la confiabilidad en la fecha de entrega.

En algunas empresas convendrá el desarrollo de una estrategia de compras para un proveedor o más proveedores en particular, cuando la competitividad de la empresa dependa de mantener una relación favorable con ellos.

En el caso de insumos, componentes, o productos para venta, que provengan de un solo proveedor, y cuyo suministro se considere crítico, será importante haber encontrado un proveedor alternativo con la capacidad necesaria, para evitar tropiezos en cumplir con las necesidades de la clientela.

Plan de compras. En algunas empresas pequeñas el abastecimiento puede parecer tan sencillo como para no requerir la elaboración de un plan anual de compras. Sin embargo, la mayoría de las empresas debería elaborar un plan anual basado en el pronóstico de ventas, en las mejoras logradas en el **ejercicio contable** anterior, y en la observación y búsqueda de proveedores que ofrezcan mejores condiciones de entrega, productos, precios y servicio.

Proceso de compra. Es importante que la empresa defina los procesos de compra que le permitan contar oportunamente con la cantidad de insumos, servicios y productos suficientes, con la calidad requerida, y con costos que le permitan ser competitiva. Usualmente el proceso de compra de un producto o servicio contendrá las siguientes acciones: a) identificar la necesidad de adquirirlo; b) determinar las características o especificaciones, la cantidad y el momento en que debe recibirse; c) en su caso, designar a la persona o equipo que se hará cargo de la compra; d) gestionar la disponibilidad del monto de dinero necesario para pago al proveedor; e) búsqueda, evaluación y selección del proveedor; f) negociar precio y condiciones de compra; g) emitir orden de compra y g) verificar el cumplimiento de las condiciones de compra por el proveedor.

En la medida en que el abastecimiento acreciente su importancia para la empresa, el proceso de compra deberá tomar en cuenta los siguientes elementos, que pueden influir en la eficiencia de la función: a) agilidad para reducir costos; b) adaptabilidad y/o resistencia en respuesta a cambios inesperados; c) alineación a otros procesos de la empresa; d) evitar cuellos de botella; e) buscar proveedores de otros países y f) centralización del proceso de compras.

Búsqueda y evaluación de proveedores. El evaluador puede asumir que una empresa pequeña que lleve algunos años de operación contará con proveedores confiables, y que algunos de ellos podrán contribuir en el desarrollo del proyecto de inversión. No obstante, conviene revisar la capacidad de dichos proveedores para el suministro en tiempo y calidad requeridos, o si existen proveedores potenciales que convendría evaluar, en localidad cercana o hasta en otro país. La evaluación de un proveedor implica averiguar su capacidad en volumen y calidad necesarios, así como su confiabilidad y servicio.

Selección de proveedores de servicios profesionales. En el caso de que el proyecto de inversión requiera la utilización de servicios profesionales, será necesario detallar con cuidado los requerimientos que debe cumplir el proveedor, porque una inadecuada selección puede dañar a la empresa. El evaluador debe tomar en cuenta que los servicios se caracterizan por ser intangibles y difíciles de diferenciar, será importante la confianza que haya demostrado el proveedor y su disponibilidad para contribuir en el desempeño de la empresa, considerando la dificultad que existe para determinar de antemano la efectividad de su contribución.

Adquisición de activos fijos. Usualmente los proyectos de inversión implican la compra de maquinaria, equipos, construcciones o adaptaciones, que hace necesaria la prospección de proveedores como parte importante de la evaluación.

Desarrollo de proveedores. Cuando la empresa detecta que un proveedor tiene potencial para aumentar su volumen de producción, mejorar su calidad, reducir costos o producir un componente o artículo que mejore la competitividad de la empresa, ésta puede participar en el desarrollo del proveedor para beneficio de ambas partes.

Condiciones de compra. El evaluador podrá calificar las condiciones de compra actuales, y dilucidar si conviene proponer alguna modificación, entre alternativas tales como la compra para entrega futura, pago de contado o crédito, compra definitiva o consignación, compra por lotes o justo a tiempo, entre otras alternativas. Entre los factores que influyen en la decisión, se citan el costo, las limitaciones de flujo de efectivo, el riesgo de desabasto, etc.

Contratos de compra. Es común la formalización del suministro mediante un contrato que contenga las condiciones de compra, para seguridad de ambas partes. Conforme los requerimientos de abastecimiento exigen mayor cuidado, la empresa implementará un proceso detallado de administración de contratos de compra, que contemple la cancelación de contratos por incumplimiento del proveedor.

Outsourcing. Algunos componentes o procesos de producción pueden ser derivados a otra empresa especializada, pero habrá que evaluar el riesgo de incumplimiento y/o de la protección de los **recursos de conocimiento** de la empresa.

Administración de inventario. La importancia de mantener un registro actualizado del volumen de existencia de cada componente, materia prima o consumible, dependerá de la rama de actividad de la empresa. La implementación de un sistema eficiente de control de inventario con la utilización de programas de cómputo y de procesos de registro apropiados no debería implicar un costo relevante. Es importante la verificación física de existencias, de entradas y de salidas, así como tener implementadas medidas para evitar pérdidas por robo o deterioro, y asegurar la disponibilidad de suministros; el registro de inventarios debe indicar el **nivel crítico, re-orden nivel mínimo de existencias** de cada producto y el volumen que se debe adquirir, para asegurar que no haya faltantes ni exceso de inventario, porque pueden ser causa de reducción de la rentabilidad de la empresa.

Unidad estratégica de negocios. En el caso de empresas pequeñas que tengan personal de compras especializado, el administrador puede considerar a la función de abastecimiento como una unidad estratégica de negocios, en el sentido de que tiene la alternativa de optar entre reducir costos a corto plazo, o desarrollar acciones cuyos beneficios se prolongarán en el largo plazo. En tal caso, la unidad tendrá objetivos y metas asignados para cumplimiento, y se espera que exista una relación armoniosa con otras unidades de negocio de la empresa, como producción o ventas.

Recursos requeridos

La disponibilidad de información y datos sobre las fuentes, volumen y condiciones de abastecimiento, serán importantes para el estudio de la función de abastecimiento. La disponibilidad de estadísticas mensuales o trimestrales, que permitan estimar necesidades futuras de abastecimiento, tendrá mayor importancia dependiendo de la actividad de la empresa.

Aplicación

Es fundamental que el evaluador conozca cómo viene llevando a cabo la empresa el abastecimiento de productos y servicios, para lo cual conviene elaborar un cuestionario para obtener la información de sus prácticas.

La información que se obtenga mediante el cuestionario permitirá al evaluador determinar cuál información complementaria debe buscar en otras fuentes: internet, competidores, clientes y especialistas. Tanto la información interna de la empresa, como la información obtenida de fuentes externas deberán permitir elaborar un diagnóstico de la función de abastecimiento, en la que se comparen las prácticas de la empresa con las de los competidores.

La propuesta de abastecimiento adecuada para el proyecto podrá ser elaborada una vez que el evaluador disponga del pronóstico de ventas (subcapítulo 4.4), del plan de ventas (subcapítulo 5.6) y de la propuesta de costos (subcapítulo 5.7), porque debe existir congruencia entre todos ellos.

Plan de abastecimiento. En el caso de que el proyecto requiera cambios importantes en la función de abastecimiento, será necesario elaborar una propuesta que inicie con un diagnóstico de la función como se viene desarrollando, la descripción de los requerimientos del proyecto que inciden en la función, y un detalle de los cambios que se requieran. La propuesta podrá desarrollarse en dos cuartillas o más y podrá agregarse como un anexo al reporte de evaluación.

Respuesta a las preguntas de aplicación

Generalmente dos párrafos serán suficientes para contestar las preguntas, pero habrá que incluir una tabla cuando ésta facilite la comprensión de las proposiciones.

Experiencias de aprendizaje

Tareas individuales

[**5.8.11**] Elaborar cuestionario para conocer las prácticas actuales de administración de abastecimiento.

[**5.8.12**] Elaborar un diagnóstico de la función de abastecimiento y una propuesta de acciones que requiera el proyecto.

Actividades en equipo

[**5.8.21**] Revisar la tarea individual 5.8.11.

[**5.8.22**] Revisar la tarea individual 5.8.12.

Casos virtuales

[**5.8.31**] Elaborar la respuesta a las preguntas de aplicación del subcapítulo y describir la información y/fuentes que sustenten la respuesta.

Bibliografía

Beil, D. R. (2010). Supplier selection. *Wiley encyclopedia of operations research and management science*.

Biemans, W. G., & Brand, M. J. (1995). Reverse marketing: a synergy of purchasing and relationship marketing. *International Journal of Purchasing and Materials Management*, 31(2), 28-37.

Boer, L., Labro, E., & Morlacchi, P. (2001). A review of methods supporting supplier selection. *European journal of purchasing & supply management*, 7(2), 75-89.

Caniels, M. C., & Gelderman, C. J. (2005). Purchasing strategies in the Kraljic matrix—A power and dependence perspective. *Journal of purchasing and supply management*, 11(2-3), 141-155.

Carvalho, H., Barroso, A. P., Machado, V. H., Azevedo, S., & Cruz-Machado, V. (2012). Supply chain redesign for resilience using simulation. *Computers & Industrial Engineering*, 62(1), 329-341.

Hesping, F. H., & Schiele, H. (2015). Purchasing strategy development: A multi-level review. *Journal of purchasing and supply management*, 21(2), 138-150.

Luzzini, D., Caniato, F., Ronchi, S., & Spina, G. (2012). A transaction costs approach to purchasing portfolio management. *International Journal of Operations & Production Management*, 32(9), 1015-1042.

Quintens, L., Pauwels, P., & Matthyssens, P. (2006). Global purchasing strategy: Conceptualization and measurement. *Industrial Marketing Management*, 35(7), 881-891.

Swaminathan, J. M., Smith, S. F., & Sadeh, N. M. (1998). Modeling supply chain dynamics: A multiagent approach. *Decision sciences*, 29(3), 607-632.

Talluri, S., & Narasimhan, R. (2004). A methodology for strategic sourcing. *European journal of operational research*, 154(1), 236-250.

Van Weele, A. J., & Van Raaij, E. M. (2014). The future of purchasing and supply management research: About relevance and rigor. *Journal of Supply Chain Management*, 50(1), 56-72.

Wagner, S. M., & Neshat, N. (2010). Assessing the vulnerability of supply chains using graph theory. *International Journal of Production Economics*, 126(1), 121-129.

Yang, M. G. M., Hong, P., & Modi, S. B. (2011). Impact of lean manufacturing and environmental management on business performance: An empirical study of manufacturing firms. *International Journal of Production Economics*, 129(2), 251-261.

5.9 Canales de distribución

Importancia

Cada actividad empresarial puede tener uno o más canales de distribución/márketing para la venta de sus productos, pero algunos canales de venta pueden contribuir más al logro de los resultados de la empresa, mientras que otros pueden significar un riesgo mayor. Un canal de distribución apropiado sería aquel que: (a) permita transferir un producto o servicio desde el lugar de producción hasta el cliente, con un costo razonable, (b) cumpla las expectativas del cliente y (c) permita a la empresa recuperar el producto de la venta en un tiempo conveniente.

La empresa debe evaluar si posee las competencias y recursos para vender en forma directa y exitosamente al consumidor final, o si conviene utilizar intermediarios, distribuidores, minoristas, internet o franquiciatarios que le permitan lograr mejores resultados de ventas.

La utilización errónea de un canal de marketing podría causar el fracaso de las metas de ventas, incremento excesivo en costos o quebrantos por ventas incobrables.

Preguntas de aplicación

[3.9.56]	¿Cuál es la estrategia actual de canales de distribución de la empresa y qué ventajas y/o desventajas se observan?
[3.9.57]	¿Cuáles cambios se proponen en la estrategia de canales de distribución de la empresa para efectos del desarrollo del proyecto?

Premisas teóricas y prácticas

Los canales de distribución corresponden a una de las cuatro P de mercadotecnia, el lugar de venta (*placement* en idioma inglés) y cumple tres funciones: realiza la transacción de venta, transfiere el producto al consumidor o usuario –actividades conocidas como logística, y facilita la venta mediante información sobre el uso del producto y el servicio posventa.

Se dice que la mejor elección que pueda hacer la empresa en materia de canales de distribución, será aquella basada en el conocimiento de cómo el consumidor o usuario acostumbra adquirir y utilizar el producto o servicio, del lugar donde los consumidores o usuarios esperan encontrar el producto, y cuando se apoya en intermediarios que contribuyen a identificar las necesidades del cliente.

La búsqueda y selección de intermediarios se puede realizar mediante un protocolo que permita asegurar que conocen el producto y su mercado, que tienen interés genuino en impulsar las ventas del producto, y que ya manejen productos complementarios que enriquecen la oferta al consumidor.

La selección de los canales de venta puede requerir un esfuerzo importante, por la multiplicidad de alternativas y por la complejidad que puede llegar a existir, como puede comprenderse en las siguientes situaciones:

Contacto físico o virtual con el cliente. Conforme se acrecienta el uso de internet por los consumidores, la empresa deberá determinar la conveniencia de complementar la atención personal al cliente mediante canales virtuales, que pueden significar una ventaja competitiva.

Red con intermediarios. Los intermediarios no compran los productos, pero pueden apoyar las ventas como promotores mediante el pago de comisiones. A través de los promotores la empresa aumentará su capacidad de identificar las necesidades del cliente y buscar soluciones que cubran dichas necesidades. Por ejemplo, un productor de piezas de alfarería puede utilizar agentes externos para buscar puntos de venta nuevos, que ganarán comisiones por las ventas que se realicen a nuevos clientes; un negocio de minería de arena y grava igualmente podrá gestionar ventas a través de agentes que tengan contacto permanente con empresas constructoras.

Productos de bajo costo. Aplica utilizar una estrategia de distribución intensiva, esto es, contar con un mayor número de minoristas y amplia difusión de marca cuando ésta es importante; es relevante el espacio en anaquel para autoservicio y su localización en la tienda.

Uso de internet. Las ventas por internet han estado revolucionando las alternativas de uso de canales de internet en los últimos años. El éxito de Amazon, Mercado libre y de otros sitios web son ejemplo de la revolución que seguirá impactando las prácticas de marketing, que ahora aprovechan aún las microempresas.

Apoyo a ventas. Cuando los productos son de alto costo y/o requieran servicio preventa o posventa, las empresas pequeñas pueden contratar con bancos el financiamiento de la venta con tarjeta de crédito a sus clientes, o proporcionar mantenimiento posventa a través de talleres externos. El apoyo posventa a clientes puede ser también una fuente importante de ingresos como, por ejemplo, la construcción de sistemas de riego agrícola, en cuyo caso la empresa podrá contar con servicios de mantenimiento a clientes localizados en un área cercana, pero contratar el apoyo de negocios locales en zonas distantes.

Ventas de casa en casa. Algunos productos como agua purificada, gas embotellado, alimentos procesados para venta en misceláneas, etc. son comercializados comúnmente por éste canal. El éxito en la operación de este tipo de canal requiere experiencia, conocimiento especializado y una planeación cuidadosa.

Ventas por catálogo. En nichos de mercado particulares permiten ofrecer una variedad de productos y alcanzar mayor satisfacción del cliente.

Productos o servicios a la medida o por pedido. Muchas empresas podrán beneficiarse de ofrecer ésta alternativa, que se puede promover mediante la relación directa con el cliente o mediante intermediarios.

Modificación de los canales que utiliza la empresa. En ocasiones un proyecto de inversión podrá requerir una modificación importante en los canales de distribución, la cual puede resultar complicada para la empresa, como por ejemplo sustituir ventas a través de intermediarios con ventas directas al cliente.

Administración de canales de ventas. La evaluación de una proyecto de inversión deberá incluir los aspectos críticos de la administración de cada canal de ventas, porque de ello puede depender el éxito en el cumplimiento de metas: (a) mantener una relación favorable con clientes mayoristas y de menudeo, (b) evaluar la conveniencia de utilizar contratos de compra-venta, (c) limitar el regateo de precios con mayoristas porque afecta el grado de coordinación con ellos, (d) los clientes importantes pueden desconocer los términos de un acuerdo de ventas, (e) en los canales indirectos existe menor grado de control, (f) los precios negociados con mayoristas les deben permitir un margen razonable de ganancias y (g) informar las especificaciones de los productos para evitar conflictos.

Recursos requeridos

Una propuesta de canales de distribución debe plantearse a partir de un diagnóstico del funcionamiento de los canales que ha venido utilizando la empresa, en cuya elaboración convendría que participara personal que funge como responsable de la función, así como del análisis de la industria (ver subcapítulo 4.1). Conviene que la propuesta de canales de distribución sea elaborada junto con plan de mercado y el pronóstico de ventas, igualmente con la participación interesada de personal designado por el gerente de la empresa.

Aplicación

La elaboración de la propuesta de canales de distribución puede iniciarse cuando el evaluador ha recopilado información preliminar respecto a los canales de distribución que vienen utilizando tanto la empresa como otras empresas similares conocidas. Las herramientas y procesos que se proponen enseguida pueden ser de utilidad para elaborar la propuesta.

Cuestionario. El evaluador puede elaborar un cuestionario adecuado a las características de la empresa y su rama de actividad, para ser contestado por la persona que funja como responsable de la función de distribución o ventas. El contenido del cuestionario puede contener los temas teóricos y prácticos que apliquen.

Aplicación de la entrevista. Antes de iniciar la entrevista es importante explicar al entrevistado el objetivo de la misma, que consiste en analizar el funcionamiento actual de los canales de ventas, para determinar la conveniencia de modificar las prácticas actuales. Aún cuando un porcentaje mayor de preguntas requieran una respuesta cerradas, conviene que el entrevistador pregunte si hay alguna aclaración u observación que permita comprender mejor la posición de la empresa y de sus competidores.

Elaboración del diagnóstico. Los resultados de la entrevista pueden ser la base para detectar elementos que pueden servir como pivotes o áreas de oportunidad de la propuesta de canales de distribución del proyecto. Sin embargo, para verificar la relevancia de dichos elementos cada respuesta puede ser comparada contra información que haya surgido en el estudio de mercado, con resultados de otros proyectos de inversión que se estén evaluando o, en algunos casos, se puede pedir la opinión de personas externas con experiencia en empresas de misma rama de actividad.

Efectos del proyecto de inversión en el plan de ventas. Una tarea fundamental consiste en detectar si el logro de los objetivos del proyecto de inversión puede verse obstaculizado por alguna práctica de los canales de distribución en uso. En efecto, cuando el proyecto consista en la introducción de un nuevo proyecto, o la expansión a un nuevo nicho de mercado, los canales de distribución actuales pueden no ofrecer la respuesta deseada.

Modificaciones a la estructura actual de canales. El diagnóstico realizado y los requerimientos del proyecto de inversión deberán revelar cuales canales pueden tener mayor relevancia y con ello la conveniencia de proponer una nueva estructura de canales de venta.

Propuesta de canales de distribución. La propuesta que se elabore debe determinar cuáles canales pueden ser decisivos para lograr los objetivos del proyecto, las acciones que deben seguirse para su implementación y los recursos que se consideren clave para ello. Es posible que la propuesta de canales de distribución recomiende mantener las prácticas que la empresa venga ya utilizando, cuando tales sean consideradas apropiadas para lograr los objetivos del proyecto. Sin embargo, en cualquier caso será necesario aportar elementos objetivos que fundamenten la propuesta.

Cuando los cambios que se propongan sean importantes, conviene elaborar una propuesta detallada que puede agregarse como anexo al reporte de evaluación del proyecto.

Respuesta a las preguntas de aplicación

Generalmente dos párrafos serán suficientes para contestar las preguntas, pero habrá que incluir una tabla cuando ésta facilite la comprensión de las proposiciones.

Experiencias de aprendizaje

Tareas individuales

- [**5.9.11**] Elaborar cuestionario para conocer las prácticas de distribución actuales.
- [**5.9.12**] Elaborar un diagnóstico de las prácticas actuales de distribución y una propuesta de acciones que requiera el proyecto.

Actividades en equipo

- [**5.9.21**] Revisar la tarea individual 5.9.11.
- [**5.9.22**] Revisar la tarea individual 5.9.12.

Casos virtuales

- [**5.9.31**] Elaborar la respuesta a las preguntas de aplicación del subcapítulo y describir la información y/fuentes que sustenten la respuesta.

Bibliografía

Brettel, M., Engelen, A., Müller, T., & Schilke, O. (2011). Distribution channel choice of new entrepreneurial ventures. *Entrepreneurship Theory and Practice*, 35(4), 683-708.

Chiu, C. M., Hsu, M. H., Lai, H., & Chang, C. M. (2012). Re-examining the influence of trust on online repeat purchase intention: The moderating role of habit and its antecedents. *Decision Support Systems*, 53(4), 835-845.

Griessmair, M., Hussain, D., & Windsperger, J. (2014). Trust and the tendency towards multi-unit franchising: A relational governance view. *Journal of business research*, 67(11), 2337-2345.

Harrison, P., Massi, M., & Chalmers, K. (2014). Beyond Door-to-Door: The Implications of Invited In-Home Selling. *Journal of Consumer Affairs*, 48(1), 195-221.

Huang, Z., & Benyoucef, M. (2013). From e-commerce to social commerce: A close look at design features. *Electronic Commerce Research and Applications*, 12(4), 246-259.

Iyer, G., & Villas-Boas, J. M. (2003). A bargaining theory of distribution channels. *Journal of Marketing Research*, 40(1), 80-100.

Kozlenkova, I. V., Hult, G. T. M., Lund, D. J., Mena, J. A., & Kekec, P. (2015). The role of marketing channels in supply chain management. *Journal of Retailing*, 91(4), 586-609.

Ladipo, P. K., Alarape, W. B., & Nwagwu, K. O. (2013). Empirical Determinants of the Choice of Intermediaries by Selected Multinationals Operating in Nigeria's Food/Drinks Market. *International Journal of Marketing Studies*, 5(1), 134.

Olsson, R., Gadde, L. E., & Hulthén, K. (2013). The changing role of middlemen—Strategic responses to distribution dynamics. *Industrial Marketing Management*, 42(7), 1131-1140.

Saccani, N., Johansson, P., & Perona, M. (2007). Configuring the after-sales service supply chain: A multiple case study. *International Journal of production economics*, 110(1-2), 52-69.

Webb, K. L. (2002). Managing channels of distribution in the age of electronic commerce. *Industrial Marketing Management*, 31(2), 95-102.

5.10 Calidad

Importancia

Si la empresa y su proyecto de expansión han de tener éxito, será necesario que sus productos o servicios alcancen un nivel superior en satisfacción de las necesidades del cliente, y que proporcionen la utilidad que el usuario final espera de ellos; ello implica que los productos o servicios deben cumplir en mayor medida con las especificaciones requeridas, sin deficiencias y sin variaciones, que definen la calidad.

Un proyecto de inversión atractivo debe contribuir a que la empresa pueda colocarse entre las mejores en su rama, mediante políticas y estrategias de calidad que ofrezcan a sus clientes productos de la mejor calidad, con menores costos, y que impulsen la satisfacción y lealtad del cliente. Para lograr lo anterior será necesario la involucración y compromiso de la gerencia, evitando que los procesos de calidad degeneren en un ejercicio burocrático.

Preguntas de aplicación

[3.10.58]	¿Cuál es la estrategia de calidad de la empresa actualmente y qué ventajas y/o desventajas se observan?
[3.10.59]	¿Cuáles cambios se proponen en la estrategia de calidad de la empresa para efectos del desarrollo del proyecto?

Premisas teóricas y prácticas

La calidad en la empresa. Se han propuesto diferentes **definiciones de calidad**, según las características de los productos o servicios, que puede definirse en forma sencilla como el grado en que tales productos o servicios son del agrado y satisfacen las necesidades del cliente. Para el consumidor, la calidad puede ser evaluada subjetivamente mediante la comparación del producto o servicio de diferentes proveedores, bien sea en forma general o haciendo énfasis en el grado en que satisfacen sus expectativas; para un empresario u observador externo, la calidad puede medirse a partir de los diferentes atributos del producto o servicio, por el grado en que cumple con las especificaciones deseadas o por la percepción que se tenga sobre el valor de uso que ofrece en relación con su precio.

Es común que las empresas pequeñas tengan una **política de calidad** implícita de sus productos o servicios, que puede variar desde sólo prestar atención cuando algún cliente importante exprese alguna queja sobre un producto o servicio, hasta contar con una persona con la responsabilidad de dar seguimiento continuo y de aseguramiento de la calidad. Cuando la empresa elabora o revisa su **estrategia de operación**, prestará mayor o menor importancia a la política de calidad, según sea la percepción de la gerencia del entorno interno o externo.

Considerando que las políticas y procesos de calidad forman parte de los planes estratégicos de la empresa, el evaluador debe conocer el grado de importancia que la calidad tiene en dichos planes.

Puede darse el caso de que la estrategia principal de la empresa se enfoque principalmente en **cumplir los objetivos de ventas** del trimestre o, en otro extremo, cuando alcanzar el volumen de ventas deseado dependa de **cumplir estándares de calidad precisos**, en cuyo caso deberá establecer como centro de la atención los requerimientos de calidad.

La calidad puede abordarse básicamente en sus componentes y atributos: (1) las características o especificaciones técnicas deben cumplir con los requerimientos del cliente, en un marco de sustentabilidad del medio ambiente; (2) Un producto de calidad debe funcionar invariablemente conforme a los estándares ofrecidos por la empresa y (3) La imagen del producto debe corresponder con las expectativas deseadas por el cliente. Al mismo tiempo, es importante distinguir cuales **atributos de calidad** de un producto pueden considerarse esenciales, cuales **ingredientes o componentes** son clave para lograr la calidad, y cuales **procesos** son esenciales.

El tipo de acciones que la empresa realice en cuanto a la calidad dependerá en primer lugar de la actividad de la empresa. Sin embargo, un principio común en todo tipo de empresas consiste en lograr que todos los procesos de la empresa se realicen bien en el primer intento.

Se han propuesto diferentes métodos para alcanzar el nivel de calidad que una empresa aspire, según el tipo de énfasis que utilice, entre las cuales destacan el conocido como Six Sigma, que enfoca su atención en los procesos de producción que permitan alcanzar los estándares de calidad y costos deseados; el sistema internacional de estándares de calidad conocido como ISO es preferido por empresas proveedoras de insumos o partes a la industria manufacturera, especialmente para mercados de exportación; un tercer sistema, que puede ser de utilización generalizada en las empresas pequeñas, es aquel que tiene por objeto alcanzar un nivel de excelencia en comparación con otras empresas, y que en los EE.UU. se promueve mediante el premio Baldrige a la excelencia organizacional.

Existe una amplia disponibilidad de libros y sitios de internet que ofrecen información extensa sobre cómo implementar cada método, aunque en la práctica las empresas recurren a especialistas o asesores externos cuando requieren implementar algún método.

Productos o servicios. El estudio de la economía hace una primera clasificación de la producción de bienes, entre productos y servicios, los primeros por ser tangibles y los segundos por tratarse de actividades que varían durante la interacción con el cliente y de un día para el otro. Considerando la multiplicidad y variedad de productos y servicios, y que los requerimientos de los clientes pueden ser diferentes para cada persona y en cada lugar, las empresas buscarán identificar los atributos de calidad que sean relevantes para sus clientes.

Administración de la calidad. La capacidad de una empresa para elaborar productos y servicios de mejor calidad no debiera dejarse a la casualidad sino, por el contrario, formar parte de la estrategia de la empresa y ser uno de los cometidos más importantes de la gerencia.

La administración de la calidad puede tener mayores posibilidades de éxito cuando se utiliza alguna combinación de enfoques o métodos que han probado ser útiles. La empresa puede partir del enfoque conocido como Calidad Total (o TCM Total Quality Management, por sus siglas en inglés), el cual propone que cada proceso, política y acción de la empresa se realice de la mejor manera posible en el primer intento; además, la empresa debe adoptar herramientas, técnicas y medición de resultados, que le permitan conocer si el desempeño de la empresa desde la perspectiva de calidad es consistente con la misión u objetivos de largo plazo. El mismo enfoque puede ampliarse para incluir una perspectiva de innovación, lo cual requiere un liderazgo visionario, prácticas de aprendizaje continuo y la participación comprometida del personal.

En forma alternativa o aún paralela, principalmente las empresas grandes podrán aplicar en alguna medida el método de 14 puntos de W. Edwards Deming, que impulsó a grandes empresas japonesas al más alto nivel de calidad desde la década de 1950, y cuya utilidad tiene vigencia en la actualidad. La aplicación de dicho enfoque impulsa la participación comprometida de todos los niveles de la organización, mediante capacitación, comunicación, búsqueda de problemas y eliminación de temores, que conlleva a la mejora continua y mejores resultados de largo plazo. Otros métodos equivalentes que actualmente son objeto de aplicación son el de 10 pasos para la mejora de Joseph M. Juran, que incluyen el establecimiento de objetivos, entrenamiento, solución de problemas, reconocimiento, comunicación, entre otros; Juran partió en 1940 del Principio de Pareto, de que el 80% de los defectos pueden atribuirse a un 20% de causas. Un tercer método para administrar la calidad es conocido como los 14 pasos para la mejora de la calidad de Philip Bayard Crosby, que se distingue por el cometido de cero defectos y un compromiso e impulso constante por la gerencia, así como la integración en equipos de personal para la mejora.

En las empresas pequeñas puede ser más común administrar la calidad a partir de indicadores particulares, como puede ser el nivel de satisfacción del cliente, porque influye en la lealtad de éste, y por consiguiente en la participación de mercado y en la productividad de la empresa; o la búsqueda de la mejora continua, basada en la confiabilidad y eficiencia de la operación, que a su vez influye en la imagen ante el cliente de la empresa y de sus productos.

Las empresas deben también proporcionar al cliente información suficiente sobre los atributos de sus productos, que le permitan fundamentar una decisión razonada de compra, y apoye los esfuerzos de la empresa para retener a sus clientes.

Muy importante es evitar que las acciones para impulsar la calidad se conviertan en un ejercicio **burocrático** de acumular evidencias, sin que el personal esté comprometido con la calidad y los clientes perciban mejoras reales.

Costos de la calidad. La elaboración de productos de calidad y el proceso de administración de dicha calidad usualmente representa un costo relevante para la empresa, y es poco frecuente que las empresas pequeñas lleven un control de dichos costos. Sin embargo, las empresas pequeñas pueden identificar los costos y los beneficios en forma aproximada. En el caso de los costos, conviene que la empresa pueda separar los gastos que incurre en la mejora de los procesos, de aquellos para tengan por objeto asegurar la calidad, esto es, tener confianza en la calidad de los productos o servicios que ofrece.

Por otra parte, si bien la empresa debe ofrecer productos o servicios de calidad para tener éxito, la introducción de cambios puede traer un alto riesgo de fracaso, por lo cual las empresas deben ser muy cuidadosas en el diseño e implementación de acciones o métodos nuevos en materia de calidad.

Empresas de servicio. En las empresas proveedoras de servicios la calidad merece una atención especial, porque en ellas la calidad se observa en el momento de la entrega del servicio, por no ser tangible, porque los atributos pueden variar entre un productor y otro, y porque la percepción del servicio puede también variar entre un cliente y otro. Además, el cliente causa un efecto en el proceso de entrega del servicio, y sus expectativas también pueden cambiar durante dicho proceso.

Se puede decir que una empresa ofrece servicios de calidad cuando cumple con las preferencias y expectativas del cliente en forma consistente, y que el cliente compara la percepción que tiene de un servicio que recibe contra un modelo ideal, modelo que determina en el momento de entrega del servicio.

Los atributos de calidad que en un momento dado se asignan a un servicio de organización de excursiones, por ejemplo, serán diferentes a los servicios de reparación de automóviles o de un restaurante de comida rápida. Puede decirse que dichos atributos pueden estar cambiando según la situación y, ante la variedad de servicios y de situaciones, no debe sorprender que se lleguen a utilizar diferentes modelos para definir y evaluar la calidad de los servicios. En tal sentido, los atributos pueden ser de tipo técnico o funcional, o sobre la comparación entre las expectativas del cliente y la percepción que tenga éste sobre el desempeño observado en el momento de la entrega, o cuando el cliente conoce el servicio sólo por opiniones de otros usuarios, o cuando se valore el uso de tecnologías de información, entre otros modelos.

Es importante para la empresa conocer el grado en que los servicios que ofrece cumplen con los atributos de calidad deseados por cliente, así como la medida en que la calidad observada por éste influye en la decisión de compra, y en su disposición para recomendar el servicio. En una empresa pequeña, con un número reducido de clientes, el empresario tiene la posibilidad de conocer confiablemente el estado de su relación con cada cliente respecto a su satisfacción con los servicios que adquiere; sin embargo, en otros casos es necesario aplicar regularmente encuestas para obtener dicha información.

El contenido de una encuesta de satisfacción del servicio será diferente según el tipo de servicio, así como el énfasis que la empresa quiera darle a su estrategia de calidad. Bien sea que la empresa cuente con el conocimiento para elaborar la encuesta, o utilice los servicios de un especialista de mercadotecnia externo, se toman como base uno o más cuestionarios que hayan sido probados; de ellos se utilizan preguntas sobre atributos o experiencias que se quiera medir, con las modificaciones que sean necesarias, además de agregar preguntas adicionales necesarias.

Es importante recordar que la información que se obtenga mediante las encuestas será subjetiva, pero será más confiable en la medida en que se utilicen técnicas probadas en la redacción de las preguntas, en la aplicación del cuestionario y en el análisis e interpretación de las respuestas.

Medición de la calidad. Toda estrategia o modelo de calidad requiere la aplicación de más de un método confiable de medición de resultados, que deben ser seleccionados y aplicados por o bajo supervisión personas que conozcan y tengan experiencia en ellos. Si bien la calidad se refiere inicialmente a los productos o servicios y a su entrega al cliente, para que una empresa alcance niveles de excelencia es necesario que en todo el personal y en todos los procesos administrativos exista un direccionamiento hacia el logro de los objetivos de calidad de la empresa.

Conviene que cada empresa tenga establecidos los indicadores de calidad a los que debe dar seguimiento al menos trimestralmente, referentes a la calidad propia de los productos, la satisfacción del cliente y, en su caso, del servicio post-venta, de los servicios en línea, del funcionamiento del sitio web, entre otros. Cada indicador de calidad puede a su vez constar de uno o más factores, cuyos valores usualmente se promedian.

Si la empresa llega a adoptar alguno de los tres sistemas de calidad más importantes (Baldrige, ISO 9001:2000 o Six Sigma) cada sistema ofrece técnicas de medición particulares, que se adaptan tanto a empresas que ofrecen productos como servicios. En el caso de empresas de servicios, se pueden encontrar en internet cuestionarios basados en un modelo conocido como SERVQUAL, propuesto por Parasuraman et al. (1985) como GAP, que compara las diferencias entre las expectativas del cliente y el desempeño de la empresa. El cuestionario original consta de 22 preguntas que miden la calidad del servicio a lo largo de cinco dimensiones: fiabilidad, capacidad de respuesta, seguridad, empatía y elementos tangibles); los elementos tangibles se refieren a las instalaciones, reportes, ambiente físico de servicio, etc. los cuales han probado ser la dimensión más importante de la calidad.

Con base en dicho modelo se han propuesto adecuaciones aplicables a industrias particulares, como servicios educativos, hoteles, hospitales, etc. Se han propuesto cuestionarios basados en SERVQUAL, para medir procesos específicos de servicio, como el E-S-QUAL, para medir la calidad de servicios on-line, el E-RecS-QUAL, para medir la atención de dudas o reclamaciones de clientes, entre otros.

Los cuestionarios que se llegue a utilizar deben adecuarse a las circunstancias de la empresa y de la región, toda vez que la confiabilidad de las respuestas de los clientes depende de que éstos hayan comprendido correctamente el sentido de las preguntas.

Recursos requeridos

Inicialmente el evaluador deberá identificar a la persona o personas que cuentan con mejor conocimiento respecto a la estrategia de calidad que ha seguido la empresa, y si conviene recurrir a un asesor externo en materia de calidad. Será necesario que el evaluador disponga de libros, manuales o artículos que le permitan profundizar en los temas que considere necesarios, a partir de los sugeridos en el presente subcapítulo. Sin embargo, la empresa podría optar por recurrir a un asesor externo, cuando existan dudas sobre la capacidad interna de proponer, implementar y alcanzar los objetivos de calidad que requiera el proyecto.

Aplicación

El proceso para elaborar una propuesta de calidad puede iniciar durante la primera entrevista del equipo evaluador con el propietario o administrador de la empresa, mediante cuatro preguntas que pueden servir de base para los pasos siguientes del proceso de evaluación:

(1) conocer el grado de importancia que la calidad tiene en competidores de la empresa; si todas las empresas de la rama ofrecen productos con nivel de calidad similar que cubre los requerimientos de la clientela, indicará que la empresa dará mayor importancia a reducir costos, mantener buena relación con la clientela, u otras acciones;

(2) encontrar a la persona que en la empresa tiene mayor conocimiento sobre las acciones de calidad que se han venido aplicando y quien podría ser el mismo propietario o administrador. La pregunta sería abierta, lo cual permitirá ampliar información sobre los conocimientos teóricos y prácticos de dicha persona, así como su potencial para apoyar el desarrollo de la empresa.

(3) conocer si en el pasado la empresa contrató algún especialista durante más de un mes, lo cual sería una indicación de la importancia que ha tenido la calidad en la empresa, y que habría contribuido en la capacidad y experiencia del personal de la empresa. No obstante, es de esperar que la mayor parte de las empresas pequeñas no hayan utilizado asesoría externa, salvo cuando la

empresa provea componentes a empresas manufactureras que a su vez requieran cumplir requerimientos de calidad.

(4) evaluar la importancia que la empresa asigna a la calidad, respuesta que servirá de base para determinar el alcance que la calidad puede tener en la competitividad de la empresa.

Conforme avance en la elaboración de otros temas de la evaluación, principalmente el estudio de mercado y el plan de mercado (subcapítulos 4.2 y 4.3), el evaluador podrá identificar aspectos de la operación de la empresa que tengan mayor influencia en los resultados de calidad, para incluirlos en la propuesta de estrategia de administración de calidad del proyecto de inversión.

Dicha estrategia debe determinar si conviene aplicar alguna metodología en particular, como puede ser las propuestas por Deming, Juran; ó Six Sigma, mejora continua, o solamente la medición de satisfacción del cliente. La aplicación de la estrategia requerirá prever la necesidad de capacitar personal, adquirir tecnología, o contratar un asesor externo, además de elaborar un plan de aplicación apropiado.

Respuesta a la pregunta de aplicación

Generalmente dos párrafos serán suficientes para contestar las preguntas, pero habrá que incluir una tabla cuando ésta facilite la comprensión de las proposiciones.

Anexo al reporte de evaluación

Cuando los cambios que se propongan sean importantes, conviene elaborar una propuesta detallada en la que se haga referencia a los elementos que soporten la propuesta, principalmente del **estudio de mercado** (sub-capítulo 4.2) y del **plan de mercado** (sub-capítulo 4.3). La propuesta puede agregarse como anexo al reporte de evaluación del proyecto.

Experiencias de aprendizaje

Tareas individuales

[**5.10.11**]   Elaborar un diagnóstico preliminar de las políticas y prácticas de calidad.

[**5.10.12**]   Elaborar propuesta de acciones que en materia de calidad requiera el proyecto.

Actividades en equipo

[**5.10.21**]   Revisar la tarea individual 5.10.11.

[**5.10.22**]   Revisar la tarea individual 5.10.12.

Casos virtuales

[**5.10.31**]   Elaborar la respuesta a las preguntas de aplicación del subcapítulo y describir la información y/fuentes que sustenten la respuesta.

Bibliografía

Boer, H., & Gertsen, F. (2003). From continuous improvement to continuous innovation: a (retro)(per) spective. *International Journal of Technology Management*, 26(8), 805-827.

Goetsch, D. L., & Davis, S. B. (2014). *Quality management for organizational excellence*. Pearson.

Grönroos, C., & Gummerus, J. (2014). The service revolution and its marketing implications: service logic vs service-dominant logic. *Managing service quality*, 24(3), 206-229.

Juran, J., & Defeo, J. (2010). *Juran's quality handbook: The complete guide to performance excellence*. New York, NY: McGraw-Hill.

Juran, J. M. (2005). *Juran, quality, and a century of improvement* (Vol. 15). ASQ Quality Press.

Kaye, M., & Anderson, R. (1999). Continuous improvement: the ten essential criteria. *International Journal of Quality & Reliability Management*, 16(5), 485-509

Porter, L., & Tanner, S. (Eds.). (2012). *Assessing business excellence*. Routledge

Rassfeld, C., Behmer, F., Dürlich, M., & Jochem, R. (2015). Do quality costs still matter?. *Total Quality Management & Business Excellence*, 26(9-10), 1071-1082.

Sathe, V. (2003). *Corporate Entrepreneurship: Top Managers and New Business Creation*. Cambridge, England: Cambridge University Press.

Seth, N., Deshmukh, S. G., & Vrat, P. (2005). Service quality models: a review. *International Journal of Quality & Reliability Management*, 22(9), 913-949.

Svensson, G., Wood, G., & Callaghan, M. (2010). A corporate model of sustainable business practices: An ethical perspective. *Journal of World Business*, 45(4), 336-345.

Wiengarten, F., Fynes, B., Cheng, E. T., & Chavez, R. (2013). Taking an innovative approach to quality practices: exploring the importance of a company's innovativeness on the success of TQM practices. *International Journal of Production Research*, 51(10), 3055-3074

Wood, D. C. (Ed.). (2012). *Principles of quality costs: financial measures for strategic implementation of quality management*. ASQ Quality Press.

5.11 TICs

Importancia

La creciente utilización de la electrónica en el manejo de la información y de la comunicación, particularmente en los últimos años con el acelerado avance en la computación, en el desarrollo del internet y de la telefonía celular, ha venido revolucionando la naturaleza y el direccionamiento de las empresas, así como el carácter y requerimientos del consumidor, por el creciente uso de teléfonos inteligentes, tabletas y sus aplicaciones.

Conforme las tecnologías de información y comunicación (TICs) adquieren mayor importancia para el éxito y supervivencia de las empresas –sean estas grandes o pequeñas, la variedad de alternativas y la dificultad en medir su impacto futuro en los resultados de las empresas se ha convertido en un reto formidable para el administrador.

Es importante tomar en cuenta que los avances en las tecnologías de información y comunicación se califican como una revolución, por el impacto que están causando en la economía y en la sociedad. A nivel de las empresas las TICs se reflejan desde la estructura de la industria, en su capacidad para impulsar la **creación de valor**, al acrecentar los recursos de conocimiento de la empresa y transformar los procesos de producción, administración y toma de decisiones.

La evaluación de un proyecto de inversión no debe concentrarse solo en el uso de las TIC's en la actualidad, sino prever los desarrollos futuros, para incluir en el reporte de evaluación los riesgos y oportunidades posibles.

Además, el evaluador deberá valorar la inversión y utilización de los recursos de TICs actuales de la empresa, y los gastos y acciones de mejora necesarios en este rubro según lo requiera el proyecto. En el caso de que el gasto principal del proyecto de inversión sea en TICs, habrá que tomar en cuenta que la mayor proporción de proyectos de este tipo no llega a alcanzar sus objetivos.

Preguntas de aplicación

[3.11.60]	¿Cuáles son las TICs que la empresa utiliza actualmente y qué ventajas y/o desventajas se observan?
[3.11.61]	¿Cuáles cambios se proponen en las TICs de la empresa para efectos del desarrollo del proyecto?

Premisas teóricas y prácticas

Las tecnologías de información (TI) han estado transformando todas las facetas de la sociedad y de la economía, con el creciente uso de las computadoras, el internet y los celulares inteligentes. En las empresas las TI incluyen la utilización de un creciente y variado número de medios, programas de cómputo, bases de datos propias y compartidas, redes de comunicación, sitios web y redes sociales.

Conforme se acrecienta el uso de las TI, las empresas pueden descubrir nuevas formas de hacer negocio, tales como vender por internet o utilizar las redes sociales para promover productos, o integrar recursos para la innovación de productos o procesos.

La generalización del uso de las TI en la prestación de servicios bancarios, en el aprendizaje, en los procesos de negocios y en la conducta del consumidor han impulsado la globalización y profundos cambios en la conducta de los consumidores, en la cultura y en la dinámica social.

En la medida en que se incrementa la prevalencia en la empresa de las TI, estas pasan de ser una función de apoyo, a convertirse en una **unidad de negocios**, porque las TI generan utilidades que pueden atribuirse objetivamente a su hacer, con un **plan estratégico** de la unidad alineado al plan estratégico general de la empresa.

En efecto, dependiendo de la actividad de la empresa, el acceso a las cifras de existencias de inventario en tiempo real por el gerente, la facilidad para el cliente para ordenar mercancía mediante una aplicación en su celular, la disponibilidad de programas de cómputo para diseño de componentes, la utilización de impresoras 3D, la utilización de comunidades virtuales, entre otros muchos recursos, pueden acrecentar la ventaja competitiva de la empresas, que a su vez llevará a la mejora en los resultados de la empresa.

Sin embargo, será necesario que la empresa identifique y estime el **valor de las TI** para efectos de aprovechar cada recurso para el desarrollo de la empresa, que puede ser de naturaleza tangible o intangible. Estimar el valor de dichos recursos no es tarea sencilla, debido a que la mayor parte de los recursos serán **recursos intangibles**, como son los conocimientos y **competencias** del personal responsable de cada proceso –conocidas como **capital intelectual**, o el grado de satisfacción de los clientes con el acceso a la **página WEB** de la empresa.

La identificación de los recursos de TI de la empresa permitirá valorar si existe capacidad subutilizada o si es necesario adquirir activos o servicios adicionales que puedan mejorar el desempeño del negocio. Dicha valoración deberá incluir desde la infraestructura de comunicación y almacenamiento de datos, los equipos y programas de cómputo, hasta la capacitación y actitud del personal especializado, porque el ambiente actual de negocios puede parecer un campo de batalla en el que sólo las mejores empresas sobreviven.

Conviene que cada elemento clave tenga asignado un "dueño" o responsable de su aprovechamiento, para asegurar que cada uno contribuya con la eficacia necesaria.

La utilización de las TI pueden jugar un papel importante en la **capacidad de procesamiento** de actividades de producción, de procesos de negocio, de apoyos de información para toma de decisiones, así como de soporte y para el desarrollo de las comunidades online en Facebook, Twitter u otras, que pueden llegar a ser un recurso valioso para la empresa.

En algunos casos pueden existir condiciones para que la empresa contrate el **trabajo a distancia**, cuando el empleado pueda realizar el trabajo en su casa, en computadora enlazada a la red de cómputo de la empresa, lo cual significa ahorro de transporte y de espacio de oficina.

Es natural entender que los activos y/o recursos de TI de una empresa deban ser administrados para alcanzar la productividad requerida por empresario, porque el dinero tiene un costo y los activos se deprecian en el tiempo. En tales circunstancias, los resultados se verán afectados cuando la infraestructura, el equipo o el software estén desaprovechados, o cuando sean insuficientes o inadecuados.

Debe tomarse en cuenta que los recursos humanos dedicados a TI constituyen un factor importante, lo cual implica contar con el **talento humano** necesario, y capacitar al personal en la utilización y el aprovechamiento de los recursos de TI.

En el caso de las empresas pequeñas, en la medida en que existan condiciones para ello, el gerente podría utilizar un método aproximado al **balanced scorecard** para medir los resultados de las TI para la empresa, que le permita conocer el grado en que las TI apoyan su gestión como gerente, en los procesos de la empresa, en el aprendizaje, en el crecimiento y en la satisfacción del cliente.

Sin embargo, la medición de la contribución de las TI también debe tomar en cuenta los beneficios que puede ofrecer en el largo plazo.

Cuando el proyecto de inversión incluye inversiones en TI, la evaluación del gasto deberá tomar en cuenta el apoyo que proveerá a las demás funciones de la empresa, una tarea que requerirá que el evaluador tenga conocimientos especializados, y aún contar con asesoría de expertos. Además, cuando se implementan cambios importantes en la utilización de TI, pueden requerirse cambios en la organización, y que el comportamiento del personal responda en forma positiva a dichos cambios.

Pueden darse casos en que algunos servicios de TI pueden contratarse con empresas especializadas, actividad conocida como **outsourcing**, como puede ser la elaboración de programas de cómputo, el almacenamiento de datos y utilización de software en la nube, pago de nóminas o facturación, entre otros.

Es importante también tomar en cuenta la dificultad de evaluar la contribución de la inversión en TI en los resultados de la empresa, porque la medición y el impacto de factores cualitativos como la satisfacción del cliente es difícil de comprobar; además, los beneficios de la inversión en TI pueden tener repercusiones en el largo plazo, bajo cambios en el entorno que no siempre se pueden advertir.

En las empresas pequeñas es importante también el cuidado de la seguridad de la información, para evitar que personas no autorizadas puedan modificarla o utilizarla indebidamente, mediante procesos formales y mediante el uso de antivirus informático.

Finalmente, el gerente necesitará evaluar periódicamente el funcionamiento adecuado de las TI, para lo cual convendrá contar con reportes de incidencias que le permitan evitar riesgos que afecten los procesos y, cuando sea necesario, aplicar medidas correctivas.

Recursos requeridos

Es de esperar que el administrador de una empresa pequeña conozca en detalle la infraestructura de IT de la empresa, cómo se está utilizando y los beneficios que se logran de ella. De ahí la importancia de la apertura que el administrador acceda a tener con el evaluador, que permita elaborar una valoración objetiva.

La búsqueda de información complementaria en internet, y la aplicación de entrevistas a clientes, proveedores, competidores y especialistas, podría llevarlas a cabo el evaluador sin incurrir en mayores gastos que el transporte.

Aplicación

Durante la primera entrevista de trabajo con el empresario sería deseable obtener información preliminar que permita al evaluador contar con elementos básicos para iniciar la evaluación del tema. Conforme se avance en los demás temas de la evaluación, conviene que el evaluador elabore un plan para obtener información adicional que le permita elaborar un **FODA** sobre TI, mediante un ejercicio similar al que se propone en el subcapítulo 3.3, porque puede ser un elemento imprescindible para el éxito del proyecto de inversión.

El análisis de la industria que se elabora conforme al subcapítulo 4.1 habrá permitido identificar a los principales competidores de la empresas y su participación de mercado, por lo que, en cuanto sea posible, convendrá conocer cuáles TI utilizan y el grado en que apoyan el desempeño de la empresa. La obtención de información sobre los competidores puede obtenerse en el sitio web de cada negocio, o mediante encuestas o entrevistas a clientes y proveedores de los competidores; el diseño de la encuesta o guía de entrevista debe contener aspectos que tengan relación con la empresa, con base en la información de TI obtenida en la primera entrevista con el administrador, con información que el evaluador haya encontrado en internet, y de la investigación que haya realizado sobre otros temas de la evaluación.

Una vez que el evaluador cuente con la información de las encuestas procederá a analizarla, para tener un conocimiento suficiente para determinar los requerimientos de inversión, y sobre las acciones sea necesario realizar para el desarrollo del proyecto.

Bien sea que el principal objetivo del proyecto de inversión sea en TI, o que el proyecto tenga otro tipo de objetivos principales, el evaluador deberá identificar las necesidades de inversión en TI, en equipo, software y capacitación; los productos y costo podrán buscarse mediante internet, o mediante consulta a profesionales en el tema, según sea necesario.

Una vez que el evaluador haya elaborado una propuesta preliminar de acciones y necesidades de inversión, podrá presentarla al administrador de la empresa para obtener realimentación y, en su caso, elaborar un replanteamiento de la propuesta.

Respuesta a la pregunta de aplicación.

Cuando el propósito del proyecto no tenga como propósito principal las TI, la respuesta a las preguntas puede desarrollarse en tres párrafos, pero podrá ampliarse la explicación por ser un tema cuya relevancia será creciente para las empresas en todas las ramas de negocios.

Anexo al reporte de evaluación

En el caso de que el gasto de inversión en TI como parte del proyecto sea relevante, habría que elaborar un anexo en el que se detallen los recursos que se destinan a las TI y cómo se aprovechan; explicar cómo se compara el rubro con los competidores y cuáles son las perspectivas del uso de TI en la rama de negocios. Además, podrá ser conveniente agregar otros aspectos importantes: la evolución en el uso de las TI en la rama de negocios, los principales incisos del FODA de TI y cuales acciones en TI se consideran críticas para el éxito del proyecto.

Por otra parte, podrá ser necesario detallar los aspectos que deber cuidarse durante la implementación del proyecto, los indicadores de desempeño que deberán ser objeto de monitoreo y cómo detectar cambios en el entorno que requieran acciones no previstas durante la evaluación.

Experiencias de aprendizaje

Tareas individuales

[**5.11.11**] Rol que juegan las TI en los procesos internos y externos de la empresa.

[**5.11.12**] FODA de la función de TI

[**5.11.13**] Propuesta de inversión y acciones para adecuar las TI.

Tareas en equipo

[**5.11.21**] Revisar las tareas individuales 5.11.11 y 5.11.12

[**5.11.22**] Revisar la tarea individual 5.11.13.

Casos virtuales

[**5.11.31**] Describir las características y avances logrados por la empresa en el uso de tecnologías de información, así como una propuesta de acciones en éste rubro que mejoren la competitividad de la empresa.

Bibliografía

Bardhan, I., Krishnan, V., & Lin, S. (2013). Research note—Business value of information technology: Testing the interaction effect of IT and R&D on Tobin's Q. *Information Systems Research*, 24(4), 1147-1161.

Bharadwaj, A., El Sawy, O., Pavlou, P., & Venkatraman, N. (2013). Digital business strategy: toward a next generation of insights, *MIS Quarterly, Special issue digital business strategy*.

Carlaw, K. I., Okanogan, U. B. C., Kelowna, B. C., Lipsey, R. G., & Webb, R. (2007). The past, present and future of the ICT revolution, *Ottawa, Canada, Industry Canada*.

Drnevich, P. L., & Croson, D. C. (2013). Information technology and business-level strategy: Toward an integrated theoretical perspective. *MIS-N+ Quarterly*, 37(2).

Fitzgerald, M., Kruschwitz, N., Bonnet, D., & Welch, M. (2014). Embracing digital technology: A new strategic imperative. *MIT Sloan Management Review*, 55(2), 1.

Köffer, S., Fielt, E., & Niehaves, B. (2015). IT consumerization and its effects on IT business value, IT capabilities, and the IT function. In *PACIS 2015 Proceedings: Pacific Asia Conference on Information Systems. The Association for Information Systems (AIS)*.

Laine, J. (2009). Evaluating the business value of information technology (Doctoral dissertation, *Helsinki University of Technology*).

Melville, N., Kraemer, K., & Gurbaxani, V. (2004). Information technology and organizational performance: An integrative model of IT business value. *MIS quarterly*, 28(2), 283-322.

Newbert, S. L. (2007). Empirical research on the resource-based view of the firm: an assessment and suggestions for future research. *Strategic management journal*, 28(2), 121-146.

Phaal, R., Farrukh, C. & Probert, D. (2001). Technology Roadmapping: linking technology resources to business objectives. *Centre for Technology Management, University of Cambridge*, 1-18.

Powell, T. C. & Dent-Micallef, A. (1997). Information technology as competitive advantage: The role of human, business, and technology resources. *Strategic management journal*, 18(5), 375-405.

Rosemann, M., & vom Brocke, J. (2015). The six core elements of business process management. In *Handbook on business process management 1* (pp. 105-122). Springer, Berlin, Heidelberg.

Sáenz Marcilla, J. (2014). *Propuesta de una metodología para provisión de servicios de outsourcing de TI* (Doctoral dissertation, ETSI_Informatica).

6 Administración

La administración de una empresa se puede entender como el desempeño de funciones y el desarrollo de procesos que tienen como fin el logro de los objetivos de la empresa. La evaluación de un proyecto de inversión y su posible implementación debe plantearse teniendo como base las capacidades y recursos administrativos de la empresa, en particular en cinco temas, que serán clave para las perspectivas de éxito del proyecto: contar con una **estructura organizacional** adecuada, que se apoye en una **cultura organizacional** capaz de impulsar el proyecto, con **recursos humanos** que puedan llevar a cabo las tareas que se propongan, y que el gasto de **remuneraciones** al personal y los **gastos de administración** sean factores que impulsen el logro de los objetivos del proyecto.

6.1 Estructura de la organización

Importancia

La estructura de la organización puede representarse gráficamente como un **organigrama**, el cual refleja la forma en que las tareas se agrupan y desarrollan y que influye en la ejecución de las funciones en una organización; es también la base para establecer cómo debe fluir la comunicación entre el personal a cargo de las tareas, y quién están autorizado para tomar decisiones en cada tipo de circunstancias. Además, conforme se incrementa el volumen de operaciones, el tamaño de la empresa, o la complejidad de sus objetivos, la estructura de la organización muestra cómo se coordinan las tareas para el logro de los objetivos.

En las empresas pequeñas es común la utilización de una **estructura plana**, en la que todos los trabajadores reportan directamente al administrador, y es éste el que toma las decisiones relevantes. Sin embargo, conforme avanza el desarrollo de la empresa se puede adoptar una **estructura funcional**, como el caso en que las tareas de manufactura se agrupan como la función de producción, o departamento de producción, en el que se identifica a un jefe o gerente responsable de las actividades. En otras circunstancias, cuando la empresa tiene sucursales o instalaciones dispersas en diferentes lugares, cada sucursal o planta puede estar a cargo de un jefe o gerente, con responsabilidades determinadas.

Aún en el caso de que el desempeño de la empresa venga siendo exitoso, el desarrollo de un proyecto de inversión puede requerir la modificación de la estructura organizacional, ya que con frecuencia la conformación dicha estructura puede ser muy importante para el éxito y el desarrollo de un plan de expansión. En efecto, en particular cuando una empresa se expande pueden existir retos que, con frecuencia, sólo podrá enfrentarlos cuando la estructura organizacional sea capaz de implementar los cambios en forma efectiva.

Preguntas de aplicación

> [4.1.62] ¿Cuáles son las ventajas y desventajas que se observa en la estructura organizacional y cuáles cambios se proponen con el desarrollo del proyecto?

Premisas teóricas y prácticas

La estructura de la organización puede ser el instrumento en el que se insertan las numerosas variables que determinan los resultados de la empresa, y que pueden ser importantes para el logro de sus fines. El tipo de estructura adecuado será diferente según sea la rama de actividad de la empresa, sus características y los factores internos y externos que estén presentes en un momento dado.

En las empresas pequeñas es común contar con una **estructura plana**, en la que el administrador dirige o coordina directamente a los trabajadores, sin jefes o supervisores, porque en las circunstancias existentes el administrador puede lograr que cada trabajador conozca y desempeñe su trabajo en forma satisfactoria.

Sin embargo, algunas empresas pequeñas han mejorado su desempeño cuando han logrado separar las tareas por funciones o departamentos, tales como ventas, producción, mantenimiento, recursos humanos, etc., lo cual implica que exista delegación de responsabilidad y autoridad a un jefe o supervisor; en tal caso habrá que considerar el número de empleados que reportan a un jefe, lo cual se conoce como **tramo de control**, que es un indicador de la capacidad de supervisión de un jefe.

La **estructura funcional** o por funciones abre la posibilidad de administrar las funciones de gastos de **recursos humanos** o de **servicio al cliente** como un **centro de costos**.

Otro avance en la estructura consiste en identificar **unidades de negocio**, cuando la empresa comprende ramas o segmentos que se atienden por separado, como pueden ser las ventas de mayoreo, a empresas, o al consumidor final, o cuando cuente con sucursales. En tales circunstancias, la empresa podrá evaluar la productividad de cada unidad de negocio por separado, y contar con políticas y planes específicos para cada unidad.

La estructura de la organización también puede variar cuando existe un **equipo gerencial**, esto es, que las decisiones relevantes no recaen solamente en el administrador, sino en dos o más directivos o miembros de la familia propietaria del negocio. Este tipo de administración puede alcanzar mejores resultados en algunas circunstancias, pero puede adoptarse cuando sea acorde a la **idiosincrasia** de los propietarios.

En cualquier tipo de estructura organizacional se toma en cuenta el grado de **especialización** que el personal tenga en cada actividad, porque a mayor especialización se esperarán resultados consistentes con el desarrollo de los procesos de trabajo.

Se espera también que cada empleado tenga la información necesaria para realizar cada proceso, y que su actuación se apegue a las directrices previstas.

Es deseable que la empresa cuente con **manuales de procedimientos** actualizados, con información detallada y con los elementos relevantes.

Por otra parte, en la medida en que la estructura organizacional sea propicia para el mejor desempeño de la empresa, influirá positivamente en el comportamiento del personal, y en la existencia de un entorno de aprendizaje, que se verá impulsado por el apoyo que brinde el administrador, así como de los colegas cuando exista un ambiente de trabajo en equipo.

El seguimiento de la estructura organizacional puede apoyarse en la elaboración de reportes de actividades y resultados, que permitan a los integrantes conocer el grado en que la coordinación de trabajo alcanza los resultados esperados.

Recursos requeridos

Una tarea inicial del evaluador consiste en obtener información preliminar para elaborar un **organigrama**, el cual constituye un punto importante para hacer el plan de evaluación, e identificar al personal al que será deseable entrevistar.

Durante la primera entrevista con el empresario será posible tener una idea de cómo parece funcionar la **estructura organizacional** de la empresa.

En las etapas siguientes de la evaluación, y conforme se conozca mejor cómo opera la empresa y cómo es la comunicación y la manera de actuar del personal, así como los requerimientos del proyecto de inversión, el evaluador contará con elementos para emitir opiniones y propuestas respecto a dicha estructura.

Aplicación

Es posible elaborar un **organigrama** preliminar con información de un empleado de la empresa, que será útil para elaborar una agenda para la primera entrevista con el empresario. Durante la entrevista el evaluador podrá solicitar el organigrama impreso o, en caso de no contar con él, pedirá información que permita dibujar el organigrama, y cómo parece estar integrada la estructura organizacional.

Posteriormente cuando se hayan evaluado las funciones de producción, ventas y recursos humanos, y que se hayan determinado los requerimientos del proyecto, el evaluador contará con elementos para proponer cambios en la estructura organizacional.

Respuesta a la pregunta de aplicación

Un párrafo puede ser suficiente para contestar la pregunta, a menos que los requerimientos del proyecto de expansión requieran ampliar en forma relevante la estructura de la organización.

Experiencias de aprendizaje

Tareas individuales

[6.1.11]	Elaborar una descripción preliminar de la estructura organizacional.
[6.1.12]	Elaborar una propuesta fundamentada de cambios en la estructura organizacional que requiera el desarrollo del proyecto.

Tareas en equipo

[6.1.21]	Revisar la tarea 6.1.11.
[6.1.21]	Revisar la tarea 6.1.12.

Casos virtuales

[6.1.31]	Elaborar una descripción preliminar de la estructura organizacional actual, y una propuesta fundamentada de los cambios en la estructura organizacional.

Bibliografía

Heracleous, L., & Werres, K. (2016). On the road to disaster: Strategic misalignments and corporate failure. *Long Range Planning*, 49(4), 491-506.

Omotayo, F. O. (2015). Knowledge Management as an important tool in Organisational Management: A Review of Literature, *DigitalCommons@University of Nebraska – Lincoln*.

Schreyoegg, G. & Kliesch-Eberl, M. (2007). How dynamic can organizational capabilities be? *Strategic Management Journal*, 28: 913–933.

6.2 Cultura organizacional

Importancia

Desde el inicio de una empresa el personal irá adoptando un patrón básico de creencias, valores y expectativas, principalmente por la influencia de los propietarios y administrador, que influyen en su comportamiento de trabajo y que, a su vez, ejercen un importante efecto en la efectividad de la empresa.

Cuando en una empresa se han desarrollado conductas de resistencia al cambio y carezcan de cultura emprendedora, pueden surgir obstáculos en el desarrollo de un proyecto de expansión, con el riesgo consiguiente para el futuro de la empresa.

Preguntas de aplicación

[4.1.63]	¿Qué características de cultura organizacional se observan y cómo pueden afectar o beneficiar al desarrollo del proyecto?

Premisas teóricas y prácticas

En cada empresa se puede identificar en el personal un patrón de creencias, valores y expectativas que influyen en su actitud y comportamiento, y que llegan a constituir una cultura, en forma parecida a la que caracteriza a una región o a un país. En la cultura que caracteriza a una empresa pueden observarse características típicas de una **burocracia**, en la que las decisiones están centralizadas en el propietario, con reglas y procedimientos que deben de cumplirse; en otros casos se pueden haber desarrollado una **cultura emprendedora**, en la que se impulsa la búsqueda de oportunidades de negocios, la innovación, la creatividad, la toma de riesgos, etc. También puede predominar una cultura con énfasis en las ventas, en el servicio al cliente, de seguridad o de socialización; la intensidad de la cultura puede estar menos o más desarrollada o, excepcionalmente, pueden existir algunas diferencias de cultura entre producción y ventas, o entre una sucursal y la matriz.

Las empresas pequeñas pueden desarrollar una cultura diferente a las empresas grandes, porque el propietario o la familia buscarán cuidar su reputación en la sociedad en materia de respeto, honestidad y otros valores.

La cultura y/o **clima de trabajo** de la empresa puede verse afectados por muchos factores, algunos que pueden detectarse y otros difíciles de percibir, pero cualquiera de los factores puede afectar los resultados de la empresa. El clima de trabajo mejorará cuando la empresa establezca metas y cuando no existan incongruencias entre los objetivos de un departamento o grupo de trabajo, y otro.

Debe tomarse en cuenta que la cultura de la empresa se va forjando principalmente por la **personalidad** del administrador y de los jefes, personalidad que se desarrolla a partir de características hereditarias; gradualmente se conforma por circunstancias del ambiente y es relativamente estable.

Si bien el comportamiento de un jefe en el ambiente de trabajo depende de sus habilidades o competencias, con el impulso de las metas, su relación con sus subordinados se puede ver afectada por limitaciones que son comunes en la percepción de la personalidad de dichos subordinados; en efecto, las personas tienden a atribuir **estereotipos** a los demás, lo cual trastorna la realidad.

El comportamiento de las personas se muestra en los procesos de **comunicación** y de **toma de decisiones**, ambos de importancia crítica para las perspectivas de la empresa. La comunicación del gerente puede ser directa, verbal o por escrito, pero también puede ser indirecta, a través de su conducta que percibe el subordinado; la comunicación puede jugar una influencia efectiva en la **actitud** del personal, pero es necesario que haya confianza en el jefe, y que el mensaje y la situación sean apropiadas. Puede ser importante que el gerente esté abierto a recibir **realimentación**, y que no existan **barreras de comunicación**, como puede ser la predisposición contraria de alguna de las partes hacia la otra.

El ambiente de trabajo se puede afectar también por problemas de **motivación**, cuando el empleado considera que no está logrando en su trabajo sus **objetivos personales**, o que no está siendo tratado con **equidad**.

A su vez el nivel de motivación está relacionado con la **satisfacción en el trabajo**, que depende de las remuneraciones monetarias, las oportunidades de promoción y de la relación entre el trabajador y el supervisor; en el caso de las empresas pequeñas, el administrador tiene la oportunidad de conocer personalmente a cada trabajador, lo cual le facilitará adoptar medidas para mejorar ambos indicadores.

Sin embargo, lo que a los trabajadores les gusta o disgusta también depende de conductas irracionales y de prejuicios, así como de comportamientos contrarios a las políticas de la empresa, que pueden derivar en conflictos en el funcionamiento de la empresa, y afectar el logro de los objetivos.

Por otra parte, el gerente puede aplicar medidas para reforzar positivamente la motivación y la satisfacción en el trabajo, mediante la implementación de un sistema de recompensas, la reducción del papeleo y la simplificación de los procesos de trabajo. De lo contrario, la empresa se puede ver afectada por altos niveles de rotación de personal y de ausentismo.

En el caso de la implementación de un proyecto de inversión, habrá qué cuidar que no se afecte el equilibrio trabajo-familia, que las cargas de trabajo no sean excesivas, y que el nivel de estrés se mantenga en niveles adecuados. Una ventaja de la implementación del proyecto en el ambiente de trabajo será el aprendizaje de nuevas formas de trabajo, y por la innovación que impulse.

Recursos requeridos

El análisis objetivo de la cultura organizacional es una tarea compleja, para la cual no existen métodos seguros ni sencillos para hacerlo. En el caso de la evaluación del proyecto, será suficiente que el evaluador intente alcanzar un conocimiento aproximado, el cual puede lograr a través de las entrevistas que tenga con el administrador y el personal de la empresa, así como de la observación que pueda realizar durante la evaluación del proyecto.

Aplicación

Debido a que el clima organizacional es producto de la interacción de alrededor de 30 factores, el análisis objetivo no es una tarea sencilla, y existe divergencia de opiniones sobre la mejor forma de medir tales factores. Por consiguiente, para efectos de la evaluación de un proyecto de inversión puede ser suficiente la elaboración de un diagnóstico básico preliminar. La información necesaria para el diagnóstico la puede obtener el evaluador a través de la interacción que pueda tenga con el administrador y con el personal de la empresa, en forma gradual, pero con un esfuerzo dirigido a identificar los factores que pueden ser críticos para el éxito del proyecto.

El diagnóstico puede iniciarse desde que empiece la evaluación, para lo cual el evaluador puede elaborar un cuestionario o instrumento que contenga indicadores que podrá ir calificando según el grado en que considere sean favorables para la realización del proyecto. Entre los indicadores que se pueden incluir en el cuestionario pueden citarse: (1) los valores del propietario y su familia, (2) si la decisiones se toman en forma centralizada, (3) la existencia de reglas y procedimientos, (4) creatividad e innovación, (5) énfasis en las ventas, (6) énfasis en la socialización, (7) homogeneidad, (8) responsabilidad, (9) respeto, (10) responsabilidad social, (11) conocimiento de las metas, entre otros indicadores. Posteriormente, conforme el evaluador conozca más sobre los factores referidos, podrá revisar las calificaciones y agregar comentarios que servirán para el reporte final.

Cuando se llegue a la etapa final de la evaluación, el evaluador podrá redactar la respuesta a la pregunta de aplicación, con la advertencia necesaria de las limitaciones en el alcance de la propuesta. La redacción será editada por el equipo evaluador, antes de presentar el reporte de evaluación final.

Es posible que durante el proceso de evaluación se detecte alguna debilidad en el ambiente de trabajo que pueda afectar el éxito, como puede ser el riesgo de que el personal pueda enfrentar cargas de trabajo superiores a su capacidad, que requeriría acciones preventivas de la gerencia.

Respuesta a la pregunta de aplicación

Uno o dos párrafos pueden ser suficientes para el diagnóstico y propuesta, pero la redacción no debe aventurar opiniones sobre alguna situación en la que el sustento sea dudoso, o no haya sido validado previamente con el empresario.

Experiencias de aprendizaje

Tareas individuales

[6.2.11]   Elaborar cuestionario que permita identificar los factores que caracterizan la cultura de la organización.

[6.2.12]   Elaborar un diagnóstico preliminar de la cultura organizacional de la empresa, y describir los factores que pueden ser favorables o que puedan limitar el desarrollo del proyecto.

Actividades en equipo

[6.2.21]   Revisar la tarea individual 6.2.11.

[6.2.22]   Revisar la tarea individual 6.2.12.

Casos virtuales

[6.2.31]   Elaborar un diagnóstico preliminar de la cultura organizacional de la empresa, y describir los factores que pueden ser favorables o que puedan limitar el desarrollo del proyecto.

Bibliografía

Blodgett, M. S., Dumas, C., & Zanzi, A. (2011). Emerging trends in global ethics: A comparative study of US and international family business values. *Journal of Business Ethics*, 99(1), 29-38.

Bunch, K. J. (2007). Training failure as a consequence of organizational culture. *Human Resource Development Review*, 6(2), 142-163.

Gerhart, B., & Fang, M. (2015). Pay, intrinsic motivation, extrinsic motivation, performance, and creativity in the workplace: Revisiting long-held beliefs, *Annual Review of Organizational Psychology and Organizational Behavior*, 2

González-Romá, V., Fortes-Ferreira, L., & Peiro, J. M. (2009). Team climate, climate strength and team performance. A longitudinal study. *Journal of Occupational and Organizational Psychology*, 82(3), 511-536.

Grant, P. (2010). Job design and ability as determinants of employee motivation. *Journal of Leadership, Accountability and Ethics*, 8(1), 95-107.

Howard, J. L. (2008). The use of non-monetary motivators in small business. *Entrepreneurial Executive*, 13.

Jack, S., Hyman, J., & Osborne, F. (2006). Small entrepreneurial ventures culture, change and the impact on HRM: A critical review. *Human Resource Management Review*, 16(4), 456-466.

Kehoe, R. R., & Wright, P. M. (2013). The impact of high-performance human resource practices on employees' attitudes and behaviors. *Journal of management*, 39(2), 366-391.

Morris, M., Schindehutte, M., Richardson, J., & Allen, J. (2006). Is the business model a useful strategic concept? Conceptual, theoretical, and empirical insights. *Journal of Small Business Strategy*, 17(1), 27-50.

6.3 Recursos humanos

Importancia

La administración de los recursos humanos comprende responsabilidades como el reclutamiento, la capacitación, la compensación, entre otras. Es común en las empresas pequeñas que dicha administración sea responsabilidad del propietario, pero conforme aumenta el tamaño de la empresa y la sofisticación de la administración, la responsabilidad podrá ser delegada a un subordinado con la capacitación deseable; en empresas con mayor desarrollo, en la toma de decisiones no rutinarias el administrador podrá pedir la participación del contador, el encargado de producción, u otro integrante clave de la empresa.

Cuando una empresa pequeña tenga que decidir si lleva a cabo un proyecto de inversión, deberá asegurar que cuenta con el talento humano para realizarlo. El éxito del proyecto puede depender de la capacidad que la empresa tenga para retener y desarrollar personal que cuente con los conocimientos y habilidades necesarias, para lo cual requiere la administración adecuada del recurso humano.

Preguntas de aplicación

[4.3.64]	¿Cuáles son las fuerzas y debilidades de los recursos humanos de la empresa en la situación actual, y cuales acciones se sugieren para que lograr los objetivos del proyecto?

Premisas teóricas y prácticas

En las empresas pequeñas la administración de recursos humanos (ARH) es el segundo tema más importante después de la administración en general, pero la diversidad de características y situaciones que enfrentan dichas empresas, puede explicar las diferencias en técnicas o métodos que aplican en dicha administración; además, la administración de la empresa es principalmente de tipo familiar, en que las responsabilidades y las decisiones importantes son tomadas por la familia. Por tales motivos, y aunado a que la investigación sobre empresas pequeñas es limitada, las teorías y técnicas que aplican en las empresas grandes pueden diferir en el caso de las empresas pequeñas. Sin embargo, se advierte que en las empresas pequeñas puede darse la informalidad en la forma de administrar los recursos humanos, que puede atribuirse a la falta de capacitación o por la **idiosincrasia** del administrador.

Los recursos humanos forman parte de los **recursos intangibles** de la empresa, y se espera que reúnan los requerimientos en cuanto a conocimientos técnicos y prácticos, que también se conocen como el **talento humano** que necesita la empresa para alcanzar sus objetivos; para contar con dicho talento, la empresa debe aplicar prácticas apropiadas para separar oportunamente a quienes afecten el desarrollo de la empresa, retener a quienes no pueda reemplazar, y contratar nuevo personal que cumpla con el perfil necesario.

En algunas empresas se habrá avanzado hacia una **administración del desempeño**, que incluye conocer la contribución de cada empleado en el desempeño de la organización, contribución que se puede mejorar mediante la innovación en el **diseño de las tareas**, en una mayor involucración del personal en la manera como realiza dichas tareas, así como con la utilización de **tecnologías de información**. Dicha involucración dependerá del tipo de empresa y de cada tarea en particular, porque habrá casos en que convenga en que el personal realice las tareas con apego a procedimientos establecidos estrictos, sin que el empleado pueda aplicar criterios personales.

Bien sea que empresario se haga cargo personalmente de la administración de los recursos humanos, o que la delegue a un subordinado, será muy importante que el responsable esté capacitado para desarrollar adecuadamente las responsabilidades, que implican, principalmente:

Reclutamiento. Una empresa que tiene buena imagen en su localidad tendrá mejores posibilidades de encontrar personal destacado y con el perfil requerido, para elegir entre varios aspirantes a la persona idónea. Usualmente la empresa puede mantener un archivo de solicitudes de aspirantes, pero podrá optar por publicar ofertas, o pedir a conocidos que le recomienden a candidatos, con el fin de acceder a un mayor número de ellos; sin embargo, cuando un empleado interno reúna las características necesarias, estudiará la posibilidad de reubicarlo al puesto que requieran cubrir.

En algunos casos la empresa puede procurar atraer estudiantes para prácticas relacionadas con sus estudios, y en el transcurso de su estadía valorar sus cualidades para ocupar cargos que, cuando existan condiciones apropiadas, puedan convertirlos en candidatos para contratación.

Selección de personal. El éxito de un proyecto de inversión puede depender de que la empresa tenga la capacidad de contratar a candidatos que cumplan en mayor medida con los requerimientos de cada puesto. Se han desarrollado métodos diversos tendientes a mejorar la eficiencia en la selección de candidatos adecuados para cubrir puestos vacantes. Entre los métodos más utilizados destacan las **entrevistas estructuradas** al candidato, las **pruebas de habilidades** requeridas para el puesto, y la aplicación de **test psicológicos** o psicométricos para valorar comportamientos y actitudes. Cada método puede ser más eficiente que otro en situaciones particulares, pero influye la forma en que se aplica cada método, así como la interpretación de sus resultados. Las empresas pequeñas, dependiendo de su grado de desarrollo en materia de **ARH**, tendrán la capacidad de aplicar métodos más sofisticados para medir los conocimientos, habilidades y personalidad de los candidatos, lo cual será determinante en el grado de confiabilidad en la selección.

El *proceso de selección* inicia con la comparación de características personales que los solicitantes hayan reportado en *su solicitud de empleo* o en el *curriculum vitae*. A los candidatos que reúnan en mejor medida las características deseadas, se les practicará una entrevista para valorar en forma preliminar el grado en que reúnan los requerimientos del puesto. En las empresas pequeñas la selección puede hacerse desde esta etapa, cuando el candidato ha sido recomendado por personas de confianza del administrador. Sin embargo, es preferible verificar la veracidad de la información crítica de la solicitud de empleo o del currículum, y aplicar pruebas de habilidades o test psicológicos, cuando la empresa disponga de medios para aplicarlas. Cuando se haya calificado los resultados de la investigación y de la aplicación de pruebas y test, se estará en condiciones de elegir a los candidatos mejor valorados, para una segunda entrevista que podrá ser determinante para la selección del mejor candidato.

Un caso especial será la necesidad de contratar trabajadores en forma temporal, lo cual requiere evaluar los costos, beneficios, riesgos y el control que será necesario implementar.

Capacitación y desarrollo. El desempeño de una empresa depende de contar con personal capacitado para cada puesto, por lo cual la empresa debe utilizar medios apropiados para detectar necesidades de **capacitación** y ofrecer el entrenamiento necesario. A la vez, dado que el **capital humano** es un recurso valioso para la permanencia de la empresa, será ventajoso que el personal clave encuentre atractiva a la empresa para su **desarrollo de carrera**. Considerando que las empresas pequeñas se caracterizan por ser del tipo **empresa familiar**, un reto importante del administrador consistirá en una integración apropiada entre familiares y personal independiente, que podrá impulsar mediante **coaching**.

La capacitación para el puesto la puede proporcionar personal interno capacitado, pero la empresa puede ofrecer capacitación adicional sobre conocimientos, habilidades y aptitudes, tendientes a mejorar la **ventaja competitiva** de la empresa y la **retención de personal**.

Remuneraciones y estímulos económicos. Las empresas con mayor crecimiento en ventas destinan un mayor porcentaje de sus ingresos al pago de salarios e incentivos por desempeño, pero las decisiones sobre remuneraciones económicas deber estar basadas en un plan cuidadoso. Cada integrante del personal debe percibir ingresos acordes a las responsabilidades y complejidad de sus tareas, con base en el **análisis de puestos** y en la **evaluación del desempeño**.

Servicios al personal. En algunas empresas pequeñas puede ser importante disponer de área acondicionada para la comida, agua y café. La empresa puede ofrecer apoyos para transportación, o asesoría que facilite al personal la solución de algunos problemas personales que pueden afectar su desempeño en el puesto.

Registros y control de personal. La empresa debe conservar en un lugar seguro los expedientes de personal, así como los registros necesarios para la toma de decisiones en la evaluación del desempeño. El expediente personal de cada empleado es de acceso restringido, y usualmente contiene la solicitud de empleo, el curriculum vitae, nombramientos, cambios salariales, inscripción al seguro social, certificados de capacitación, en su caso acciones disciplinarias, entre otros. En registros separados, que pueden ser de tipo electrónico, se conservarán las evaluaciones de desempeño y los datos relacionados con dichas evaluaciones.

Relaciones laborales. Conforme crece el tamaño de la empresa o cuando la empresa cuente con personal sindicalizado, será relevante contar con un plan de relaciones con el personal, que favorezca el compromiso de los trabajadores con los objetivos de la empresa, y reduzca conflictos que normalmente pueden surgir por diferencia entre los intereses de los empleados entre sí, y de los empleados con la empresa.

Seguridad y salud. La seguridad y salud del personal deben ser un tema importante para el administrador, especialmente en las empresas que manejan sustancias tóxicas o venenosas, o cuyos procesos requieren la aplicación de estándares altos de *higiene*.

Diseño del puesto. Las empresas pequeñas que hayan avanzado en el diseño y en el análisis de puestos estarán con mejor nivel de competitividad, que a su vez se reflejará en los niveles de desempeño de la empresa y de satisfacción en el trabajo. El diseño de puestos puede iniciar con la identificación de las características del trabajo a desarrollar, entre ellas las tareas que debe realizar el empleado, los conocimientos que requiere tener para realizarlas, si habrá de recibir apoyo o asesoría de pares y supervisores, las circunstancias en que se desarrollan las tareas, las capacidades físicas que debe tener, el equipo que necesita, entre otras. Es importante también la configuración del diseño del puesto, que puede estar enfocado en la **productividad**, mediante la asignación de tareas estándar, de trabajo intensivo, sin dejar algo a discreción del trabajador; una configuración alternativa será cuando el diseño del puesto pretenda mejorar el **compromiso** de los trabajadores, asignando tareas estimulantes, con autonomía y que impulsen la creatividad.

El diseño del puesto implica analizar el flujo de tareas, cómo se lleva a cabo cada proceso, los insumos que se requieren y los productos que resultan de los procesos. El diseño final del puesto podrá revelar si las características de cada tarea satisfacen la necesidad de progreso que busca el empleado; cuando el empleado considera que su trabajo es significativo, siente la responsabilidad que implica, y sabe cuándo logra los resultados esperados. El diseño adecuado del puesto también influirá en el bienestar y salud del empleado, en particular cuando las remuneraciones están al nivel del esfuerzo que tiene que realizar. En el caso de un proyecto de inversión, habrá que dar énfasis en los aspectos sociales y técnicos que puedan afectar los resultados esperados.

El diseño del puesto se presenta en un documento conocido como ***descripción del puesto***, cuyo contenido debe ser breve y conciso, contendrá el nombre del puesto, el nombre del puesto al que reporta y en su caso los nombres de los puestos que le reportan a él; el propósito general del puesto, las principales tareas, actividades y obligaciones, así como los conocimientos y habilidades requeridas.

Legislación laboral. El administrador debe conocer y hacer cumplir las leyes y reglamentos que deben cumplirse en la relación laboral con el personal de la empresa, tomar en cuenta las implicaciones que tenga su aplicación a corto y largo plazo. Entre los aspectos regulados se encuentra la duración de la jornada de trabajo, los días de descanso, los salarios, la higiene y seguridad de los trabajadores, la participación en sindicatos, la seguridad social, entre otros.

Planeación de RH. Al igual que en otras áreas de operación, en las empresas pequeñas el administrador o un subordinado de confianza deberán elaborar su plan de RH como parte de la planeación estratégica de la empresa. Un plan formal debería incluir el pronóstico de las necesidades de personal, la disponibilidad de oferta, si los nuevos puestos pueden cubrirse con trabajadores temporales, o si algunas tareas pueden subcontratarse con empresas externas; las acciones necesarias de capacitación, modificación al salario o el pago por hora, así como el presupuesto que debe asignarse para cubrir los salarios y demás gastos. Es posible que en la mayoría de las empresas pequeñas no se elabore la planeación, y que el administrador vaya tomando decisiones con base en su conocimiento de las circunstancias, y aún podrá argumentar que la planeación no le ofrece beneficios.

Recursos requeridos

Es posible obtener información relevante para un diagnóstico preliminar de la ARH, durante una entrevista de 20 minutos con el empresario. Si la empresa accede a que se apliquen encuestas al personal, el diagnóstico podrá aportar mejores elementos para la evaluación del proyecto.

Es igualmente importante que el evaluador tenga acceso a reglamentos y registros internos, para mejorar la objetividad de la evaluación y sustentar las acciones que sean necesarias para el éxito del proyecto.

Aplicación

Cuando una empresa pequeña opera regularmente y no se tiene conocimiento de que tenga falta de competitividad en el mercado que atiende, puede haber confianza en que el personal de la empresa tiene las características deseadas. Sin embargo, la evaluación de un proyecto de inversión justifica la revisión del grado en que la empresa aplica métodos y técnicas avanzadas de administración de los recursos humanos, porque de ellos pueden depender los resultados futuros de la empresa.

El diagnóstico de las funciones de recursos humanos puede elaborarse en forma gradual, y avanzar en paralelo con otros temas de la evaluación. En el inicio de la evaluación conviene conocer si las funciones de reclutamiento y la selección de personal las realiza el empresario o administrador de la empresa, o si tales funciones han sido delegadas a un subordinado.

Posteriormente, cuando se tengan avances importantes en los subcapítulos 5.4 Producción, y 5.6 Ventas, el evaluador podrá contar con elementos para elaborar un diagnóstico de las fuerzas y debilidades de la ARH, así como de los requerimientos del proyecto de inversión; conviene profundizar en el diagnóstico en el mejor grado posible, dependiendo de los recursos disponibles.

Respuesta a la pregunta de aplicación

La respuesta puede iniciar con un párrafo que describa la composición de la planta de personal, e incluya el número de empleados por categoría de puestos, con observaciones sobre el grado en que el personal clave cumple con los requerimientos de la empresa, así como las oportunidades de mejora dentro de la operación actual en cuanto a la falta o exceso de capacidad o competencias.

En un segundo párrafo se puede proponer cuales son los puestos que se identifican como de importancia clave para el logro de resultados, así como el estado en que se observa el desarrollo, la capacitación y motivación del personal.

En un tercer párrafo se puede resumir los requerimientos de capital humano que sean necesarios para el éxito de la empresa. Dichos requerimientos pueden incluir propuestas de cambios en la composición del personal y, en su caso, el perfil de personal que se sugiera contratar, disponibilidad de candidatos, contratación de trabajadores temporales, así como sugerencias de capacitación al personal existente.

Cuando sea posible o necesario profundizar en el análisis del tema, en un párrafo adicional se pueden sugerir mejoras en el contenido de los expedientes o registros del personal, cambios en las remuneraciones, propuestas para cuidar la salud y seguridad de los empleados, así como la utilización de TICs en la administración de personal.

En todos los casos el evaluador querrá propondrá un calendario de prioridades para la implementación de las recomendaciones en este rubro, e indicará cuáles de ellas en particular se consideran críticas en su implementación, a cuáles indicadores de desempeño se debe dar seguimiento periódico, para detectar cambios inesperados que deban ser objeto de atención.

En caso de que el evaluador prevea riesgos en algunas acciones o procesos, deberá hacer la advertencia necesaria.

Cuando se justifique se puede agregar un párrafo en el que se detallen los anexos en los que se proporcionen elementos adicionales que complementen la propuesta sobre el tema, entre los cuales se pueden incluir: (a) diseño de nuevos puestos o modificación del diseño de puestos existentes; (b) puestos en los que conviene reducir o aumentar el número de tareas; (3) puestos en los que conviene simplificar o enriquecer las actividades.

Experiencias de aprendizaje

Tareas individuales

[6.3.11] Elaborar agenda de detección de fuerzas y debilidades de RH, así como la necesidad de análisis y de búsqueda de información con el administrador de la empresa.

[6.3.12] Seleccionar y adecuar cuestionarios para conocer las prácticas de RH que utiliza la empresa.

[6.3.13] Aplicación de cuestionarios y entrevistas a los que se refiere la actividad 6.3.12 a cinco o más integrantes del personal de la empresa; a cinco o más clientes y cinco o más proveedores para conocer cómo se compara el capital humano de la empresa con respecto a sus competidores.

[6.3.14] Diagnóstico de la función de administración de recursos humanos.

[6.3.15] Propuesta de acciones para adecuar el capital humano y su desempeño a los requerimientos para el logro de los objetivos de desarrollo de la empresa.

Actividades en equipo

[6.3.21] Revisión la tarea 6.3.11.

[6.3.22] Revisión de las tareas 6.3.12 a 6.3.15

Casos virtuales

[6.3.31] Elaborar diagnóstico de la función de administración de recursos humanos, y propuesta de acciones para adecuar el capital humano para el logro de los objetivos de desarrollo de la empresa.

Bibliografía

Afiouni, F. (2007). Human resource management and knowledge management: a road map toward improving organizational performance. *Journal of American Academy of Business*, 11(2), 124-130.

Arregle, J. L., Hitt, M. A., Sirmon, D. G., & Very, P. (2007). The development of organizational social capital: Attributes of family firms. *Journal of management studies*, 44(1), 73-95.

Astrachan, J. H., & Kolenko, T. A. (1994). A neglected factor explaining family business success: Human resource practices. *Family business review*, 7(3), 251-262.

Boudreau, J. W., & Ramstad, P. M. (2002). Strategic HRM measurement in the 21st century: From justifying HR to strategic talent leadership *(CAHRS working paper 02-15). Ithaca, NY: Cornell University*.

Carlson, D. S., Upton, N., & Seaman, S. (2006). The impact of human resource practices and compensation design on performance: An analysis of family-owned SMEs. *Journal of Small Business Management*, 44(4), 531-543.

Carr, C., & Pudelko, M. (2006). Convergence of management practices in strategy, finance and HRM between the USA, Japan and Germany. *International Journal of Cross Cultural Management*, 6(1), 75-100.

Chandrakumara, A., & Rao, P. (2016). Effective Human Resources Management Practices in Small and Medium Enterprises: Global Perspectives of the MIST (Mexico, Indonesia, South Korea, Turkey) Economies. In *Project Management: Concepts, Methodologies, Tools, and Applications (pp. 1023-1055*.

Ekuma, K. J. (2012). The importance of predictive and face validity in employee selection and ways of maximizing them: An assessment of three selection methods. *International Journal of Business and Management*, 7(22), 115.

Ficapal-Cusí, P., Torrent-Sellens, J., & Curós-Vilà, P. (2011). Information Technology, Human Resources Management Systems and Firm Performance: An Empirical Analysis from Spain. *Journal of Systemics, Cybernetics and Informatics*, 9(2), 32-38.

Gates, S., & Langevin, P. (2010). Human capital measures, strategy, and performance: HR managers' perceptions. *Accounting, Auditing & Accountability Journal*, 23(1), 111-132.

Huselid, M. A., & Becker, B. E. (2011). Bridging micro and macro domains: Workforce differentiation and strategic human resource management, *Journal of Management*, 37,2, 421-428.

Kotey, B., & Sheridan, A. (2004). Changing HRM practices with firm growth. *Journal of Small Business and Enterprise Development*, 11(4), 474-485.

Lawler III, E. E., Levenson, A., & Boudreau, J. W. (2004). HR metrics and analytics–uses and impacts. *Human Resource Planning Journal*, 27(4), 27-35.

Liebowitz, J., & Suen, C. Y. (2000). Developing knowledge management metrics for measuring intellectual capital. *Journal of intellectual capital*, 1(1), 54-67.

Monks, K., Kelly, G., Conway, E., Flood, P., Truss, K., & Hannon, E. (2013). Understanding how HR systems work: the role of HR philosophy and HR processes. *Human resource management journal*, 23(4), 379-395.

Neckebrouck, J., Schulze, W., & Zellweger, T. (2017). Are family firms good employers?. *Academy of Management Journal*, amj-2016.

Tsaur, S. H., & Lin, Y. C. (2004). Promoting service quality in tourist hotels: the role of HRM practices and service behavior. *Tourism Management*, 25(4), 471-481.

Uggerslev, K. L., Fassina, N. E., & Kraichy, D. (2012). Recruiting through the stages: A meta-analytic test of predictors of applicant attraction at different stages of the recruiting process. *Personnel Psychology*, 65(3), 597-660.

6.4 Remuneraciones

Importancia

El reporte de evaluación del proyecto de inversión debe proponer un desglose de las remuneraciones que se otorgarán al personal, en un nivel que sean las adecuadas para atraer, motivar y retener al personal deseado, que favorezcan un clima de trabajo favorable para el desarrollo del proyecto, sin que el monto de recursos pueda considerarse una carga desproporcionada dentro del total del gasto.

El monto y el nivel de remuneraciones puede ser un aspecto por demás crítico para el éxito del proyecto, particularmente cuando se complementa con estímulos de tipo interno, mediante un trato personal que aumente la motivación hacia el logro de los objetivos de la empresa. De esta manera, cuando el plan de remuneraciones es apropiado la empresa podrá alcanzar niveles de desempeño mayores y sobrevivir en el largo plazo. Sin embargo, cuando las remuneraciones exceden en algunos casos la contribución del personal a la creación de valor, la vulnerabilidad de la empresa se incrementará.

Preguntas de aplicación

[4.4.65]	¿Cómo se compara el esquema de remuneraciones de la empresa con respecto a los principales competidores, y qué cambios se sugieren con el desarrollo del proyecto?

Premisas teóricas y prácticas

Se han propuesto teorías sobre la existencia de un nivel eficiente de remuneraciones que permite a las empresas alcanzar grados de desempeño y competitividad mayores, cuando el nivel de remuneraciones influye en la capacidad de la empresa para allegarse y mantener personal calificado para el puesto, y alcanzar un grado superior de motivación hacia niveles superiores de desempeño.

La empresa debe elegir entre diferentes políticas de remuneraciones que han probado ser efectivos en circunstancias particulares, según se adecuen a las características de la empresa, sus objetivos, así como su entorno:

(a) política de salarios altos, cuando permita a la empresa atraer y conservar personal con las mejores calificaciones, y pueda lograr con ello un desempeño igualmente alto;

(b) política de salarios según jerarquía, que consiste en ofrecer un mismo monto de sueldo a los empleados de cada puesto determinado, y ofrecer sueldos mayores acordes a los niveles de jerarquía definidos en la organización, con menor o mayor variación entre un escalón y el siguiente (variación vertical).

(c) sueldos diferenciados para un mismo puesto, con base en los méritos atribuidos al empleado, o a los conocimientos y habilidades que sean importantes para el desempeño del puesto (variación horizontal);

(d) pago de **incentivos** monetarios variables según el grado de productividad del empleado, del departamento o de los resultados finales de la empresa. En casos especiales la empresa puede llegar a acciones de la empresa, o una participación en las utilidades mayor a las que establece la ley.

El monto de sueldo que la empresa otorgue a cada puesto lo puede determinar tomando como referencia los sueldos que otorguen empresas similares, así como la opinión del supervisor, pero los sueldos podrán ser superiores en el caso de puestos clave, por la importancia que dichos puestos pueden tener en las perspectivas de la empresa.

La efectividad del esquema de remuneraciones elegido puede depender de las prácticas y procesos internos de la empresa, según influyan en la motivación del empleado. En efecto, la respuesta de los empleados será diferente según perciban ellos que los procesos de asignación de remuneraciones e incentivos son igualitarios, esto es, que las diferencias de sueldo en puestos similares son poco relevantes; sin embargo, cuando los procesos son de tipo elitista, algunos empleados percibirán sueldos proporcionalmente más altos que los que corresponderían a la contribución de su desempeño personal en los resultados de la empresa. Además, se espera que el desempeño personal será la medida en que el empleado ejerza control en el logro de sus resultados.

La forma como la empresa comunique al personal sus decisiones de sueldos e incentivos es muy importante para la motivación de los trabajadores, ya que pueden surgir envidias o el sentimiento de que las políticas de la empresa son injustas, por lo cual algunas empresas evitan en lo posible que se divulgue el monto de remuneraciones personales.

Las empresas pueden realizar periódicamente una evaluación formal del desempeño de cada trabajador, de tal forma que las decisiones de sueldos, incentivos y ascensos tengan mejores fundamentos.

Se considera ventajoso que las empresas tengan acceso a los resultados de encuestas sobre el nivel de salarios que se pagan en otras empresas, de tal forma que los salarios que se ofrezcan tengan un fundamento objetivo, y mejores posibilidades de favorecer la contratación y retención de personal con el perfil deseado.

Es muy importante tomar en cuenta que las políticas y decisiones inadecuadas en materia de remuneraciones puede tener consecuencias serias en el funcionamiento de la empresa, según la percepción que de ellas tenga el personal, ya que puede aumentar la rotación y el ausentismo, toda vez que un trabajador insatisfecho tendrá un menor desempeño y tenderá a buscar mejores oportunidades de trabajo. Por el contrario, la administración adecuada de remuneraciones, y la existencia de un clima de trabajo autónomo y de apoyo, puede aumentar la motivación, así como el sentimiento en el personal de que están teniendo éxito en su carrera.

Un elemento que siempre debe ser revisado con profundidad por la gerencia es el costo total por empleado, particularmente para evaluar que la contribución del puesto a los resultados de la empresa sea superior al costo. Si bien la evaluación será en generalmente de tipo subjetivo, será importante determinar cómo está integrado dicho costo, que incluirá el salario base, vacaciones, gratificaciones, horas extras, estímulos y, en el caso de México, cuotas del IMSS e INFONAVIT.

Recursos requeridos

Será necesario que el evaluador pueda contar con una tabla de puestos y salarios, así como una descripción de otros incentivos económicos que otorgue la empresa.

Además, conforme avance el proceso de evaluación convendrá obtener de la empresa un desglose reciente de sueldos por puesto, incluyendo el puesto de gerente. Si la empresa dispone de dicha información correspondiente a los últimos tres años permitirá al evaluador hacer un trabajo mejor fundamentado. Por otra parte, el evaluador deberá buscar la composición de remuneraciones que pagan otras empresas que requieren personal con conocimientos y experiencia similares, así como de las prácticas que han resultado exitosas.

Aplicación

El subcapítulo 6.3 Recursos humanos se refiere principalmente a la administración de dichos recursos dentro de un marco general, pero el propósito de la presente unidad busca responder una pregunta con un enfoque específico del gasto y de su justificación, para lo cual será necesario indagar en la localidad las remuneraciones que pagan empresas similares, o mediante internet las referentes a otras localidades, con el fin de contar con elementos para comparación.

En forma paralela al avance en la contestación de otras preguntas de aplicación, como las relativas a la descripción del proyecto (3.4), a la producción (5.4), a las ventas (5.6) entre otras, será posible estudiar la necesidad de proponer cambios en la integración de personal y en las remuneraciones.

Respuesta a la pregunta de aplicación.

La contestación de la pregunta de aplicación puede plantearse mediante uno o dos párrafos y, cuando sea necesario, acompañarlos de una tabla explicativa, que facilite a la gerencia evaluar la propuesta. Podrá ser conveniente explicar los cambios propuestos en puestos claves, así como los indicadores de desempeño que deben tomarse en cuenta por considerarse críticos para el éxito del proyecto.

Si el evaluador considera necesario podrá recomendar medidas para verificar la implementación apropiada de las propuestas, advertir posibles riesgos que se pueden presentar, o eventos inesperados que adviertan dificultades que puedan suceder.

Experiencias de aprendizaje

Tareas individuales

[**6.4.11**]   Elaborar diagnóstico de remuneraciones y propuesta de cambios.

Tareas en equipo

[**6.4.21**]   Revisión de la tarea 6.4.11.

Casos virtuales

[**6.4.31**]   Elaborar respuesta a la pregunta de aplicación con información aproximada.

Bibliografía

Anderson, M. C., Banker, R. D., & Janakiraman, S. N. (2003). Are selling, general, and administrative costs "sticky"?. *Journal of Accounting Research*, 41(1), 47-63.

PA Group Limited KPGN (2010, Septiember). *Corporate Cost Benchmarking*. Descargado el 22 de octubre, 2017 de https://www.aer.gov.au/.

Dalla Via, N., & Perego, P. (2014). Sticky cost behaviour: evidence from small and medium sized companies. *Accounting & Finance*, 54(3), 753-778.

Kerzner, H. (2004). Advanced project management: Best practices on implementation. John Wiley & Sons.Kerzner, H. (2017). *Project management metrics, KPIs, and dashboards: a guide to measuring and monitoring project performance*. John Wiley & Sons.

Liebowitz, J., & Suen, C. Y. (2000). Developing knowledge management metrics for measuring intellectual capital. *Journal of intellectual capital*, 1(1), 54-67.

Zeinalnezhad, M., Mukhtar, M., & Sahran, S. (2014). An investigation of lead benchmarking implementation: a comparison of small/medium enterprises and large companies. *Benchmarking: An International Journal*, 21(1), 121-145.

6.5 Gastos de administración

Importancia

Los gastos de administración comprenden los salarios de la gerencia y puestos administrativos, así como los gastos asociados con dichos puestos, tales como renta, depreciación, electricidad, tecnologías de información y comunicación, licencias, asesorías, seguros, suministros, entre otros. Dichos gastos se consideran indirectos porque no se incluyen dentro del costo de ventas; asimismo se consideran como fijos, porque generalmente no varían en el corto plazo.

No hay estudios que permitan establecer un porcentaje ideal de este tipo de gastos respecto al monto de ventas, o de otros indicadores, lo que puede atribuirse a la alta diversidad de circunstancias que caracterizan a las empresas. De cualquier manera las empresas deben procurar que el gasto sea eficiente y que tienda a mejorar las perspectivas del negocio en el largo plazo.

Algunos proyectos de inversión pueden tener como propósito la reducción de gastos energía eléctrica o de combustibles mediante la instalación de paneles o calentadores solares, aunque la inversión en equipos aumente el gasto de depreciación de los equipos adquiridos. Asimismo, el gasto puede modificarse por la adquisición de equipos de cómputo o comunicación, o por la contratación de personal especializado para reducir el gasto de asesoría.

El análisis de los gastos de administración puede revelar un nivel de gasto que permita a la empresa lograr sus objetivos de desarrollo, y evitar que supere un monto que, en circunstancias desfavorables, represente una carga que reduzca la rentabilidad de la empresa a niveles de riesgo.

Preguntas de aplicación

[4.5.66]	¿Cuáles son los gastos de administración relevantes que se incrementarán o reducirán con el proyecto?

Premisas teóricas y prácticas

La elaboración del FODA, que se realiza gradualmente durante las primeras etapas de la evaluación del proyecto, podrá revelar la existencia de fuerzas y debilidades en el monto o estructura de los gastos fijos, particularmente cuando se logra conocer la composición de dichos gastos de otras empresas y se comparan con le empresa evaluada. En forma comparable, la propuesta referente a las TICs (subcapítulo 5.11) y de recursos humanos (subcapítulo 6.3) y, en su caso otras áreas que se vean afectadas por el proyecto de inversión, revelarán la necesidad de incrementos o disminución en algunos conceptos de gastos de administración.

Los gastos de administración se consideran fijos por naturaleza, tal que su monto no variará en el corto plazo aun cuando las ventas aumenten o disminuyen, en cuyo caso la proporción de los gastos de administración respecto al monto de ventas disminuirá o aumentará respectivamente. Sin embargo, los proyectos de inversión pueden justificar un aumento o disminución de los gastos de administración, en forma indirecta o directa. En efecto, la apertura de sucursales aumentará los gastos de rentas y en algunos casos la contratación de personal administrativo adicional; por el contrario, la reorganización de la empresa puede significar una reducción de los gastos de personal administrativo.

Aun cuando la evaluación de un proyecto de inversión puede iniciar con la premisa de que los gastos de administración son fijos, en realidad la teoría microeconómica propone que en el largo plazo los gastos de administración se incrementarán conforme aumente el volumen de ventas, aunque en menor proporción. En efecto, un incremento del 40% en el volumen de ventas puede a su vez propiciar un aumento en los gastos de administración del 20%, pero la empresa debe procurar ser más eficiente que los competidores; se ha observado, por el contrario, que ante una disminución del monto de ventas, la gerencia mostrará reluctancia a reducir sus gastos.

Es deseable que las empresas pequeñas procuren indagar cuál es la estructura de gastos de sus competidores: la proporción de los gastos de administración respecto a las ventas, el gasto de TICs, los salarios que pagan al personal clave, entre otros. Una empresa que aspire a prevalecer exitosamente en el futuro deberá ser eficiente en sus gastos de administración en comparación con sus competidores.

Recursos requeridos

El inicio de la evaluación del presente rubro puede postergarse hasta una etapa avanzada de la evaluación, en la que será necesario contar con un reporte desglosado de los gastos de administración, relativa a los últimos seis semestres.

Conviene que el administrador de la empresa comparta con el evaluador el conocimiento que tenga sobre los niveles de gasto administrativo de competidores o de otras empresas de referencia, así como su opinión sobre las mejoras que convendría hacer.

Aplicación

Cuando el evaluador disponga del desglose de los gastos de administración de la empresa de al menos el último **ejercicio contable** podrá hacer un análisis del comportamiento de los diferentes renglones de gasto, y buscar una explicación sobre el grado en que cada renglón se justifica. Se espera que en ésta etapa el evaluador haya indagado información de tipo **benchmarking** que le permita ser crítico en su análisis.

Mientras tanto, en el avance que haya logrado en los rubros de Operación y Administración, habrán surgido elementos para valorar los incrementos o disminución de gastos que sería plausible proponer.

Respuesta a la pregunta de aplicación.

La respuesta a la pregunta de aplicación puede elaborarse en uno o dos párrafos, en los que se explique con argumentos objetivos los fundamentos de las propuestas. En el caso de que el evaluador considere que la estructura de gastos de la empresa muestre alguna desventaja respecto a niveles deseables, convendrá que la respuesta a la pregunta de aplicación incluya una tabla que muestre la evolución de conceptos de gastos clave de los tres últimos años y la propuesta de gastos en los años proyectados.

Si alguno de los cambios se considera crítico para el éxito del proyecto, el evaluador puede sugerir alguna medida para que el administrador tenga seguridad que en su momento el cambio se aplique adecuadamente.

Además, el evaluador podrá recomendar indicadores de desempeño que permitan verificar que la propuesta haya logrado los objetivos deseados, así como los posibles riesgos a prevenir.

De igual manera, podrá advertir sobre la posibilidad y origen de sucesos que podrían requerir acciones correctivas.

Experiencias de aprendizaje

Tareas individuales

[**6.5.11**]   Elaborar análisis de gastos de administración, y propuesta de gastos de administración por el periodo de pronóstico de la evaluación del proyecto.

Tareas en equipo

[**6.5.21**]   Revisión de la tarea individual 6.5.11.

Casos virtuales

[**6.5.31**]   Estimar estructura de gastos de administración y propuesta de gastos de administración por el periodo de pronóstico de la evaluación del proyecto..

7 Evaluación financiera

7.1 Enfoque de la evaluación financiera

Importancia

Un proyecto de inversión puede tener uno o más **objetivos financieros**, tales como incrementar el porcentaje de **utilidad sobre ventas**, la reducción de algunos conceptos de gasto, incrementar el retorno sobre la inversión, entre otros, u **objetivos no financieros** como el **índice de participación de mercado** o el **índice de satisfacción del cliente**, pero aún estos últimos inciden indirectamente en **indicadores financieros**, que son útiles para determinar si conviene llevar a cabo un proyecto. Por consiguiente, la decisión que la gerencia llegue a tomar sobre el proyecto sería principalmente en base a criterios financieros.

Un proceso adecuado de evaluación financiera es una tarea retadora, que se realiza mediante hojas de cálculo en computadora, con modelos que permiten un análisis realista de información contable, financiera y económica, que refleje las condiciones del negocio. Dicho trabajo se volverá más detallado o sofisticado conforme los proyectos se refieran a un nivel de expansión mayor, a la incursión en una nueva área de negocio, al desarrollo de un producto u otro propósito que conlleve a un cambio trascendente en la actividad normal de la empresa.

Problema que resuelve

Se espera que la evaluación financiera de un proyecto aporte elementos de juicio objetivos y determinantes para tomar la decisión, porque será crítica para el futuro de la empresa, toda vez que un proyecto que tenga éxito contribuirá a mejorar sus perspectivas de productividad y de supervivencia, pero las consecuencias de un fracaso pueden llevar a la quiebra de la empresa

Premisas teóricas y prácticas

Los métodos y técnicas financieras que se proponen en el presente capítulo han sido objeto de estudio de la Administración financiera bajo el concepto de Presupuesto de Capital –*Capital Budgeting* en idioma inglés, y se trata como una tarea retadora de administración, porque usualmente involucra montos de inversión relativamente grandes para la empresa, y se espera que sus beneficios se reflejen en el flujo de efectivo a lo largo de varios años.

Aun cuando se ha encontrado que más de la tercera parte de los proyectos de inversión fracasa, en las empresas pequeñas es poco frecuente el uso adecuado de técnicas financieras en la evaluación de los proyectos; es razonable esperar que la confiabilidad de los resultados de las técnicas financieras dependa de que los **modelos financieros** sean apropiados, y de que el valor estimado de las variables sea resultado de reflexión cuidadosa de la situación de la empresa y del mercado.

La evaluación de un proyecto de inversión tiene como propósito reducir la incertidumbre, toda vez que el gasto que implique puede ser irreversible, o el cambio de curso puede ser costoso, en cuyo caso la empresa podrá considerar proyectos alternativos que ofrezcan perspectivas mejores.

Recursos requeridos

El proceso de evaluación financiera se desarrolla a partir de información financiera interna de la empresa y, en la medida en que dicha información sea completa y confiable, el evaluador estará en mejor posibilidad de que los resultados de la evaluación puedan ser un recurso eficaz para la toma de decisiones por la empresa, para obtener financiamiento y para mantener debidamente informados a los propietarios y accionistas de la empresa. Se recomienda contar con información de al menos los tres últimos años y, para que su análisis sea confiable, que la información haya sido elaborada mediante criterios comparables. Dicha información constará de lo siguiente:

Estados financieros completos de tres ejercicios contables previos. Los documentos básicos para la evaluación financiera son los estados financieros de la empresa de los tres ejercicios anteriores, principalmente el Estado de Resultados y el Estado de Posición Financiera.

Desglose de la cuenta Clientes. Saldos por cliente de las ventas pendientes de cobro que constituyan el 80% del saldo de la cuenta, sólo de aquellos cuyo monto individual represente al menos el 5% del saldo de Clientes, indicando en cada caso si la cuenta se encuentra al corriente o, en su caso, el número de días de atraso que presente.

Desglose de la cuenta Inventarios. Se requiere conocer el número de unidades o el volumen en existencias de los principales insumos o productos que integran el saldo a la fecha del balance, así como el precio por unidad.

Desglose de la cuenta Proveedores. Debe contener el monto que la empresa adeude a cada proveedor cada mes, de aquellos proveedores cuyo saldo individual represente al menos el 10% del saldo total de la cuenta, así como el plazo de crédito que otorga el proveedor.

Desglose de gastos. Conviene contar con el desglose mensual de al menos el último ejercicio, para conocer la evolución de los principales conceptos de gastos, porque puede revelar situaciones pasadas que ofrezcan indicios de cambios que se hayan dado y que deberían tomarse en cuenta en la evaluación del proyecto.

Balanza de comprobación mensual. La evolución de los saldos mensuales de las cuentas del último ejercicio será importante para la elaboración del flujo de caja de los estados financieros proyectados. Además, en muchas industrias se observan variaciones estacionales que pueden ser críticas para el proyecto.

Volumen, precios y costos de venta mensuales. Desglose de los productos principales que vende la empresa, al menos de los últimos tres años.

Aplicación

El evaluador necesita contar con información financiera interna suficiente y confiable para realizar la evaluación de un proyecto de inversión, información que conviene solicitar durante la primera entrevista que tenga con el empresario. Para tal efecto, a partir del conocimiento previo que se tenga de la empresa, el evaluador elaborará un listado preliminar de la información financiera a solicitar.

La teoría y la práctica sugieren utilizar las técnicas financieras básicas que proporcionen elementos para tener una aproximación útil sobre los beneficios financieros del proyecto en pocas horas de trabajo, una vez que se dispone de la información contable, mediante la utilización de valores estimados de las variables que requieren los modelos. Eventualmente el evaluador podrá optar por la utilización de técnicas de mayor sofisticación, como el análisis de probabilidad, el análisis de ruta crítica, u otras, técnicas cuya aplicación queda fuera del alcance de este libro.

La evaluación financiera se inicia cuando se dispone de un desglose preliminar de los gastos de inversión de capital, así como de la información contable y económica que se detalla en cada uno de las etapas que se proponen en el capítulo.

El avance en el desarrollo de la evaluación financiera puede ser gradual, en forma paralela con otros temas de la evaluación, por la interdependencia que existe entre ellos.

Sin embargo, es posible trazar una secuencia práctica para realizar la evolución financiera, que consiste en iniciar con la elaboración del pronóstico del **flujo de efectivo pre-operativo** (subcapítulo 7.2), y enseguida el pronóstico del flujo de efectivo (subcapítulo 7.5); como segunda etapa se puede abordar el diseño y la formulación de escenarios (subcapítulos 7.3 y 7.4); en una tercera etapa podrá elaborar los estados financieros proyectados (subcapítulo 7.6); en una cuarta etapa identificará los **resultados relevantes** y los **criterios de decisión** (subcapítulos 7.7 y 7.8). Puede proponerse una quinta etapa de revisión de consistencia con las propuestas de otros capítulos de la evaluación y, en el caso de que hayan surgido eventos o información actualizada que convenga tomar en cuenta, la revisión podrá sugerir la modificación de supuestos y pronósticos; en su caso, se recomienda que tal modificación se haya fundamente con elementos objetivos o con elementos subjetivos revisados con rigor.

Una vez que el evaluador haya completado las proyecciones financieras, deberá incluir en cada proyección las aclaraciones o elementos que hayan servido de base para cada supuesto. Por ejemplo, el valor de un activo que se adquiera con el proyecto podrá haberse determinado mediante una cotización específica; el número de años de vida útil de un equipo podrá haberse registrado en base a la experiencia de un técnico especializado; el índice de inflación o del crecimiento del PIB esperados podrán haberse tomado de los pronósticos de un banco o de un comunicado de las autoridades financieras nacionales. De hecho conviene que el evaluador pueda explicar los fundamentos del valor de cada variable que pueda ser crítica para que las proyecciones se consideren confiables.

La formulación de los modelos de proyección financiera en hoja de cálculo que se utilizan en el libro, debe hacerse mediante un proceso iterativo, es decir, una vez que se complete cada modelo el evaluador deber revisar cómo evolucionan las variables a través del tiempo y detectar cifras que no concuerden con las expectativas, en cuyo caso habrá que revisar los supuestos y considerar las implicaciones; además, debido a la relación que puede existir entre modelos de escenarios, flujo de caja y estados financieros proyectados, debe haber consistencia entre los supuestos y los pronósticos. Asimismo, conforme evolucione la evaluación surgirán circunstancias que ameriten la modificación de supuestos, lo cual requerirá revisar los resultados de todo el modelo. Es importante recordar que cualquier error en un dato puede causar errores importantes en las proyecciones, que pueden tener consecuencias graves. Por consiguiente, la revisión de las proyecciones debe ser hecha por más de una persona, y con actitud crítica para evitar problemas futuros.

El proceso de evaluación financiera implica analizar aquellos elementos operativos de la empresa que pueden verse afectados por el desarrollo del proyecto, elementos que pueden tener implicaciones financieras. Específicamente, la evaluación financiera toma en cuenta el impacto de cada cambio en la operación como consecuencia del proyecto, en los ingresos y gastos de la empresa, tanto en el corto como en el mediano y largo plazo.

Generalmente no es necesario que en el reporte de evaluación se haga algún comentario referente al presente subcapítulo.

Experiencias de aprendizaje

Tareas individuales

[7.1.11]   Lista de elementos de información financiera a solicitar a la empresa durante la primera entrevista con el administrador.

[7.1.12]   Descripción de la información financiera proporcionada por la empresa, y del plan para obtener información faltante.

Tareas en equipo

[7.1.21]   Revisión de las tareas 7.1.11 y 7.1.12.

Casos virtuales

[7.1.31]   Plan para obtener datos aproximados de ventas y situación financiera de la empresa, mediante entrevistas a clientes, proveedores y otras personas relacionadas con la empresa.

Bibliografía

Brigham. E.R. & Ehrhardt, M.C. (2010). *Financial Management Theory and Practice*. Mason, OH: South-Western Cengage Learning)

Danielson, M.G. & Scott, J.A. (2006). The Capital Budgeting Decisions of Small Businesses. *Journal of Applied Finance*, 16, 2, 45+.

Dayananda, D., Harrison, S., Irons, R., Herbohn, J., & Rowland, P. (2002). *Capital budgeting: financial appraisal of investment projects*. Cambridge University Press.

Götze, U., Northcott, D., & Schuster, P. (2015). Capital Budgeting and Investment Decisions. In *Investment Appraisal* (pp. 3-26). Springer Berlin Heidelberg

Kruck, S. E., & Sheetz, S. D. (2001). Spreadsheet accuracy theory. *Journal of Information Systems Education*, 12(2), 93-108.

McKenzie, D., & Woodruff, C. (2015). *Business practices in small firms in developing countries*. The World Bank.

McMahon. R.G.P. & Holmes, S. (1991). Small business financial management practices in North America: a literature review, *Journal of Small Business Management*, 29, 2, 19+.

Rumelt, R. P. (1991). How much does industry matter?. *Strategic management journal*, 12(3), 167-185.

7.2 Etapa pre-operativa

Importancia

En el proceso de evaluación de un proyecto de inversión, conviene identificar en detalle los conceptos más importantes de gasto, los montos y el tiempo en que se erogan durante la **etapa preoperativa** de la implementación del proyecto de expansión. La etapa preoperativa puede tener una duración desde un mes hasta más de un año, según el tipo de proyecto, que puede incluir la construcción o adaptación de instalaciones, la adquisición de maquinaria o equipo, la capacitación de personal, el trámite de permisos, la contratación de servicios, o la adquisición de insumos, entre otros conceptos.

Por ejemplo, abrir una sucursal de una boutique podría completarse en cuatro meses, pero el desarrollo de una nueva marca de vino tinto podría requerir de hasta dos o más años.

El calendario de la erogación de gastos pre-operativos es necesario para que la empresa pueda asegurar la disponibilidad de recursos, cuya erogación formará parte del pronóstico de flujo de efectivo que se elabore conforme lo sugiere el subcapítulo 7.5.

En la medida en que desglose de gastos preoperativos haya sido preparado con el mayor cuidado, la empresa podrá desarrollar las acciones requeridas dentro del tiempo establecido, sin exceder los montos presupuestados, y aumentar la posibilidad de cumplir los objetivos del proyecto.

Preguntas de aplicación

| [5.2.67] | ¿Cómo se desglosan los gastos del proyecto en la etapa pre-operativa? |

Premisas teóricas y prácticas

La estimación de los gastos pre-operativos es una tarea de planificación para la que es necesario conocer las especificaciones de los productos o servicios que se deben adquirir; los proveedores, sus precios y condiciones de entrega; la experiencia tenida por la empresa en la adquisición de productos similares en el pasado y revisar si la empresa poseerá el nivel tecnológico que apoye su competitividad futura, entre otros aspectos.

Los conceptos, tiempos y cifras que se proyecten deberán ser congruentes con los requerimientos y propuestas que se hagan en otros temas de la evaluación con los que exista relación, como puede ser en los planes operativos (Cap. 5) o en recursos humanos (sub-capítulos 6.3 y 6.4), entre otros. Además, las cifras de gastos serán **insumos** en otras plantillas de la evaluación financiera, como el flujo de efectivo (subcapítulo 7.4), la formulación de escenarios (subcapítulo 7.4) etc.

Es importante hacer notar que en el caso de que la empresa previamente hubiera hecho gastos como parte del proyecto, se les denomina **costos hundidos**, los cuales no deben tomarse en cuenta para efectos de la evaluación financiera.

Recursos requeridos

El evaluador debe informarse sobre la experiencia que ha tenido la empresa en proyectos de inversión anteriores y, en la medida de lo posible, elaborar la lista de conceptos de inversión con la participación del empresario. Posteriormente y conforme avance la evaluación, convendrá contar con la colaboración de la empresa para revisar el detalle de cada concepto de los gastos operativos.

Aplicación

La fuente de información para elaborar el desglose de gastos de inversión podrá ser la propia empresa, ya que el administrador y los jefes o supervisores tendrán la descripción de los activos que han adquirido, e información de los proveedores y de las condiciones de compra, o podrán sugerir dónde buscarla. Cuando el proyecto requiere la utilización de tecnología o conocimiento especializado, que la empresa o el evaluador no conozcan a profundidad, podrá ser necesario consultar a especialistas o contratar asesoría especializada.

En la plantilla Flujo de Efectivo (anexo 7.5.1) se delimita una sección para el registro de los gastos pre-operativos, que comprende seis columnas (mes -6 a mes -1), en la categoría denominada Flujo de Inversión; se sugiere clasificar los gastos de inversión en tres categorías: (1) Activos fijos utilizados en producción; (2) Activos fijos no utilizados en producción y (3) Activos diferidos.

La clasificación en dichas categorías permitirá transparentar el reconocimiento de los gastos en los estados financieros proyectados, que se explican en el sub-capítulo 7.6

El evaluador podrá agregar y eliminar columnas y renglones según lo necesite, y registrar en las celdas los diferentes conceptos de gastos de inversión. Se sugiere registrar en una renglón cada uno de los conceptos relevantes de gasto, y registrar en un renglón *Otros* los conceptos de gasto no relevantes.

Respuesta a la pregunta de aplicación

En el reporte de evaluación podrá indicar el número de meses que durará la etapa preoperativa, y explicar en un párrafo los principales conceptos de gasto y sus montos. En el caso de proyectos complejos, podrá ser necesario incluir una tabla con los principales conceptos y montos por mes.

Puede ser necesario explicar si algunos conceptos requerirán un cuidado especial y, en su caso, los riesgos que se pueden presentar.

Experiencias de aprendizaje

Tareas individuales

[7.2.11]   Elaborar un desglose preliminar de conceptos de gastos de inversión.

[7.2.12]   Elaborar el flujo de inversión pre-operativo.

Tareas en equipo

[7.2.21]   Revisar la tarea 7.2.11.

[7.2.22]   Revisar la tarea 7.2.12.

Casos virtuales

[7.2.31]   Elaborar el flujo de inversión pre-operativo y redactar la respuesta a la pregunta de aplicación, indicando fuentes de información que sustenten la respuesta.

7.3 Diseño de escenarios

Importancia

La justificación financiera de un proyecto de inversión debe fundamentarse en pronósticos de cifras de ventas y utilidades de la empresa para los meses y años siguientes. Dichos pronósticos constituyen la base para elaborar los **Estados financieros proyectados**, que incluye el análisis del **punto de equilibrio** y el análisis se sensibilidad. Sin embargo, para elaborar dichos pronósticos es recomendable diseñar un número de **escenarios** posibles que se consideren más representativos, en los que se identifiquen las variables del **entorno externo de la empresa** cuya variación pueda afectar sensiblemente los resultados financieros futuros de la empresa.

Cuando los Estados financieros proyectados se elaboran con la idea de que no habrá cambios relevantes en el entorno externo, sin haber analizado el pasado en forma crítica, y sin imaginar cuáles circunstancias podrían modificar las ideas preconcebidas sobre el futuro, abren la posibilidad de riesgos factibles de evitar e incurrir en un error en el cálculo del rendimiento esperado de la inversión. En efecto, cuando el evaluador ignora la evolución del entorno e incurre en exceso de confianza, en el caso de situaciones inesperadas difíciles el administrador podría responder tardíamente, caer en la inacción, o tener incapacidad para allegarse de recursos y solucionar los problemas.

Pregunta de aplicación

[5.3.68]	¿Cuáles escenarios diferentes se consideran plausibles para efectos de la evaluación financiera del proyecto?

Premisas teóricas y prácticas

Un escenario puede definirse como una historia que describe la percepción que se tiene de cambios futuros posibles en las condiciones del **ambiente externo**, que pueden afectar el desempeño de la empresa, factores que a su vez se impactan entre sí durante etapas de tiempo. Un ejemplo de cambio externo puede ser la disminución en el precio del petróleo, que a su vez puede afectar el tipo de cambio, la inflación y el gasto público; un aumento en el gasto público puede incrementar la demanda de productos y servicios, afectar el índice de inflación, el tipo de cambio, entre otros efectos, que podrían afectar en forma relevante el desempeño de muchas empresas.

Con frecuencia la evaluación financiera de un proyecto se fundamenta en pronósticos basados en un solo escenario, a partir de resultados de ejercicios anteriores y en algunos supuestos que sugieren una continuidad hacia el futuro, o hechos y observaciones recientes; dicho pronóstico, aunque puede ser probable, presenta el riesgo de confiar en una continuidad que puede ser engañosa.

En las empresas grandes es común basar los pronósticos de ventas, costos y gastos en la concepción de un número de escenarios, que tomen consideración cambios probables que se aparten de la creencia de que el entorno no va a sufrir cambios importantes.

En general es recomendable describir tres o más escenarios contrastantes, y no simples variaciones de un escenario particular, cada uno con una perspectiva futura elaborada a partir de información cualitativa y cuantitativa. Puede decirse también que la elaboración de escenarios consiste en poner en un orden las percepciones sobre las alternativas futuras. De acuerdo con ésta última idea, un primer escenario sería aquel que considere circunstancias propias del **escenario más probable**, porque todo parece indicar que las variables relevantes como ventas y costos seguirán una tendencia que parece casi segura; otro escenario podrá calificarse como "Optimista" porque las ventas serán superiores al primer escenario, y/o los costos podrán ser menores; un tercer escenario podría calificarse como "Pesimista" porque el entorno externo podrá afectar las ventas y utilidades, de manera que cause dificultades serias para la empresa.

Cada escenario puede tener como centro una o dos variables principales, que pudieran tener mayor efecto en el desempeño futuro de la empresa. Por ejemplo, un primer escenario podría contemplar un crecimiento del PIB ligeramente mayor y pocos cambios en las estrategias de los competidores de la empresa; un segundo escenario traería el cambio de gobierno del Estado hacia un partido político diferente y la introducción de nuevas tecnologías, y un tercer escenario el aumento en el porcentaje de madres solteras y la perspectiva de un cambio en la etapa del ciclo de vida del producto principal de la empresa, o la llegada de un competidor importante.

En cada escenario las dos variables clave podrían afectar en algún grado el volumen de ventas, pero en el segundo escenario la primera variable podría afectar principalmente a las empresas proveedoras del Gobierno del Estado. Los efectos de las variables podrían ser diferentes según la industria o rama de actividad de la empresa.

Entre las variables que pueden considerarse relevantes en el diseño de escenarios se pueden listar las siguientes: (1) PIB; (2) tasas de interés; (3) inflación; (4) tipo de cambio; (5) precios del petróleo; (6) gasto público; (7) elecciones estatales o federales; (8) **ciclo de vida del producto**; (8) acciones de los competidores; (9) leyes y reglamentos; (10) cambios culturales; (11) innovaciones; (12) globalización, entre otros.

Los efectos de cada escenario se pueden reflejar en una proyección financiera que usualmente se elabora por un rango de cinco años, aunque en algunos casos puede ser útil considerar los efectos por un mayor número de años, porque uno de los objetivos de la empresa consiste en permanecer más allá del horizonte productivo de su propietario o administrador.

A cada escenario se le puede asignar una probabilidad de ocurrencia, cuyo valor se puede representar mediante un porcentaje, de tal manera que la suma de las probabilidades de los escenarios diseñados tenga el valor de la unidad. La asignación de dichos porcentajes es de tipo subjetivo o de juicio, con base en el conocimiento que el evaluador pueda alcanzar sobre el comportamiento posible de las variables.

Recursos requeridos

El proceso de prever los cambios futuros posibles en el entorno competitivo de la empresa, podrá ser más confiable si se conoce cuáles cambios en el entorno han afectado a la empresa en el pasado, y cómo ha venido evolucionando la sociedad, la economía y la rama de negocios en la que participa.

Aunque un empresario o profesionista con experiencia puede tener la capacidad por sí solo para intuir escenarios plausibles, será mejor que en el diseño de escenarios participe personal de la empresa involucrado, proveedores y, cuando sea posible, especialistas externos.

Aplicación

Toda vez que los estados financieros proyectados deben reflejar la totalidad el desempeño futuro de la empresa en la esfera financiera, en la concepción de escenarios el evaluador deberá tomar en cuanta cada uno de los demás aspectos que comprende la evaluación, desde las características de la empresa, pasando por el estudio de mercado, la operación, la administración hasta la administración de riesgos.

Además, debido a que existe una interacción natural entre aspectos tales como el plan de mercado y el diseño de escenarios, es conveniente iniciar el diseño de escenarios una vez que se ha reunido información básica sobre el entorno, el mercado y de operación; luego el diseño de escenarios podrá desarrollarse en forma paralela a los demás temas de la evaluación.

El diseño de los escenarios que se utilizarán para la evaluación del proyecto debería ser elaborado por un grupo diverso de participantes. El primer paso podría consistir en una sesión del equipo evaluador, en el que se utilice la técnica de lluvia de ideas, para desarrollar una agenda de trabajo para el diseño de los escenarios. La agenda podría contener las siguientes actividades: a) preguntas preliminares al gerente o propietario, con el responsable de ventas, con el responsable de producción (o equivalente), sobre el conocimiento y opinión que tengan sobre el futuro de la actividad de la empresa; b) buscar en internet noticias o información que permita comparar la información recibida de la empresa; c) platicar con dos o más competidores o clientes sobre la información que se haya obtenido hasta el momento, para apoyar el diseño de los escenarios; d) pedir al administrador que proponga dos o más personas que tengan disposición y conocimientos relevantes, con opiniones diversas para que, justo con él, se examine la información recabada y se consensen tres o más escenarios para tomar en consideración y d) acordar una fecha para la reunión de alrededor de dos horas para revisar la redacción de los escenarios.

La reunión que el evaluador tenga con el personal de la empresa para el diseño de los escenarios deberá iniciarse con el reconocimiento de las limitaciones que tiene el pronóstico de eventos futuros, pero aceptando la necesidad de reflexionar sobre los eventos que puedan afectar los resultados de la empresa en los años siguientes. La reflexión debe basarse en el mejor juicio, basado en la intuición de los participantes sobre los cambios que pueden darse en el entorno social, económico, político y tecnológico.

Respuesta a la pregunta de aplicación.

En el caso de que los escenarios que haya diseñado el evaluador presenten riesgos u oportunidades relevantes, será necesario describir cada escenario en un párrafo, y en un párrafo adicional explicar los elementos que hayan elegido para fundamentar los estados financieros proyectados que se formularán conforme se propone en el sub-capítulo 7.6.

Experiencias de aprendizaje

Tareas individuales

[7.3.11] Redactar en forma preliminar tres escenarios en los que se identifiquen las principales variables de mercado, económicas y sociales que puedan afectar a la empresa en el futuro.

[7.3.12] Redactar tres o más escenarios plausibles en los que se identifiquen las principales variables de mercado, económicas y sociales que puedan afectar a la empresa en el futuro.

Tareas en equipo

[7.3.21] Revisar la tarea 7.3.11

[7.3.22] Revisar la tarea 7.3.12

Casos virtuales

[7.3.31] Redactar tres o más escenarios plausibles en los que se identifiquen las principales variables de mercado, económicas y sociales que puedan afectar a la empresa en el futuro.

Bibliografía

Featherston, C. R., & Doolan, M. (2013, July). Using system dynamics to inform scenario planning: a case study. In *Proceeding of International Conference of the System Dynamics Society* (Vol. 30).

Manigart, S., De Waele, K., Wright, M., Robbie, K., Desbrières, P., Sapienza, H. J., & Beekman, A. (2002). Determinants of required return in venture capital investments: a five-country study. *Journal of Business Venturing*, 17(4), 291-312.

Peterson, G. D., Cumming, G. S., & Carpenter, S. R. (2003). Scenario planning: a tool for conservation in an uncertain world. *Conservation biology*, 17(2), 358-366.

Roztocki, N., & Needy, K. L. (1999, March). EVA for small manufacturing companies. In Proceedings from the *1999 SAM International Management Conference* (pp. 461-469).

Schoemaker, P. J. (1995). Scenario planning: a tool for strategic thinking. *Sloan management review*, 36(2), 25-50.

Thomas, R. (2001). Business value analysis:-coping with unruly uncertainty. *Strategy & Leadership*, 29(2), 16-24.

Yori Conill, L., Hernández de Velazco, J., & Chumaceiro Hernández, A. (2011). Planificación de escenarios: una herramienta estratégica para el análisis del entorno. *Revista venezolana de gerencia*, 16(54).

7.4 Formulación de escenarios

Importancia

Cuando el evaluador ha llevado a cabo el diseño de escenarios plausibles conforme se sugiere en el subcapítulo anterior, estará en posibilidad de iniciar la formulación de los efectos de los escenarios en los resultados financieros futuros de la empresa. Para tal efecto el evaluador elabora un pronóstico de las variables externas que caracterizan dichos escenarios, tales como el crecimiento del PIB, el tipo de cambio, etc., con el fin de valorar el posible efecto de las variables en los indicadores financieros de la empresa.

Cuando el evaluador utiliza un solo escenario puede pasar por alto los cambios que pueden darse en el entorno y que podrían modificar las perspectivas de la rama de actividad de la empresa. Un ejemplo de tales cambios puede ser el surgimiento de desarrollos tecnológicos que reduzcan las ventas de los productos que vende, y con ello la rentabilidad y la permanencia de la empresa.

Cuando la evaluación de un proyecto incluye la formulación de escenarios, será posible determinar cuál podría ser el efecto ponderado de los escenarios posibles en los resultados financieros, y comprender mejor los riesgos y oportunidades desde el punto de vista financiero.

Pregunta de aplicación

[5.4.69]	¿Cuáles implicaciones financieras relevantes resultan del análisis de los escenarios considerados?

Premisas teóricas y prácticas

Una forma de estimar el efecto de un **escenario** en las perspectivas financieras de un proyecto puede hacerse mediante la estimación de un **estado financiero proyectado**, correspondiente a un ejercicio anual en el que la empresa alcance el nivel de ventas y costos deseado con el desarrollo del proyecto; para tal efecto es necesario el pronóstico de las variables externas e internas que puedan darse bajo dicho escenario.

Conforme se propone en el sub-capítulo anterior, entre las variables externas que pueden considerarse en la formulación financiera de los escenarios, se pueden listar los cambios relevantes en las siguientes variables: (1) incremento del PIB; (2) tasas de interés; (3) inflación; (4) tipo de cambio; (5) precios del petróleo; (6) gasto público; (7) elecciones estatales o federales; (8) **ciclo de vida del producto**; (8) acciones de los competidores; (9) leyes y reglamentos; (10) cambios culturales; (11) innovaciones; (12) globalización, entre otros. El grado en que cada variable pueda afectar los resultados del proyecto podrá variar entre una empresa y otra, según su rama de actividad, particularmente las variables que puedan tener un efecto relevante en las ventas y costos de la empresa.

En los escenarios diseñados algunas variables que los integran, como el PIB o el tipo de cambio, es posible pronosticar el valor numérico; en cambio, otras variables como los cambios en leyes y reglamentos o las innovaciones, será suficiente describir el efecto que puede tener en la operación de la empresa. En particular es preciso identificar cuales variables de ventas y costos puedan verse afectadas por el **entorno externo de la empresa**, así como el impacto de dicho efecto.

En cada escenario es posible pronosticar el crecimiento en el volumen de ventas de la empresa, que podrá ser menor o mayor al incremento del PIB, sin olvidar que la inflación puede disminuirla; puede ser también que un aumento en el precio del petróleo cause un incremento en los costos, ya que el precio de la gasolina o los derivados del petróleo se podrá incrementar en el mismo orden.

Es importante recordar que en la evaluación financiera que se propone en el presente libro se utilizan **precios constantes**, esto es, sin considerar la inflación en las cifras contables, pero si el evaluador considera que la inflación excederá el 5% anual, podrá optar por reformular los modelos financieros que aquí se proponen para que los valores contables que pronostique sean a **precios corrientes**.

Habrá que considerar que el volumen de ventas que se pronostique no debe exceder la capacidad de producción de la empresa, o la disponibilidad de materia prima.

El pronóstico del valor de cada variable de operación, como el volumen o el precio de ventas, el costo de materias primas, energía, mano de obra, etc. puede hacerse a partir del comportamiento que hayan tenido dichas variables en los años anteriores, pero habría que tomar en cuenta la etapa del **ciclo de vida** de los productos que vende la empresa, ya que la demanda no crecería en el caso de que se encuentren en una etapa de declinación.

En cada producto es posible identificar los factores que pueden impulsar la demanda, como puede ser el incremento en la demanda de coches pequeños cuando aumenta el precio de la gasolina, o un aumento en la demanda de frutas locales cuando las frutas importadas se encarecen.

Recursos requeridos

El pronóstico de las variables externas puede elaborarse a partir de la información económica y financiera que publican el gobierno, el sistema financiero, los periódicos u otras fuentes confiables nacionales o internacionales.

El pronóstico de las variables internas puede elaborarse a partir de los estados financieros de la empresa correspondientes a los tres últimos ejercicios, así como cifras de operación internas.

Cuando sea necesario y posible, conviene contar con el apoyo de personal de la empresa que tenga conocimiento sobre los factores que afectan las ventas, los costos y la disponibilidad de insumos.

Aplicación

Una vez definidos los escenarios, el siguiente paso sería evaluar financieramente cada uno de ellos, mediante una hoja de cálculo como la que propone en el anexo *7.4.1 **Plantilla escenarios***, evaluación que a su vez sirve de referencia para elaborar los estados financieros proyectados que se desarrollan en el subcapítulo 7.6. El evaluador podrá modificar la plantilla para adecuarla a las circunstancias de la empresa y/o proyecto, o bien optar por utilizar otras herramientas equivalentes que permitan realizar el análisis financiero deseado. En cada renglón de las plantillas se sugieren etiquetas de bienes, productos, nombres de cuentas, etc. que el evaluador podrá igualmente modificar, buscando ajustarlas a las características de la empresa o a criterios de tipos contable.

La *plantilla* consta de nueve secciones, que se identifican con la letra A a la letra I respectivamente, así como de tres o cuatro columnas para registrar cantidades o fórmulas. Las primeras cinco secciones, de la A a la E, contienen el valor que se pronostica para cada una de las variables que se utilizan para la proyección de las cuatro secciones restantes, de la F a la I, en las cuales las celdas contienen fórmulas cuyos valores tienen su origen en las primeras cinco secciones. Cuando se trate de casos reales, o en los casos virtuales en que se disponga de los estados financieros del último ejercicio, en la columna *Año previo a la realización del proyecto*. de las secciones E y F el evaluador registrará directamente las cifras de cada una de las cuentas, a partir de los montos registrados en los estados financieros históricos, excepto en las celdas que contengan la función SUMA.

> Nota. Si se trata de un caso virtual, los valores de las variables se pueden estimar a partir de información aproximada que el evaluador haya obtenido de empleados de la empresa, clientes, competidores u otra fuente accesible.

Las secciones A y B contienen tres columnas para registrar cantidades que se utilizan en todos los escenarios; a partir de la sección C se utilizan cuatro columnas, la primera para evaluar el desempeño financiero de la empresa en caso de no realizar el proyecto. Las siguientes tres columnas se utilizan para registrar las cifras de tres escenarios que se hayan diseñado: *optimista*, *más probable* y *pesimista* respectivamente, o los escenarios que el evaluador haya diseñado conforme se sugiere en el subcapítulo anterior; en su caso podrá ser necesario incrementar el número de columnas para los escenarios adicionales.

El valor de las variables, cantidades o montos que se muestren en cada escenario representarán el promedio del primer año en que opera la inversión evaluada, o cuando la empresa haya alcanzado la etapa de producción y ventas normales deseadas, a elección del evaluador.

Conforme a la descripción de cada escenario propuesto conforme se sugiere en el subcapítulo 7.3, la formulación de los escenarios requiere asignar valores a las variables internas y externas que dan como resultado la proyección de los estados financieros para cada escenario.

Es común que el valor de algunas variables sea el mismo en los tres escenarios, por lo cual se sugiere estimar primero los valores del escenario más probable, y luego revisar cuáles valores serán iguales y cuáles serán diferentes.

En el anexo se muestran cifras hipotéticas de una empresa que vende pinturas e impermeabilizantes, empresa que cuenta con tres establecimientos y pretende abrir un cuarto.

Para facilitar la tarea de formulación, en las columnas **H** a **J** las celdas en las que el evaluador debe registrar valores ha sido sombreada en color azul, mientras que las celdas que tienen fórmulas no tienen sombreado, o el sombreado es de color verde; a la derecha en la columna **M** se anota la fórmula que ocupa la celda sombreada con ese último color.

A continuación se presenta una descripción breve del proceso de formulación de la plantilla:

Sección A. Inversión actual en activos fijos

Conviene iniciar la utilización de la p*lantilla* con el registro de los activos fijos existentes antes de la inversión en el proyecto, esto es, en el año previo a la realización del proyecto. La sección a su vez contiene dos subsecciones: la primera para registrar los activos fijos utilizados en producción y la segunda para los activos fijos generales o utilizados en la administración. La plantilla muestra el desglose de los activos fijos por categorías, desglose que puede ser práctico por igual en el caso de proyectos virtuales; el evaluador podrá modificar la clasificación, o registrar un solo renglón total, para facilitar o hacer más preciso el análisis, según sea el caso.

En la columna **H** se registra el valor de cada bien de activo o categoría de estos, aplicando criterios de contabilidad administrativa, esto es, registra por su valor de reposición actual, o su valor comercial, o aún el valor contable cuando éste se considere cercano a alguno de los dos primeros, a criterio del evaluador; a la derecha de cada uno de los valores de los activos (columna **I**) se anotará el número estimado de años promedio de vida útil; en la columna **J** cuyo valor corresponde al monto de depreciación anual, contiene la fórmula en la que el valor del activo o categoría de activos en el año previo a la realización del proyecto (columna **H**) se divide entre el número de años vida útil (columna **I**). La suma de las primeras renglones de ambas subsecciones (renglones 19 y 28) sirve respectivamente para integrar las cuentas de **Depreciación** en el Estados de Resultados (renglones 158 y 163) y del cálculo del valor de **Activos Fijos** en el Estado de Posición Financiera (renglones 185 y 186).

Sección B. Gastos de capital presupuestados

En esta sección se registra la inversión en activos fijos que se propone en el proyecto, cuyo desglose se presenta también en el subcapítulo anterior *7.2 Gastos pre-operativos*. La sección tiene un formato similar a la Sección I de la plantilla, y se formula con criterios similares, como lo sugieren las etiquetas de renglones y en los encabezados de las columnas. Se incluye además una subsección, para registrar los gastos de inversión por servicios que desde el punto de vista contable deban registrarse como **Activos Diferidos**, cuyo periodo de amortización debe ser determinado por el evaluador, dependiendo del tiempo en que los beneficios del gasto se utilicen o pierdan utilidad, según sea el caso. El valor de la suma de gasto en dichos activos, así como del valor de la amortización anual, que se registran en la renglón 51, se utilizan para integrar el valor de la cuenta **Gastos diferidos** (renglón 166) del Estado de resultados y de la cuenta de **Activos diferidos** (renglón 189) del Estado de posición financiera.

Sección C. Variables económicas, políticas y otras

Los supuestos a considerar son de tipo externo, y se habrán examinado conforme se propone en el subcapítulo *3.3 Entorno económico y social*, así como en el subcapítulo *7.3 Diseño de escenarios y evaluación financiera*, por lo cual debe existir congruencia con ambos temas.

En la plantilla se proponen tomar en cuenta tres variables básicas: la tasa de inflación, la tasa real de interés en créditos a los que la empresa puede tener acceso, y el crecimiento del PIB, así como otras variables externas que el evaluador haya considerado relevantes en los escenarios plausibles que haya propuesto.

Tasa de inflación. En el caso de México, el evaluador puede proponer un pronóstico propio tomando en cuenta los índices mensuales históricos y pronósticos que publica el Banco de México, así como los pronósticos que publican algunas organizaciones públicas y privadas u otros organizaciones serias, pronóstico que puede variar entre escenarios, dependiendo de la percepción del evaluador sobre cada escenario. No hay que olvidar que las causas y efectos de la inflación han sido estudiados profusamente por la ciencia económica, por lo cual el evaluador podrá utilizar dicho conocimiento en la mejor medida, para fundamentar su pronóstico. El pronóstico de inflación servirá para que el evaluador defina su criterio sobre la posible disminución de la demanda cuando la inflación afecte el poder de compra del consumidor, o de la tendencia en el costo de los insumos o servicios de sufrir incrementos superiores al índice de inflación. En efecto, en ocasiones el precio de insumos como el precio de la gasolina, o el costo de algunos servicios puede registrar incrementos superiores a la inflación.

Tasa real de interés. El valor aproximado se puede calcular restando a la tasa nominal anual que tendría que pagar el cliente en caso de adquirir un crédito bancario, la tasa de inflación anual. Toda vez que las cifras contables de la plantilla son a **precios constantes**, el monto de los intereses que erogue la empresa por los créditos que utilice se consideran en su componente real, es decir, sin tomar en cuenta la inflación.

Crecimiento del PIB. El valor de la variable en México lo publica mensualmente el INEGI, y en la plantilla se anota la cifra anual; el pronóstico de crecimiento lo proponen diferentes organizaciones como el Banco de México, los Bancos, la OCDE, entre otras. En algunas ramas de negocios, el pronóstico de crecimiento de ventas puede ser similar al crecimiento del PIB y, en otras, inferior o superior; las empresas en lo particular pueden establecer una meta de crecimiento en ventas superior al PIB, cuando su nivel de competitividad es mayor a sus competidores. Es importante recordar que la teoría microeconómica es la base para comprender los efectos posibles de esta variable en el desempeño de las empresas.

Variables económicas, políticas o sociales. Las empresas constructoras pueden registrar la variable *Disminución del gasto de obra público gobierno estatal*, para prever que una disminución del mismo afecte sus ventas; un restaurante podrá registrar la variable *Porcentaje ocupación hotelera*, que se puede ver afectada por la seguridad o por cambios en las rutas de aerolíneas que puedan afectar el flujo esperado de turismo; la introducción de nuevas tecnologías, o la llegada de un competidor importante pueden causar problemas a algunas empresas. En el caso de la empresa de pinturas que se utiliza como ejemplo en la plantilla, se proponen las variables *Alternancia en el Gobierno del Estado* (renglón 66), suponiendo que la empresa es proveedora de alguna dependencia de dicho gobierno, así como *Llega un competidor nuevo* (renglón 67), que el efecto se puede calificar como *Si* o *No* en cada escenario.

Sección D. Variables de operación

Los supuestos de operación se componen de ocho subsecciones que se explican a continuación:

Subsección D1. Volumen de ventas. El pronóstico del volumen ventas es una tarea que se realiza con base en el estudio y aplicación de los subcapítulos *4.2 Estudio de Mercado, 4.3 Plan* *de Mercado* y *4.4 Pronóstico de ventas*. Se toma como punto de partido las cantidades del *Año previo a la realización del proyecto*, clasificando los productos en un número reducido de categorías para facilitar el análisis; en la plantilla se sugieren cuatro categorías, pero el evaluador podrá utilizar solo una, siete o más en función de las características del proyecto. Se sugiere anotar el cálculo efectuado que genera el volumen de ventas, como por ejemplo: volumen diario x 360, o volumen semanal por 52, etc., podría igualmente hacer referencia a una celda en la misma o en otra hoja de cálculo, de tal forma que el evaluador pueda recordar fácilmente la fundamentación del valor que se propone. El volumen puede ser expresado en unidades, en miles de unidades, etc., según resulte más sencillo.

Cuando una empresa vende menos de 10 productos diferentes no es complicado elaborar el pronóstico de ventas de cada producto, pero conforme el número de productos es mayor convendrá clasificarlos por categorías.

No es necesario encontrar una definición precisa de lo que es una categoría, pero se ha propuesto que se trata de productos similares o relacionados, o que cubren un uso, función o necesidad particular del consumidor, o que están interrelacionados, o susceptibles de ser sustituidos entre sí, todo, desde luego, con base en la percepción del comprador y de utilidad para la planeación estratégica de la empresa. Las categorías de productos pueden conceptualizarse también pensando en el comprador, cuando busca el tipo de productos que vende una empresa.

La clasificación puede realizarse con diferentes criterios, buscando que respondan a la rama de negocios y a las características de la empresa, y además que sean apropiadas para el estudio de viabilidad del proyecto de inversión. Para determinar los criterios de clasificación que convenga utilizar en la evaluación de un proyecto en particular, se puede partir de criterios que se utilizan en estudios de economía y mercadotecnia principalmente, algunos de los cuales son: (a) productos de consumo, materia prima, partes para ensamble, herramientas, maquinaria, equipos, consumibles para oficina, etc.; (b) ventas de crédito o contado; (c) localidad o región donde reside el comprador, frecuencia de compra, potencial de crecimiento; (d) margen de utilidad bajo, medio, alto, creciente y decreciente; (e) tipo de cliente o tipo de producto; (f) características demográficas: edad, sexo, tipo de familia, ingresos, educación, religión; (g) características psicográficas: clase social, estilo de vida, personalidad; (h) comportamiento del cliente: frecuencia de compra, lealtad, utilización del producto, etc.

El uso de categorías para clasificar los productos que vende puede ser de importancia para los planes estratégicos de la empresa, toda vez que un proyecto de inversión forma parte de su estrategia, y los pronósticos de ventas de algunas categorías o líneas de productos en particular se verán afectados por el proyecto de inversión. Si algún producto o servicio representa una proporción importante de las ventas y se espera que el volumen fluctúe en el futuro, convendrá considerarlo como una categoría aparte.

En el caso que se ilustra en la *plantilla*, el efecto de las variables externas de cada escenario se refleja claramente en el volumen de ventas, y la apertura de un cuarto **punto de venta** incrementaía el volumen en alrededor de un 30 porciento.

Subsección D2. Precios de venta promedio. Puede ser calculado apropiadamente bajo la forma de precio promedio ponderado, valor que se obtiene al dividir el volumen anual de ventas de una categoría, entre el valor total de las ventas de la categoría. Dicho cálculo conviene hacerlo en hoja de cálculo diferente, aunque en la *plantilla* ejemplo se anota un valor estimado, sin hacer referencia a cómo se efectuó el cálculo.

Subsección D3. Costos promedio. El costo unitario se calcula con bases similares a los precios unitarios, en forma ponderada, y además en congruencia con el estudio de costos que se realice conforme al subcapítulo *5.7 Costos*. En el caso de las empresas manufactureras o que realicen procesos de extracción, cultivos o transformación, los costos fijos se habrán de registrar en la subsección que sigue.

En el caso hipotético de venta de pintura, el costo se pronostica con base en la tendencia de costos registrados en años anteriores, sin incrementos reales por ser productos que no sufren cambios repentinos ni relevantes.

Subsección D4. Gastos de producción excepto materiales y componentes. Las bases para estimar los valores de la subsección se encontrarán en el estudio de costos (subcapítulo 5.7). En el caso hipotético propuesto no se incluyen este tipo de gastos porque el único proceso de transformación es la igualación de colores, que realiza directamente un vendedor.

Subsección D5. Gastos de administración. Los gastos de administración usualmente se consideran como un concepto fijo, pero algunos proyectos de inversión pueden incluir cambios en la estructura administrativa, que afecten el monto de los gastos. En el caso hipotético de un cuarto punto de venta de pinturas, no será necesario contratar un gerente; si se trata de instalación de un sistema de información avanzado, podrá haber una reducción de personal administrativo. En la plantilla se proponen algunos conceptos comunes, pero el evaluador podrá agregar o eliminar conceptos según se requiera. El motivo por incluir por separado las remuneraciones de la gerencia, tiene como propósito evitar que se omita reconocer dicho gasto, porque en las empresas pequeñas con frecuencia no se incluyen las remuneraciones al propietario-administrador. Se observará que en el caso hipotético de la plantilla, las variables del entorno consideradas en el escenario no afectan a éste tipo de gastos.

Subsección D6. Gastos de mercadeo. Los gastos de mercadeo se determinan en el desarrollo del subcapítulo *4.3 Plan de mercado*, y su monto deberá un factor que apoye el logro del pronóstico de ventas al que se refiere el subcapítulo *4.4*. Es posible que el monto de los gastos de mercadeo sea diferente entre un escenario y otro, si bien en el caso hipotético ilustrado no se reconocen cambios.

Subsección D7. Otras variables. Las variables sugeridas juegan un papel fundamental en la formulación de los estados financieros proyectados, que se desarrollan en las dos secciones siguientes. Las primeras seis variables, que pueden calificarse como indicadores financieros, están relacionadas con los conceptos de ciclo financiero y de capital de trabajo:

Días caja y bancos. Se sugiere proponer un monto que represente el promedio de **efectivo disponible** que la empresa requiere mantener en caja y bancos para cumplir con sus compromisos de pago de gastos operativos y no operativos. El monto se puede expresar como un número de días de ventas, lo que sugiere que las necesidades se incrementarán si aumentan las ventas, porque aumentará el monto de pagos de sueldos, a proveedores, impuestos, etc. Puede argumentarse que una empresa restaurantera no requeriría mantener en *Caja y Bancos* más de siete días de ventas, pero una empresa constructora no podría cumplir con sus compromisos con menos de 30 días, a menos que tuviera la seguridad de poder disponer de créditos bancarios de corto plazo para hacer frente a necesidades transitorias.

Porciento ventas de crédito. El valor puede estimarse tomando como referencia el porcentaje de ventas a crédito en años anteriores, pero el porcentaje de ventas a crédito puede variar entre un escenario y otro, porque habrá que reconocer los efectos de las estrategias que se evalúan en el plan de mercado que se estudia en el *subcapítulo 4.3*.

Días cuentas por cobrar. En el plan de mercado que se estudia en el *subcapítulo 4.3* se determina la estrategia de ventas de crédito, que incluye el plazo que la empresa otorgará a sus clientes para el pago de sus compras, y que puede variar entre escenarios. En la plantilla se anotará el valor promedio en número de días que tarda la empresa en cobrar los créditos.

Días inventario. La variable representa el valor promedio del inventario en el balance, que se expresa como el número de días que se requerirían para que se agote el inventario, sin resurtirlo. Los valores que se asignen deben ser congruentes con el análisis que se haya realizado conforme a lo sugerido en el subcapítulo *5.8 Abastecimiento*.

Días proveedores. En el mismo subcapítulo *5.8 Abastecimiento* se advierte que en algunos casos la empresa evaluará la conveniencia o necesidad de incorporar nuevos proveedores, así como de adquirir mayor proporción de sus compras utilizando crédito de proveedores, y/o negociar mayor plazo de crédito. En la plantilla se anotará el plazo promedio que la empresa utilizará para el pago de sus compras. Debe tomarse en cuenta que en ocasiones las compras de crédito pueden causar que la empresa no aproveche precios menores por compras de contado.

Porciento ISR y PTU. Aun cuando las tasas de ISR y PTU (Participación de los Trabajadores en las Utilidades) están determinadas por ley, en las proyecciones financieras el porcentaje puede ser distinto, porque en algunas empresas pueden existir diferencias entre la contabilidad regular que se utiliza para el pago de dichos conceptos, y la contabilidad administrativa que se utiliza para la evaluación del proyecto. El evaluador podrá estimar el porcentaje requerido a partir de los estados financieros de ejercicios anteriores, o preguntar un estimado al administrador o contador de la empresa.

Subsección D8. Otros gastos y costos. Pueden incluirse en esta categoría aquellos conceptos que pueden ser relevantes en algunas empresas y escenarios. Si una empresa opta por incrementar ventas a crédito, deberá proyectar pérdidas por cuentas incobrables; cuando se introducen artículos novedosos, podrá ser conveniente proyectar pérdidas por desecho de mercancías; en forma similar, el retraso en la venta de productos perecederos puede ocasionar la descomposición de volúmenes considerables.

Sección E. Variables de financiamiento

El valor la renglón 143 de la sección *Utilidades retenidas año previo al proyecto* se obtiene del Estado de Resultado de la empresa, del año previo a la realización del proyecto, y se registra para reconocer recursos que dispone la empresa en exceso del capital aportado por los accionistas, valor que es el mismo en todos los escenarios.

Una vez que el evaluador haya asignado valores a la renglón 143, así como también los valores a las secciones previas *A* a la *D* de la plantilla, podrá observar que las secciones *F* y *G* muestran el valor de las cuentas de los Estados Financieros. Es entonces necesario revisar las cifras, para verificar el principio contable de igualdad entre el saldo de cuenta *Activos Totales* (renglón 189) y la cuenta *Total de pasivos más capital* (renglón 202); en caso de desigualdad, habrá que revisar si las fórmulas en las cuentas fueron anotadas correctamente, principalmente en el caso de la cuenta *Valores de Corto Plazo* (renglón 180), Además, es necesario revisar que el valor de cada cuenta sea congruente con los resultados esperados desde el punto de vista financiero.

Una vez que los montos de las cuentas de los Estados financieros parezcan congruentes, el evaluador volverá su atención a la cuenta *Valores de Corto Plazo* (renglón 180), en el Estado de posición financiera. Un saldo positivo en la cuenta muestra el dinero que la empresa no necesita, y que puede ser utilizado para pagar pasivos o dividendos; si el saldo es negativo indica que existe un faltante que debe ser cubierto mediante créditos a corto o largo plazo (renglones 144 y 145) lo cual se estudia en el *capítulo 8*, o que los accionistas aporten recursos (renglón 147). El modelo requiere que el evaluador anote los montos que correspondan en alguno de los conceptos de los renglones 144 al 148 de tal forma que el saldo de renglón 180 sea mínimo. En el caso del ejemplo del negocio de pintura se puede observar en la plantilla que el valor asignado a la cuenta de Utilidades retenidas al año previo al proyecto fue de 560, con lo cual el saldo de la cuenta *Valores de Corto Plazo* en el Estado de posición financiera (renglón 180) en el escenario sin inversión es de 3, que es un valor mínimo. Por otra parte, en los escenarios Pesimista y Más probable, con la inversión de capital el evaluador opta por sugerir la contratación de créditos de corto plazo por 215 y 20 respectivamente (renglón 144); en el tercer escenario, sugiere pagar dividendos por 285 (renglón 146). Asi, con las cifras anotadas en la Sección F, el evaluador logra minimizar el valor de la cuenta *Valores de corto plazo* muestra un valor positivo.

En algunos casos, se podrán registrar ingresos por venta de activos no necesarios en el renglón *148 Otros ingresos*.

Créditos de corto plazo. Cuando una empresa utiliza regularmente créditos bancarios de corto plazo (renglón 144), y existen condiciones para continuar utilizando dichos créditos, el evaluador podrá presupuestar un monto asequible. Los montos que registre este concepto representa el saldo promedio de crédito a lo largo del año, porque los saldos de fin de año generalmente no reflejen la situación típica de la empresa durante el resto del año.

Saldo utilidades retenidas en el año previo a la realización del proyecto. Usualmente las empresas no pagan cada año el total de utilidades contables a los accionistas, debido a que regularmente el flujo de efectivo sobrante es menor que las utilidades, por el crecimiento de las necesidades de capital de trabajo. En la plantilla propuesta, el valor que se asigne a la cuenta en los cuatro escenarios será el mismo, que corresponda a los recursos que requiera la empresa para cubrir sus necesidades financieras, que se representan en el modelo mediante la igualdad entre la suma de las cuentas deudoras y la suma de las cuentas acreedoras.

Otros ingresos. La variable del renglón 148 *Otros ingresos* puede contener el producto de la venta de activos fijos no necesarios o por otro tipo de ingresos que pueda tener la empresa, valor que se reflejará en la renglón 168 del Estado de Resultados.

Estados financieros por escenario

La evaluación de un proyecto de inversión requerirá la elaboración de estados financieros proyectados para cada uno de los escenarios que se determine considerar, así como para el caso de que la empresa no llevara a cabo el proyecto de inversión. Aun cuando la elaboración de estados financieros proyectados se pueda considerar una tarea engorrosa, la utilización de las plantillas propuestas puede simplificar el proceso, de tal forma que solo se requieran pocas horas de trabajo. En efecto, si el evaluador elabora primero el escenario más probable –una vez que dispone de las cifras del año previo a la realización del proyecto, solo tendrá que sustituir los valores en las variables que se vean afectadas, que podrían ser alrededor de 12 variables por escenario.

Sección F. Estado de resultados

La sección *Estado de resultados* en la plantilla contiene las fórmulas necesarias que hacen referencia a valores supuestos en las secciones previas de la plantilla. De hecho todos los valores del Estado de Resultados de cada escenario resultan de las fórmulas que contiene la plantilla, pero puede ser necesario que el evaluador agregue nuevas variables o cuentas, en cuyo caso será necesario reformular la plantilla.

La formulación de las celdas de cada cuenta se ajusta a las prácticas contables en vigor, pero se explica enseguida la formulación de algunas celdas para facilitar la comprensión:

Ventas. El saldo resulta de sumar el producto de la multiplicación del volumen de venta de cada categoría, por el precio promedio de venta de la misma, de tal forma que el valor de la celda quede expresado en miles. En el ejemplo propuesto, el volumen está expresado en unidades, mientras que el precio está expresado en miles de pesos, por lo cual el monto de las ventas queda expresado en miles de pesos.

Costo de Ventas. La formulación es similar al de la cuenta Ventas, excepto que el volumen de venta de cada categoría se multiplica por el costo promedio respectivo.

Depreciación. En el Estado de Resultados el monto de la depreciación generalmente se reporta en una sola cuenta, pero en la plantilla propuesta la depreciación que incide en el costo de ventas se presenta en una cuenta por separado, para facilitar el análisis.

Otros ingresos. En algunos proyectos de inversión, particularmente cuando se plantea la sustitución de maquinaria y/o equipo, la venta de los activos no necesarios se habrá de registrar en esta cuenta (renglón 168), que se califica como ingresos no operativos.

Intereses pagados. Cuando la empresa requiere financiamiento de deuda de corto y/o de largo plazo, que se registra en los renglones 144 y 145 respectivamente, el monto de intereses se calcula utilizando la tasa real de interés real que se pronostica en el renglón 64. La utilización de la tasa real de interés se justifica porque la plantilla está elaborada bajo el supuesto económico de **precios constantes** referido previamente.

Sección G. Estado de posición financiera

Al igual que en la formulación del Estado de Resultados, el valor de las celdas de cada una de las cuentas se genera mediante fórmulas, las que hacen referencia a supuestos o valores de otras celdas de la hoja de cálculo. Conforme a dicho enfoque, se espera que el evaluador evite anotar valores directos, porque se pierde confiabilidad de los resultados del modelo. Sin embargo, cuando el evaluador lo considere necesario, conviene que las modificaciones que haga sean congruentes con el método utilizado en la plantilla.

Se observará que las celdas de algunas cuentas no contienen formulas, porque los valores que usualmente se contabilizan en ellas tienen menor efecto en las finanzas de la empresa. Sin embargo, el evaluador podrá considerar algún monto, expresado como un porcentaje de ventas, sueldos, etc.

El evaluador habrá de examinar y comprender la formulación de las celdas de las cuentas. Algunas explicaciones se presentan a continuación:

Caja y Bancos. La cantidad de efectivo que una empresa requiere en promedio para cumplir sus compromisos se expresa como un número de días de ventas, valor que se determinó en la renglón 122 en la *Sección D Variables de Operación*, sub-sección *D8 Otras variables*.

Valores de corto plazo. La cuenta representa el efectivo que la empresa no requiere para su operación, y que podría ser pagada a los accionistas. Esta cuenta sirve para alcanzar la igualdad entre las cuentas deudoras y las cuentas acreedoras, DEBE y HABER; aplica la premisa de que las otras cuentas deudoras representan los montos que requiere la empresa para operar, mientras que las cuentas acreedoras reflejan los recursos que la empresa ha recibido de acreedores y socios, por lo que la diferencia representa recursos sobrantes o faltantes. Por lo anterior, el saldo de esta cuenta debería ser mínimo, pero positivo conforme con los principios contables. En la plantilla del anexo 7.4.1, la fórmula que se anota consiste en sumar el valor de las celdas de las cuentas individuales del HABER (Activos) y restar el valor de las celdas de las cuentas del DEBE (Pasivos y Capital).

Clientes. La inversión que la empresa tendrá en la cuenta de *Clientes*, por ventas a crédito, se determina por el porcentaje de las ventas a crédito (renglón 123) multiplicado por las ventas diarias (*Ventas* / 360), multiplicado por el número de días que la empresa tarda en recuperar las ventas de crédito, expresado en la renglón 124.

Inventario. La empresa debe contar con un nivel de inventario que le permita satisfacer los pedidos de sus clientes, cuyo valor se puede expresar como el costo de ventas de un día (renglón 157 / 360) multiplicado por el número de *Días Inventario* (reglón 125).

Activos fijos. El valor de las tres cuentas de activos (187 a la 189) serán iguales en todos los escenarios, excepto en el escenario *Sin inversión de capital* (columna **H**).

Créditos de corto plazo. Se espera que la empresa no utilice créditos de corto plazo para financiar necesidades de capital de trabajo, las cuales deben financiarse con pasivos de largo plazo. Sin embargo, en el caso de que la empresa objeto de estudio utilice dicha fuente, las celdas hacen referencia al renglón 144 de la subsección *E Variables de financiamiento*.

Proveedores. El financiamiento de proveedores se formula como el producto del plazo promedio que los proveedores otorgan (renglón 126) por el gasto por día de insumos y componentes, que a su vez resulta de restar a la cuenta *Costo de ventas* (renglón 157) los *Gastos de producción* (renglón 94).

Utilidades retenidas. En la plantilla el saldo de la cuenta *Utilidades retenidas* (renglón 200) resulta de sumar al valor de las *Utilidades retenidas* (renglón 143) año previo al proyecto, la *Utilidad Neta* (renglón 172) menos el *Pago de dividendos* (renglón 146). En el modelo se supone que el pago de dividendos se realiza durante el ejercicio en que se generan los dividendos, sólo con el fin de determinar el cálculo de la **tasa de retorno** de la inversión, porque en la práctica se esperaría que el pago se haga en el transcurso del siguiente ejercicio.

Sección H. Valor de la Empresa

La *plantilla* ofrece la posibilidad de establecer un valor teórico de la empresa, basado en teorías o prácticas financieras, con objeto de comparar cómo varía el valor de la empresa sin realizar el proyecto, con respecto al rendimiento resultante de los escenarios que sean formulados. Se ha propuesto que el valor presente teórico de una empresa puede estimarse dividiendo el rendimiento anual promedio de un número de años indefinido entre la tasa rendimiento esperado por el empresario. En el ejemplo que se analiza en la plantilla se asume que la empresa podrá mantener un pago de dividendos similar al que refleja el escenario, por un número indeterminado de años en el futuro, de tal forma que el valor de la empresa se puede estimar mediante el cociente de *Flujo de efectivo para los accionistas* (en el modelo *Utilidad neta*, renglón 209) y el *Rendimiento requerido* por el empresario (renglón 210). De dicha manera el valor del negocio sin el proyecto es de -63, y en el escenario *Pesimista* el valor del negocio desciende a –1,495; sin embargo, en los escenarios *Más probable* y *Optimista* el valor del negocio resulta positivo, de tal forma que el valor ponderado de los tres escenarios resulta positivo en 147 (celda J213).

Rendimiento requerido. El empresario o los accionistas tendrán en mente una tasa de rendimiento que desearían lograr con la realización del proyecto. El nivel de dicha tasa podrá depender del rendimiento que puedan obtener en otro tipo de activos, en el **Mercado de Capitales**, o de divisas, en otro tipo de negocio, invertir en bienes raíces, etc. tomando en cuenta el riesgo de cada activo.

Flujo de efectivo de los accionistas o Utilidad Neta. El valor se toma del renglón 172 *Utilidad neta*, porque con frecuencia corresponde al monto que la empresa podría dedicar para el pago de dividendos sin afectar el nivel actual de operación.

Probabilidad. El evaluador anotará el porcentaje de probabilidad de ocurrencia, expresado en decimales, de que se produzca cada escenario, tal que la suma de la probabilidad de los tres escenarios sea igual a la unidad. El porcentaje de probabilidad es un valor subjetivo, cuya utilidad dependerá del conocimiento que el evaluador haya adquirido sobre las variables externas que podrán afectar al desempeño de la empresa. De cualquier manera, siempre existe la posibilidad de circunstancias fortuitas que cambien drásticamente el entorno, por lo cual en el sub-capítulo 7.9 se estudian los riesgos posibles, con el fin de que el empresario pueda contar con elementos para enfrentar las consecuencias de sucesos fortuitos.

Valor del negocio. El valor que resulte de la formulación del valor de las variables introducidas en la plantilla será solo una aproximación, y su utilidad dependerá principalmente de la confiabilidad de los supuestos y del diseño apropiado del modelo utilizado para la formulación de los escenarios.

Sección I. Razones financieras

La plantilla contiene cuatro razones financieras de uso más frecuente: Retorno sobre la inversión, Índice de liquidez, Apalancamiento y Capital de trabajo. Dichos indicadores proporcionan indicadores de desempeño y situación financiera, y aportan elementos para la decisión final sobre la aprobación del proyecto de inversión.

Nota importante

Conforme el evaluador avance en la formulación de la plantilla, podrá observar si la evolución de las cifras de alguna cuenta o indicador toma una dirección insospechada; además, al terminar la formulación deberá revisar nuevamente la evolución de las cifras, para detectar si existe congruencia con los resultados esperados. Puede considerarse normal la necesidad de revisar los supuestos de proyección, con el fin de que el documento pueda ser considerado confiable para los fines de la empresa.

No menos importante será revisar que las fórmulas sean adecuadas para generar el valor o cifra de cada una de las celdas que representen valores contables, conforme con los principios contables, económicos y lógicos que apliquen. El evaluador debe tener en mente el riesgo de que un solo error en las cifras que pronostique o en una fórmula puede causar resultados que conduzcan a decisiones de alto riesgo.

Respuesta a la pregunta de aplicación

Para fines del reporte de evaluación la respuesta puede resumirse en tres o cuatro renglones, que pueden formar parte de la respuesta a la pregunta previa, toda vez que el indicador de mayor importancia sería el valor de la empresa en cada escenario, así como el valor ponderado del negocio.

Experiencias de aprendizaje

Tareas individuales

[7.4.11]   Formular los Estados financieros proyectados del primer ejercicio de cada uno de los escenarios relevantes que se hayan definido en el subcapítulo 7.3.

Tareas en equipo

[7.4.21]   Revisar la tarea 7.4.11.

Casos virtuales

[7.4.31]   Formular los Estados financieros proyectados del primer ejercicio de cada uno de los escenarios relevantes que se hayan definido en el subcapítulo 7.3.

Bibliografía

Gilliland, M. (2006). Seven Aphorisms of Business Forecasting, *The Journal of Business Forecasting*, 25, 2. Available at www.questia.com.

Lapide, L. (2002). New developments in business forecasting. *The Journal of Business Forecasting*, 21(2), 11.

Ram, C., Montibeller, G., & Morton, A. (2011). Extending the use of scenario planning and MCDA for the evaluation of strategic options. *Journal of the Operational Research Society*, 62(5), 817-829.

Spencer, R.W. (2014). Managing under uncertainty, *Research-Technology Management*, 57, 5, available at www.questia.com

7.5 Pronóstico del flujo de efectivo

Importancia

El **Estado de Flujo de Efectivo** consiste en el desglose mensual presupuestado por un periodo de 12 meses, de ingresos y egresos, clasificados en tres secciones: operativos, financieros y de inversión. Dicho presupuesto se determina bajo el criterio de **expectativas más probables**, con base en el **Plan de Mercado** que el evaluador habrá desarrollado conforme lo propone el subcapítulo 4.3. Es importante comentar que el **Estado de Flujo de Efectivo** contiene cifras del flujo de la **etapa pre-operativa**, etapa que a su vez se elabora conforme se propone en el subcapítulo 7.2.

El flujo de efectivo es importante para determinar si la empresa habrá de contar con recursos suficientes para el pago de los gastos operativos y de inversión que propone el proyecto, así como de los intereses y amortizaciones del financiamiento que tenga contratado y el financiamiento que requiera contratar para la realización proyecto.

Es frecuente en los proyectos de inversión el incurrir en exceso de gastos, así como en retrasos en la realización del proyecto, por lo cual es conveniente que la empresa cuente con un margen de recursos de seguridad, o acceso a recursos adicionales, y con ello evitar problemas mayores.

Pregunta de aplicación

[5.5.70]	¿Cuál es la perspectiva del flujo de efectivo de la empresa en los primeros doce meses de operación con la realización del proyecto?

Premisas teóricas y prácticas

El *Estado de resultados* y el *Estado de posición financiera* que se proyecten conforme se sugiere en el subcapítulo siguiente, permiten determinar si el proyecto de expansión conviene ser llevado a cabo con base en consideraciones financieras, pero un complemento indispensable de dichos documentos es el *Estado de flujo de efectivo* el cual se puede elaborar conforme se sugieren en el presente subcapítulo. El Flujo de efectivo proyecta cifras mensuales, y puede incluir los meses de la etapa pre-operativa y los primeros doce meses de operación de la expansión. El pronóstico revela el monto de efectivo con el que la empresa inicia y termina el mes, montos que siempre deben ser positivos, y con una holgura que permita a la empresa a hacer frente a incrementos inesperados en ingresos o egresos. Es fundamental que dichos pronósticos sean congruentes con los supuestos del **escenario más probable** al que se refiere en el subcapítulo 7.4.

Cuando se trata de una empresa nueva, se entiende que la etapa operativa inicia cuando la empresa comienza a vender sus productos. Cuando el proyecto de inversión lo lleva a cabo una empresa en operación, la **etapa operativa** iniciaría cuando las cifras de ventas y costos se vean modificadas como consecuencia de los gastos de inversión. La **etapa pre-operativa** inicia con la erogación del gasto de inversión y su duración puede durar de un mes, a más de un año, dependiendo de las características del proyecto. Esta etapa incluiría el tiempo durante el cual se realizan construcciones y adaptaciones, se adquiere y se instala la maquinaria, se contrata y capacita el personal, se adquieren insumos e inicia la manufactura, etc., antes de que cierre la primera venta.

Conforme a la práctica contable, los gastos e ingresos del Flujo de Efectivo deben están clasificados en las siguientes categorías de flujo de efectivo: operativo, de financiamiento y de inversión. El **flujo operativo** incluye ingresos por ventas, y egresos por pagos a proveedores, salarios y otros gastos propios de la actividad de negocios de la empresa; el **flujo de financiamiento**, por su parte, incluye ingresos por créditos bancarios y aumentos de capital, y egresos por pagos intereses, dividendos y de créditos bancarios; el **flujo de inversión** incluye ingresos por venta de activos, así como egresos por adquisición de activos fijos, gastos de adaptación y gastos diferidos.

Es importante verificar que no existan discrepancias entre la suma de los conceptos de gastos e ingresos del año en el **Flujo de Efectivo**, respecto a las cifras de las cuenta del **Estado de Resultados** y del **Estado de Posición Financiera**, que forman parte de la plantilla **Estados Financieros Proyectados**, que se elabora conforme se propone en el subcapítulo 7.6.

Recursos requeridos

Para elaborar el **Estado de flujo de efectivo proyectado** es deseable que evaluador pueda disponer de la información contable y operativa real necesaria, que se detalla en la sección *Recursos requeridos* en el subcapítulo 7.1. Dicha información contable real será un elemento indispensable para que la evaluación financiera del proyecto pueda ser confiable.

Aplicación

La elaboración del flujo de efectivo se facilita mediante el uso de una plantilla de hoja de cálculo electrónica, como la que se muestra en el anexo *7.5.1 Flujo de efectivo*. Conviene inspeccionar el contenido y la lógica de dicha plantilla antes de continuar con la lectura del presente inciso.

La plantilla del anexo referido contiene datos de un caso hipotético de una empresa dedicada a matanza de ganado vacuno, cerdo y pollo para venta al mayoreo y menudeo, actividad incluida en la clave INEGI-SCIAN 31161. El proyecto de expansión es de tipo vertical y consiste en agregar la engorda de ganado, lo cual permitirá a la empresa contar con una fuente de abastecimiento a un precio menor, pero sobre todo para asegurar la calidad de sus productos.

Conviene al evaluador elaborar la proyección del flujo de efectivo una vez formulados los escenarios a los que se refiere el subcapítulo 7.4 y haber contestado adecuadamente las preguntas de aplicación del *Pronóstico de Ventas* (sub-capítulo 4.4), así como las preguntas de aplicación de otros sub-capítulos que contengan datos que formen parte del flujo de efectivo. Según se aclaró antes, las cifras que muestre el flujo de efectivo deben ser congruentes con el **escenario más probable** que se formule conforme se sugiere en el sub-capítulo 7.4. Es necesario elaborar dos proyecciones del flujo de efectivo: la primera bajo el supuesto que el proyecto de expansión no se lleve a cabo, y la segunda reflejando los efectos del proyecto de expansión.

La plantilla contiene seis columnas para registrar el flujo pre-operativo, número de columnas que se puede incrementar o disminuir para adaptarlo a los requerimientos del proyecto. Además de las doce columnas para el primer año operativo del proyecto, se agregan dos columnas que contienen la suma de los valores de los segmentos pre-operativo y operativo respectivamente. En la columna B de la plantilla se anota un número de renglón cuya finalidad es facilitar la estructuración de la plantilla, columna que el evaluador podrá eliminar o sustituir.

Conforme a la práctica contable usual, el primer renglón de datos (renglón 000) corresponde al saldo de efectivo al inicio del mes, cuyo valor se obtiene del saldo de efectivo al final del mes anterior (renglón 500). Entre la renglón 000 y la renglón 500 se insertan cuatro secciones, la primera con información de apoyo para la formulación de las otras tres secciones, sección que no es necesario incluir en el reporte. En las secciones 2 a 4, se agrupan los conceptos de ingresos y gastos operativos, financieros y de inversión.

La plantilla ha sido esquematizada facilitar la formulación y revisión de las fórmulas y cifras, pero se pueden expandir y contraer las renglones (al cliquear en los íconos "+" y "-" que el programa de cómputo muestra a la izquierda de la pantalla). En las renglones 100 200 300 400 y 500 las celdas contienen fórmulas de "suma" de los conceptos o subcategorías; en el resto de las renglones el evaluador podrá anotar directamente las cifras, o alguna fórmula que sirva para representar dichas cifras.

En la plantilla del anexo, por ejemplo, el egreso por compra de ganado para engorda (renglón 256) contiene una fórmula que multiplica el número de animales por el peso promedio por animal, por el precio de compra, dividido entre 1000 para que la cifra refleje que el valor de la celda esté expresado en miles de pesos.

Sección 2 Flujo operativo. El valor del flujo operativo (renglón 200) resulta de restar a los *Ingresos operativos* (renglón 210), los *Egresos operativos* (renglón 250), conceptos que deben desglosarse para identificar los conceptos de mayor relevancia, de tal forma que los totales representen el monto esperado para el mes. En la plantilla se incluyen algunos conceptos comunes a manera de ejemplo, pero los conceptos a incluir dependerán de la naturaleza de cada empresa. En el caso de los ***Ingresos operativos***, los principales conceptos serán los ingresos por ventas, cuyo valor mensual incorporará las ventas totales, incluidas las que resulten del proyecto de inversión. Puede darse el caso de empresas con ventas por cifras mayores en algunos meses del año, fenómeno conocido como **estacionalidad**, lo cual puede justificar la utilización de créditos bancarios de corto plazo en forma eventual, y que se registrarán en renglón 311 de la plantilla.

Sección 3 Flujo financiero. Esta sección debería ser la última en ser completada, porque el valor de las celdas de algunos de sus conceptos representan la opción de financiamiento que el evaluador considerará más conveniente. La sección tiene una estructura similar a la sección anterior, ya que el flujo resultante en cada mes (renglón 300) resulta de restar a los *Ingresos financieros* (renglón 310), los *Egresos financieros* (renglón 350). Una vez que se haya completado las secciones 1 y 2, la renglón 500 mostrará el *Saldo al fin de mes* de efectivo (renglón 500) que, si resulta negativo, indicará que la empresa requerirá financiamiento, que podría ser cubierto con aportaciones de socios o accionistas o con créditos bancarios de corto o de largo plazo. El evaluador podrá entonces discernir, dependiendo del tamaño de los faltantes que se observen en los meses que contiene la plantilla, si conviene que la empresa procure obtener financiamiento de corto o de largo plazo. Por el contrario, en caso de que existan sobrantes habrá la alternativa de pagar créditos o retener el efectivo para expansión de la empresa o para el pago de dividendos a los accionistas. Los **Ingresos financieros** comprenden los *Créditos bancarios de corto plazo* (renglón 311), cuando la empresa disponga de línea autorizada, o tenga alguna certeza de que podrá obtenerla; este tipo de créditos solo es recomendable para cubrir necesidades temporales que la empresa podrá liquidar en el corto plazo, esto es, en los siguientes doce meses. Cuando el déficit de efectivo se extienda por más de un año, convendrá que la empresa busque contratar *Créditos bancarios de largo plazo* (renglón 312), o gestionar *Aportaciones de socios* a capital (renglón 313), por los montos necesarios. Conforme se registran los ingresos financieros que irían cubriendo el déficit de efectivo, se tendrán que considerar los **Egresos financieros**, por concepto de pagos mensuales de intereses, y de las amortizaciones que se tendrían que pactar con el Banco por los créditos que se contraten. Este proceso de anotar ingresos y gastos financieros es de tipo iterativo, esto es, se aumentan o disminuyen cifras hasta que el Saldo al final del mes (renglón 500) registre un monto con un margen de seguridad para hacer frente a alguna disminución de ingresos o aumento de egresos inesperado.

Sección 4 Flujo de inversión. En la práctica las empresas pueden efectuar gastos de inversión durante la etapa operativa, pero para efectos de la evaluación de un proyecto de inversión importante y para simplificar la elaboración de proyecciones financieras, se sugiere registrar los montos de ésta sección solamente en los meses que comprende la etapa pre-operativa. En la plantilla se sugieren algunos conceptos de gasto de inversión, pero el evaluador podrá agregar o eliminar conceptos según sea necesario. La clasificación de gastos en *Diferido* (renglón 410), *Activos fijos utilizados en producción* (renglón 420) y *Activos finos no utilizados en producción* (renglón 430) es similar al desglose en la plantillase e*scenarios* y de los *estados financieros proyectados*, con el fin de facilitar la verificación de congruencia que debe existir entre los tres documentos.

Nota importante. Las cifras o fórmulas que el evaluador anote en cada celda deber ser adecuadas para que el Flujo de caja represente con fidelidad los resultados esperados, conforme con el estudio que el evaluador haya realizado para contestar cada una de las preguntas de aplicación.

Respuesta a la pregunta de aplicación

En general puede contestarse mediante un párrafo con la explicación necesaria, seguido de una tabla con datos mensuales del primer año de operación, en el que se desglosen los conceptos de ingreso y egreso que se consideren relevantes, como puedan ser las ventas, el flujo operativo, el saldo en efectivo al final del mes, entre otros. Puede ser útil incluir los flujos de efectivo que se registrarían si el proyecto no se realiza, cuando se quiera resaltar la diferencia contra la realización del proyecto.

Anexo al reporte de evaluación

Se recomienda incluir el Estado de flujo de efectivo completo, correspondiente a los primeros doce meses de operación del proyecto; en caso de que la fase pre-operativa requiera más de tres meses será conveniente agregar un anexo con el flujo de ésta etapa.

Experiencias de aprendizaje

Tareas individuales

[7.5.11]   Elaborar dos pronósticos del flujo de efectivo: el primero sin la realización del proyecto de expansión y otro con la expansión.

Tareas en equipo

[7.5.11]   Revisar la tarea 7.5.11

Casos virtuales

[7.5.31]   Elaborar dos pronósticos del flujo de efectivo: el primero sin la realización del proyecto de expansión y otro con la expansión.

Bibliografía

Arthur, N., & Chuang, G. C. (2006). IAS 7 alternative methods of disclosing cash flow from operations: evidence on the usefulness of direct method cash flow disclosures. *The University of Sydney*.

Daems, H. (2005). *Business Planning and Financing: The Nuts and Bolts of a Strategic Plan*, Bloomington, IN: Author Hourse, www.questia.com

DeFond, M. L., & Hung, M. (2003). An empirical analysis of analysts' cash flow forecasts. *Journal of accounting and economics*, 35(1), 73-100.

Stevens, P., & Kriefman, B. (1995). Cash Flow Statements. In *Work Out Accounting A Level* (pp. 203-212). Palgrave, London.

7.6 Estados Financieros proyectados

Importancia

Un proyecto de inversión convendrá ser llevado a cabo cuando los **estados financieros proyectados** muestren que las perspectivas de ventas, utilidades y rentabilidad serán significativamente mejores que sin realizar el proyecto. Elaborar dichos estados financieros es una tarea que requiere contar con información contable precisa, así como información cualitativa sobre la trayectoria operativa de la empresa en años anteriores, y de sus posibilidades y limitaciones futuras.

Las cifras contables permiten al evaluador identificar cuales cuentas o razones financieras son críticas para determinar los riesgos y la viabilidad del proyecto, por lo cual es muy importante que los estados financieros proyectados hayan sido elaborados con la mejor información y técnicas apropiadas.

Preguntas de aplicación

[5.6.71]	¿Cuáles supuestos económicos, financieros y de operación se utilizan en estados financieros proforma y cuál es su justificación?
[5.6.72]	¿Cómo evoluciona el desempeño de la empresa, conforme a la proyección de los estados financieros proyectados en los siguientes tres o cinco años sin la realización del proyecto?
[5.6.73]	¿Cómo evoluciona la situación financiera de la empresa conforme a la proyección de los estados financieros proyectados en los siguientes tres o cinco años con la realización del proyecto?

Premisas teóricas y prácticas

Los **estados financieros proyectados** –principalmente el **Estado de posición financiera** y el **Estado de resultados**, pueden ser la herramienta de mayor utilidad para el evaluador en el proceso de determinar si un proyecto de expansión tiene méritos para ser propuesto al administrador de una empresa pequeña.

Dichos estados financieros deben reflejar cómo la realización del proyecto afecta la evolución de las cuentas de activo y pasivo, las ventas, los gastos y las utilidades. Además, las cifras que resulten de las proyecciones permiten calcular las razones financieras, y otros indicadores financieros que facilitan al evaluador articular argumentos mejor sustentados.

Conviene elaborar dos proyecciones financieras, una con la realización del proyecto y otra sin ella; la comparación entre ambas permitirá determinar si la evolución de los indicadores financieros favorece la realización del proyecto, y si el incremento en el valor de la empresa es superior al monto de la inversión.

Generalmente las proyecciones cubren los primeros tres a cinco años de operación del proyecto, y su formulación toma como base de pronóstico el **escenario más probable** que se haya formulado con lo sugerido el subcapítulo 7.4.

Es de primordial importancia recordar que los estados financieros proyectados deben ser confiables, para lo cual es necesario que el pronóstico de las cifras de ventas, gastos, costos y variables de operación, se haya realizado con base en el mejor conocimiento y experiencia sobre los recursos de la empresa y del entorno. En las empresas grandes y en aquellas cuyo desarrollo depende de la tecnología, pueden optar por elaborar sus pronósticos mediante métodos cualitativos como el **método Delphi**, o cuantitativos mediante **modelos econométricos**. Sin embargo, en las empresas pequeñas el pronóstico de las cifras contables puede elaborarse mediante técnicas estadísticas básicas disponibles en una hoja de cálculo electrónica, a partir del desarrollo de los demás temas de la evaluación del proyecto, como puede ser el entorno, el mercado, la operación, etc.

En general conviene verificar que se han tomado en cuenta las restricciones que tenga la empresa en su capacidad de producción, de abastecimiento, en recursos humanos, etc. Es necesario también que el proceso de formulación de los Estados financieros proyectados, incluya **análisis de punto de equilibrio** y **análisis de sensibilidad**. El análisis del **punto de equilibrio** consiste en determinar el volumen mínimo de ventas que permitirá a la empresa cubrir los gastos de la empresa, sin utilidades; el cálculo es sencillo cuando la empresa vende un solo producto, pero cuando la empresa vende productos diversos, el análisis requerirá elegir combinaciones de volúmenes diferentes que resulten igualmente en cero utilidades. El **análisis de sensibilidad**, por su parte, permite examinar la variación que puede generar en los indicadores financieros el cambio en el valor de pronóstico de una variable. Por ejemplo, cuando el costo de ventas incluye un gasto de energía importante, conviene determinar cuál es el incremento máximo en el precio de la energía que el proyecto puede soportar.

El evaluador debe igualmente tomar en cuenta que el entorno podrá cambiar en forma inesperada en el futuro, por lo cual las proyecciones de los estados financieros deberían ser revisados cada seis meses, con el fin de apoyar al administrador de la empresa en la toma de decisiones correctivas.

Recursos requeridos

La información contable que la empresa haya proporcionado conforme se sugiere en el subcapítulo 7.1 es la base para la elaboración de los estados financieros proyectados, en conjunto con el conocimiento que el evaluador haya adquirido en el estudio y análisis los demás temas de la evaluación.

Aplicación

Usualmente se recomienda elaborar estados financieros proyectados por los tres a cinco años siguientes, principalmente del Estado de Resultados y del Estado de Posición Financiera, en los que se reflejen las condiciones o circunstancias internas y externas más probables. En el presente libro se propone elaborar las proyecciones por cinco años, por ser el número de años más común y porque no representa mayor esfuerzo; se propone además elaborar otra proyección bajo el supuesto de que el proyecto de inversión no se realice. Aunque la elaboración de proyecciones financieras podrá parecer una tarea engorrosa, la utilización de la metodología que aquí se presenta puede simplificar la tarea, de tal forma que su elaboración requiera de solo pocas horas.

La utilización de una plantilla de hoja de cálculo prediseñada puede facilitar la elaboración de los estados financieros proyectados. En el presente libro se sugiere utilizar una plantilla con el contenido básico, cuyo ejemplo se muestra en el anexo *7.6.1 Plantilla edofin*. El anexo contiene cifras hipotéticas de una empresa manufacturera dedicada al maquinado de piezas metálicas, cuyo plan de expansión consiste en establecer una oficina de ventas en una plaza cercana, así como adquirir maquinaria para mejorar la calidad de productos y producir piezas, que requieren procesos que actualmente no puede producir con la maquinaria que dispone.

Es importante aclarar que la plantilla ha sido diseñada para utilizar y proyectar cifras contables a **precios constantes**, esto es, cuando la inflación no es mayor al 4 porciento. Cuando la tasa de inflación anual que se proyecte sea superior a dicha cifra, el evaluador podrá optar por modificar la plantilla para utilizar **precios nominales**, en los que se toma en cuenta la inflación.

La *plantilla edofin* tiene una estructura similar a la de la *plantilla escenarios* (anexo 7.4.1), ya que cuenta con el mismo número de secciones (seis secciones denominadas de la *A* a la *I*); las diferencias entre ambas obedecen a los fines de cada plantilla, que se pueden comprender por su formulación. Conviene destacar que en la *plantilla escenarios* cada columna de datos representa un escenario, mientras que en la *plantilla edofin* cada columna representa uno de los años sucesivos que se proyectan; las diferencias restantes son de menor importancia y se pueden explicar por los objetivos de cada plantilla.

Al igual que en la plantilla escenarios, existe también otra característica importante en el diseño de la plantilla, que consiste en que las secciones *A* a la *E* están destinadas para la captura de cifras directas por el evaluador, mientras que las secciones restantes solo contienen fórmulas. Sin embargo, el evaluador podrá utilizar fórmulas en las celdas en que se requieren cifras, o modificar las fórmulas en las secciones *F* a la *I*, siempre y cuando los resultados que reflejen las plantillas sean acordes con los principios contables.

La *plantilla edofin* contiene seis columnas para datos: la primera de ellas para registrar las cantidades de los estados financieros del último **ejercicio contable** antes de realizar el proyecto, mientras que las otras cinco, de la *I* a la *L*, reflejan el pronóstico de cantidades o montos de las variables o cuentas, para cada uno de los cinco años a partir del año de inicio del proyecto. La primera columna (columna *I*) se denomina *Año cero*, que corresponde al periodo de operación previo al inicio de operación del proyecto, etiqueta que el evaluador querrá sustituir por el año en sí; en las siguientes columnas el encabezado es Año 1… Año5, que igualmente convendrá sustituir por los años a los que correspondan los datos.

El valor de las cifras contables del año previo a la realización del proyecto, además de los valores de dos o más años anteriores, se utilizan comúnmente en planeación financiera para fundamentar los pronósticos de los años que se proyecten mediante la técnica de **extrapolación**. La extrapolación deberá tomar en cuenta el conocimiento que se haya adquirido en la formulación de la *plantilla escenarios*, particularmente del escenario más probable, así como en los resultados del estudio que haya realizado el evaluador en los diferentes temas de la evaluación. Específicamente, el valor de las cifras pronosticadas deben ser congruentes con las utilizadas en la *plantilla escenarios*, ya que de lo contrario las conclusiones no serían válidas.

La formulación de la plantilla puede realizarse gradualmente desde el inicio del proceso de evaluación del proyecto, conforme el evaluador disponga de cifras o pronósticos preliminares. En la plantilla del anexo 7.6.1 las celdas con fondo azul son aquellas en las que el evaluador deberá registrar valores económicos o contables; las celdas con fondo verde reflejan valores que son resultado de fórmulas, que a manera de ejemplo se despliegan en la columna *P*.

Año cero

La columna *I* de la *plantilla* contiene las cifras económicas y contables que correspondan al ejercicio **contable previo** al inicio del desarrollo del proyecto, por lo cual conviene que estén basadas en las cifras contables reales de la empresa, pero deben adecuarse para reflejar las características que propone la **Contabilidad administrativa**. En los casos de estudio virtual el valor de las cifras las estima el evaluador como se sugiere en el subcapítulo *2.2 Proceso general del curso, Caso individual virtual*.

Sección A. Inversión actual en activos fijos

La sección contiene dos segmentos: *Utilizados en producción* y *No utilizados en producción*, con el fin de identificar en el *Estado de resultados* el valor de la depreciación de cada categoría de activos fijos, así como la formulación del monto de las cuentas de *Activos fijos* en el *Estado de posición financiera*.

Los datos que se registren en ésta sección deben ser congruentes con los lineamientos de la **Contabilidad administrativa**, porque están orientados a facilitar la toma de decisiones administrativas internas, por lo cual se sugiere que el evaluador haga una estimación aproximada de su **valor comercial** o su **valor de sustitución**; en el caso de que el valor de los activos fijos registrados en la contabilidad se considere cercano a dichos valores, el evaluador podrá optar por utilizar las cifras contables.

En la *plantilla* ejemplo se puede observar que los activos están desglosados por categorías, por ejemplo *Maquinaria, equipo y herramientas*, que en promedio pueden tener una vida útil de 8 años, por lo cual cada año los activos pierden un octavo de su valor. Aunque el evaluador podrá disponer de la información de cada activo, es práctico agrupar los activos por categorías y registrar en la plantilla la suma o el promedio, según sea el caso.

Sección B. Gastos de capital presupuestados

Los datos de las columnas *Valor de Adquisición* y de *Años vida útil* deberán ser congruentes con la respuesta a las preguntas de aplicación de los subcapítulos *3.4 Descripción del proyecto*, *5.1 Gasto de capital inicial* y del *7.5 Pronóstico del flujo de efectivo*.

Sección C. Variables económicas, políticas y otras

Los datos que se anoten en la *plantilla edofin*, serían los mismos que se hayan registrado en la columna *Escenario más probable*, de la *plantilla escenarios*. En el caso de la empresa de maquinado, se incluye la variable *Crecim valor prod industria manufacturera estatal*, cuyo pronóstico se basa en datos estadísticos de la *Encuesta mensual de la industria manufacturera EMIM* que publica el INEGI, por considerar que las ventas de la empresa dependerán del crecimiento del valor de producción de productos elaborados a nivel Estatal.

Sección D. Variables de operación

La formulación de las seis subsecciones se puede desarrollar aplicando las indicaciones relativas a la formulación de la *plantilla escenarios*, a la que se refiere el subcapítulo 7.4, así como las orientaciones que siguen.

Subsección D1. Volumen de ventas. El pronóstico de cada línea debe ser congruente con el escenario más probable, y estar basado en el plan de mercado, tomando en cuenta el ciclo de vida del producto y las características del mercado. En el ejemplo de la empresa de maquinado, se supone que el volumen de ventas de las tres categorías de productos se incrementarán por el mismo porcentaje del *Crecim valor prod industria manufacturera estatal* (renglón 58), así como por un porcentaje estimado que se atribuye a la gestión de la nueva oficina de ventas y a la maquinaria nueva que se adquiere (renglón 59). En otros casos podrá estimarse que las ventas de alguna categoría se mantengan estancadas, o aún que disminuyan. Cualquiera que sea el caso el evaluador deberá tener una explicación del comportamiento de cada variable con el grado de objetividad posible.

Subsección D2. Precio de venta promedio. Los precios pueden incrementarse por un aumento de la demanda, de los costos o por otras causas, si bien el incremento en dichos precios puede originar la disminución de las ventas. En el ejemplo de la empresa de maquinados se proyecta que los precios mantendrán su precio a valores constantes, esto es, los precios se incrementarán a la par que la inflación, comportamiento que es común en la economía.

Subsección D3. Costo de venta promedio. En el caso de una empresa manufacturera, la subsección se refiere a los materiales y componentes para producción, mientras que en una comercializadora se referirá al costo de adquisición de los productos para venta; en ambos casos se trata de lo que se conoce como costo variable, porque en el corto plazo los costos se incrementan a la par que la inflación. Dichos costos pueden seguir una tendencia creciente a través de los años, cuando se trata de recursos no renovables, o una tendencia decreciente cuando la oferta se incrementa a mayor ritmo que la demanda. En el caso del ejemplo del anexo 7.6.1 Los costos de venta se refieren al costo promedio por unidad de producto, que se mantiene sin cambio durante los cinco años en los que se proyectan los estados financieros.

Subsección D4. Gastos de producción. La subsección se refiere a los costos fijos de producción para un determinado nivel de producción, conforme se explica en el *subcapítulo 5.7 Costos*; sin embargo, en el largo plazo conforme se incrementa el nivel de producción, el monto de dichos gastos se puede incrementar, de acuerdo con el análisis que sugiere el citado subcapítulo.

Subsección D5. Gastos de administración. Si el evaluador advierte que los gastos de administración corrientes pueden disminuir sin afectar el funcionamiento adecuado de la empresa con el desarrollo del proyecto de expansión, podrá sugerir medidas para reducirlos; por el contrario, si considera que el gasto es insuficiente, podrá sugerir un incremento en dichos gastos. En el caso del ejemplo de la empresa de maquinado, por ejemplo, las remuneraciones al gerente se incrementarán por el porcentaje proyectado del aumento en el valor de la producción a nivel estado (renglón 58), mientras que los salarios y el gasto en gasolina se incrementarían tanto por dicho aumento en el valor de la producción, como por el incremento en la producción atribuible al proyecto (renglón 59).

Subsección D6. Gastos de mercadeo. Los gastos de mercadeo se determinan en el desarrollo del subcapítulo *4.3 Plan de mercado*, y su monto deberá un factor que apoye el logro del plan al que se refiere dicho subcapítulo. En el caso de la empresa de maquinado, el gasto se incrementa en función al valor de la producción a nivel estado (renglón 58), y por el incremento en la producción atribuible al proyecto (renglón 59).

Subsección D7. Otras variables

Días caja y bancos. Se sugiere proponer un monto que represente el promedio de efectivo disponible que la empresa requiere mantener para cumplir con sus compromisos de pago de gastos operativos y no operativos. El monto se puede expresar como un número de días de ventas, lo que sugiere que las necesidades se incrementarán si aumentan las ventas, porque aumentará el monto de pagos de sueldos, a proveedores, impuestos, etc. Por ejemplo, una sala de cine podrá requerir sólo el equivalente a cinco días de ventas, porque sus ventas son de contado, mientras que la empresa de maquinado proyecta 21 días, porque la cobranza de sus ventas de crédito puede fluctuar entre un mes y otro.

Porciento ventas de crédito. Cuando una empresa establece como estrategia disminuir el crédito a clientes, podrá podría proyectar la reducción anual en el porcentaje de ventas a crédito hasta alcanzar el nivel deseado, o incrementar el porcentaje de ventas a crédito cuando desee incrementar su participación de mercado mediante tal estrategia; sin embargo, el aumento en las ventas a crédito aumenta el riesgo de pérdida por **créditos incobrables**, además del costo de cobranza y el costo del dinero. En el ejemplo de la empresa de maquinado, no se proyectan cambios en este respecto.

Días inventario. La variable representa el valor promedio del inventario en el balance, expresado como el número de días que se requerirían para que se agote el inventario, sin resurtirlo. Conforme se propone en el subcapítulo *5.8 Abastecimiento*, la inversión en inventarios es una decisión estratégica importante, porque puede afectar las ventas, además del riesgo de obsolescencia y deterioro.

Días proveedores. Se sugiere anotar el plazo promedio que la empresa utilizará para el pago de sus compras, tomando en cuenta que en ocasiones las compras de crédito pueden causar que la empresa no aproveche precios menores por compras de contado.

Porciento ISR y PTU. Debido a que las proyecciones financieras son de tipo administrativo, el evaluador debe estimar la tasa que la empresa deba pagar de Impuesto sobre la renta y por la Participación a los trabajadores en las utilidades. El pronóstico de la tasa a capturar se puede extrapolar a partir de las tasas pagadas en ejercicios anteriores, con el apoyo del contador de la empresa.

Sección E. Supuestos de financiamiento

El valor que se asigne en su caso a las variables que se sugieren en esta sección, se determinarían en la etapa final de la formulación de la plantilla, porque entonces se conocería si es necesario que la empresa continúe utilizando créditos de *Bancos corto plazo* y por cuales montos en cada año; o si conviene contratar *Créditos largo plazo*, y el monto anual de los créditos; el monto que la empresa podría destinar para el *Pago de dividendos* cada año o, por el contrario, si en alguno o algunos años conviene que los accionistas hagan *Aportaciones a capital*.

Una vez que el evaluador haya asignado valores a las secciones *A* a la *D* de la plantilla, podrá observar que las renglones las secciones *F* y *G* muestran el valor de las cuentas de los Estados Financieros, así como de los indicadores financieros de la sección *I*. Es entonces necesario revisar las cifras, para verificar el principio contable de igualdad entre el saldo de cuenta *Activos*

Totales (renglón 179) y la cuenta *Total de pasivos más capital* (renglón 197); en caso de desigualdad, habrá que revisar si las fórmulas en las cuentas fueron anotadas correctamente, principalmente en el caso de la cuenta *Valores de Corto Plazo* (renglón 167). Además, es necesario revisar que el valor de cada cuenta sea congruente con los resultados esperados desde el punto de vista financiero.

Quizá la mayor importancia se concentrará una vez más en la cuenta *Valores de Corto Plazo* (renglón 167), en el Estado de posición financiera. En efecto, si la cuenta muestra saldo negativo, puede advertir la necesidad de que la empresa contrate créditos de corto o de largo plazo (renglones 136 y 137), lo cual se estudia en el *capítulo 8*, o que los accionistas aporten recursos (renglón 139); por el contrario, si el valor de la cuenta *Valores de corto plazo* muestra un valor positivo, abrirá la opción de pagar dividendos a los accionistas (renglón 138).

En el caso de la empresa de la empresa de maquinado, se puede observar en la *plantilla* que en el *Año cero* la empresa registraba un exceso en el valor de la cuenta *Valores de Corto Plazo* (renglón 167) por lo cual en el Año cero la empresa tendría la posibilidad de pagar dividendos por 3,500 según se anota en la celda I138 (renglón 138); además, debido a que la empresa obtiene utilidades crecientes en cada uno de los cinco ejercicios proyectados, en la renglón 138 se propone el pago de dividendos por montos que la empresa no necesita, pero conserve un monto de recursos en la cuenta *Valores de corto plazo* (renglón 167) para hacer frente a alguna reducción inesperada en utilidades.

Sección F. Estado de resultados

Las columnas de valores contables en la plantilla contienen sólo fórmulas que hacen referencia a los diferentes supuestos (secciones *A* a la *F*), por lo cual no es necesario que el alumno registre datos en forma directa. Las fórmulas son similares a las de la *plantilla escenarios*, por lo cual las explicaciones de dicha plantilla aplican cabalmente a la referida en el presente sub-subcapítulo.

Sección G. Estado de posición financiera

Los valores de las columnas de los años proyectados están definidos exclusivamente mediante fórmulas, que hacen referencia a otras celdas de la misma plantilla, que contienen cifras contables o variables que fueron pronosticadas como parte del proceso de evaluación. La mayor parte de las fórmulas son similares a las que se utilizaron en la misma sección de la *plantilla escenarios*, si bien cabe aclarar algunas diferencias:

Activos fijos. El valor de cada cuenta en el *Año 1* resulta de sumar al valor del año anterior, el valor de la inversión en activos fijos del proyecto, y de restar la depreciación del ejercicio, bajo el supuesto de que los activos fijos se adquieren en el primer día del *Año 1*. A partir del *Año 2*, el valor de los *Activos fijos* resulta de restar al valor del año previo, la depreciación en el ejercicio de los activos fijos.

Valores de corto plazo. La cuenta representa el efectivo que la empresa no requiere para su operación, y que podría ser pagada a los accionistas. Esta cuenta sirve para alcanzar la igualdad entre las cuentas deudoras y las cuentas acreedoras, DEBE y HABER; aplica la premisa de que las otras cuentas deudoras representan los montos que requiere la empresa para operar, mientras que las cuentas acreedoras reflejan los recursos que la empresa ha recibido de acreedores y socios, por lo que la diferencia representa recursos sobrantes. Por lo anterior, el saldo de esta cuenta debería ser mínimo, pero positivo conforme con los principios contables. En la plantilla del anexo 7.4.1, la fórmula que se anota consiste en sumar el valor de las celdas de las cuentas individuales del HABER (Activos) y restar el valor de las celdas de las cuentas del DEBE (Pasivos y Capital).

Capital social*.* El valor de la cuenta se puede mantener igual en todos los años, debido a que un cambio en dicho monto podría para tomar en el futuro, y estaría sujeta al cumplimiento de las condiciones que establezca el acta constitutiva de las empresa, de las leyes y reglamentos que apliquen. Para efectos de la evaluación del proyecto las *Aportaciones de socios* se acumulan en la cuenta de ese nombre (renglón 192), por los montos que el evaluador sugiera en las *Variables de financiamiento*, renglón 139 *Aportaciones a capital*.

Utilidades retenidas*.* El valor de la cuenta es el monto que la empresa necesita conservar como capital propio, que resulta de sumar al saldo de la cuenta del año anterior, las utilidades del ejercicio (renglón 162) y restar el monto de dividendos que pueda pagar a los accionistas (renglón 138). En el ejemplo de la empresa de maquinados, se observa que las *Utilidades retenidas* registran un saldo negativo los últimos tres ejercicios, lo cual no es propio desde el punto de vista contable y fiscal; por consiguiente, en su momento la empresa tendría que determinar si los recursos sobrantes los reinvierte en el negocio, si emprende nuevos negocios, o si reduce el *Capital social*, con las implicaciones financieras y fiscales que correspondan.

Sección H. Valor de la empresa

En esta sección se propone un esquema para evaluar el desempeño de la empresa mediante dos enfoques de mayor aceptación en la Administración Financiera: el Valor Presente Neto VPN, también conocido como **Valor Actual Neto** (VAN) de los flujos de efectivo del inversionista, y la tasa interna de retorno (TIR). En el caso de la empresa de maquinados, el VAN de la empresa resulta de 8,695 miles, el cual es superior al valor de la empresa en el Año cero que es de 7,297 (renglón 202), lo cual indica que el proyecto de expansión conviene ser aprobado, conforme a dicho criterio. En el caso de la TIR, cuyo valor resultó del 51.0%, por ser superior a la tasa de rendimiento requerido del 18.0%, igualmente sugiere la conveniencia de aprobar el proyecto.

Sección I. Razones financieras

En esta sección se calcula la evaluación de algunas razones financieras que permiten comparar la situación financiera de la empresa con otras empresas, para efectos de ponderar el atractivo y los riesgos del proyecto. En la medida en que el alumno logre conocer razones financieras de otras empresas, tendrá mejores fundamentos para sustentar las conclusiones de la evaluación del proyecto de inversión. Conviene recordar que el grado en que un indicador es positivo dependerá del tipo de actividad de la empresa, sobre todo cuando se compara con el nivel del indicador de empresas de la misma rama de actividad.

Respuesta a las preguntas de aplicación

PREGUNTA 7.6.1 Generalmente será suficiente describir en un párrafo cuál fue el proceso que el evaluador siguió para definir el valor supuesto de las variables económicas, contables y financieras que se proponen en las secciones *A* a la *E* de la *plantilla edofin*, que el evaluador haya considerado de mayor relevancia. Sin embargo, en algunos casos puede ser necesario incluir una tabla con los valores de dichas variables.

PREGUNTAS 7.6.1 Se sugiere insertar una tabla que muestre la evolución anual de las ventas y la utilidad neta, así como de otros renglones del Estado de resultados y, en un párrafo, comentar cómo se comparan los resultados financieros con el proyecto, respecto a los que se darían sin la realización del proyecto.

PREGUNTAS 7.6.1 y 7.6.2 Se sugiere insertar una tabla que muestre la evolución de los Activos circulantes, Activos fijos, Activos totales, Pasivos circulantes, Pasivos de largo plazo y Capital contable; podrá ser conveniente incluir la evolución de algunas otras cuentas cuando su evolución sea relevante para la empresa. Cuando los cambios se consideren relevantes se sugiere comentar en un párrafo cómo se comparan la evolución de algunas cuentas con el proyecto, respecto a los que se darían sin la realización del proyecto.

Anexos al reporte de evaluación

Es necesario anexar el **Estado de resultados proyectado**, así como el **Estado de posición financiera proyectado**, los cuales se puede elaborar con datos de la *plantilla edofin*.

Experiencias de aprendizaje

Tareas individuales

[7.6.11]   Formular los Estados Financieros Proyectados para la evaluación financiera del proyecto

Tareas en equipo

[7.6.21]   Revisar la tarea individual 7.6.11.

Casos virtuales

[7.6.31]   Formular los Estados Financieros Proyectados para la evaluación financiera del proyecto

Bibliografía

Armstrong, J. S., Green, K. C., & Graefe, A. (2015). Golden rule of forecasting: Be conservative. *Journal of Business Research*, 68(8), 1717-1731

Merigo, J. M., Palacios-Marques, D., & Ribeiro-Navarrete, B. (2015). Aggregation systems for sales forecasting. *Journal of Business Research*, 68(11), 2299-2304.

Syntetos, A. A., Kholidasari, I., & Naim, M. M. (2016). The effects of integrating management judgement into OUT levels: In or out of context?. *European Journal of Operational Research*, 249(3), 853-863.

Yoe, C. (2012). *Principles of Risk Analysis: Decision Making under Uncertainty*. Boca Raton, FL: CRC Press, disponible en www.questia.com

7.7 Resultados relevantes

Importancia

La evaluación financiera de un proyecto de inversión se puede elaborar mediante diferentes procesos y métodos, que pueden revelar indicadores útiles para rechazar o aceptar un proyecto, algunos de los cuales se aplican conforme al estudio que se desarrolle conforme se sugiere en los sub-capítulos 7.1 a 7.6 del presente libro. Entre dichos indicadores se encuentran el pronóstico del flujo de efectivo, las **razones financieras** y el valor de **indicadores financieros** específicos como el **VPN** o la **TIR**, entre otros.

El evaluador podrá identificar los indicadores que pueden ser relevantes para que la empresa determine si conviene llevar a cabo el proyecto, tomando en cuenta la creciente incertidumbre de las condiciones tecnológicas, sociales y políticas, lo cual evidencia la necesidad de cautela. Asimismo, el evaluador debe sugerir los indicadores que adviertan sobre cambios futuros inesperados en el entorno, que puedan requerir acciones correctivas.

Preguntas de aplicación

[5.7.74]	¿Cuáles son los efectos más importantes del proyecto en las perspectivas financieras de la empresa?

Premisas teóricas y prácticas

La fuente financiera de mayor interés inicial para el evaluador es el **Estado de flujos de efectivo**, porque refleja la capacidad del proyecto de inversión para incrementar ingresos y/o reducir gastos, cumplir con los compromisos de pagos y, como consecuencia, incidir en la rentabilidad de la empresa. A su vez, las cifras de dicho documento son básicas para determinan el pronóstico de variables que son la base para conformar los **Estados financieros proyectados**, lo cual justifica su importancia para la evaluación del proyecto.

El Estado de flujos de efectivo, cuyas cifras deben ser congruentes con los Estados financieros proyectados, debe mostrar que el efectivo que genera la operación de la empresa, los ingresos por financiamiento y la aportaciones de los accionistas, son suficientes mes a mes para financiar el pago de intereses, la amortización de créditos y el gasto de inversión de capital que requiere el proyecto.

Los **Estados Financieros Proyectados**, por su parte, permiten al evaluador disponer de pronósticos de cifras contables para los años siguientes, y detectar el grado en que las cifras son favorables para la productividad y permanencia de la empresa, especialmente si las compara con las de empresas de la misma rama de actividad. Dichos estados financieros también permiten el cálculo de **razones financieras** o indicadores financieros que son un apoyo para el proceso de evaluación. Las cuatro razones financieras de mayor utilización en las empresas pequeñas se incluyen en la *plantilla edofin* (renglones 210 a 213), y se describen a continuación:

Retorno sobre la inversión. Resulta de dividir la utilidad neta del ejercicio, entre el capital contable de la empresa y, como su nombre lo indica, revela la tasa de rendimiento que los propietarios de la empresa podrán recibir con la realización del proyecto; si el rendimiento tiende a ser inferior al que la empresa reportaría en el caso de no llevar a cabo el proyecto, podría ser un motivo para poner en duda la conveniencia de aprobar el proyecto de inversión.

Índice de liquidez. Debido a que el índice de liquidez puede indicar la capacidad de hacer frente al pago de sus adeudos de corto plazo, una tendencia negativa de dicho índice puede representar un riesgo, en cuyo caso habrá que identificar cuales cuentas inciden en mayor medida, y si existe justificación para modificar los **supuestos de proyección**. Es importante recordar que un nivel de liquidez deseable puede variar según la rama de actividad de la empresa. El índice de liquidez es el cociente de las cuentas Activos Circulantes y Pasivos circulantes.

Apalancamiento financiero. Considerado como el porcentaje de la deuda de la empresa respecto al capital contable, es importante porque una tendencia al alza puede significar un riesgo de insolvencia, en cuyo caso el evaluador evitará proponer la realización del proyecto. En algunos casos la empresa optará por financiar el proyecto con financiamiento externo, cuando no disponga de recursos propios, y los accionistas no dispongan de capacidad de aportarlos, pero el **índice de apalancamiento** debería ser decreciente.

Capital de trabajo. El monto de capital de trabajo necesario, definido como la diferencia entre el monto de Activos Circulantes y el de Pasivos circulantes, es un indicador importante de la productividad de una empresa. Toda vez que el capital tiene un costo, si el monto de inversión en inventarios es superior al nivel de los competidores, es posible que signifique una eficiencia menor. El evaluador podrá comparar el **ciclo operativo** de la empresa, también conocido como el **ciclo de conversión de efectivo**, con el de competidores, y determinar su significado para los objetivos del proyecto.

El examen de los Estados Financieros Proyectados permitirá al evaluador determinar si conviene agregar en la plantilla otros indicadores financieros, si con ello puede mejorar su interpretación de las perspectivas de éxito del proyecto.

La confiabilidad de los resultados de la evaluación financiera dependerá de que se hayan utilizado las técnicas o métodos adecuados, y de qué tan apropiados sean los valores y supuestos utilizados en los modelos utilizados para elaborar los escenarios financieros, el flujo de caja y los estados financieros proyectados.

Recursos requeridos

Las preguntas de aplicación solo pueden responderse cuando que se hayan llevado a cabo actividades propuestas en los subcapítulos 7.2 al 7.6, así como las indicadas en el capítulo 8.

Aplicación

Descubrir cuáles indicadores financieros son relevantes para determinar el futuro de la empresa es una tarea retadora, porque requiere que el evaluador tenga conocimientos suficientes sobre las técnicas de análisis de estados financieros, así como la perspicacia necesaria para identificar las cifras que pueden ser decisivas.

Evolución de las cifras contables

Conviene comparar la evolución de las cifras de la *plantilla edofin* sin la realización y con la realización del proyecto, para identificar variaciones relevantes y, en su caso, indagar o preguntarse cuál puede ser la causa de dichas variaciones y qué implicaciones tienen.

La comparación referida de cifras puede iniciar con la revisión de cada renglón del **Estado de resultados** y del **Estado de posición financiera** (secciones F y G de la plantilla), y valorar si los cifras presupuestadas son congruentes con el análisis de los otros temas de la evaluación. Por ejemplo, la evolución del **costo de ventas** de un producto debería estar dentro de un rango que permita a la empresa ser competitiva, o si el porcentaje de gastos de administración se mantiene estable cuando en años anteriores creció en forma ininterrumpida. Es de importancia particular, por ejemplo, revisar que el número de **días de inventario** (renglón 121 de la *plantilla edofin*) se encuentre en un rango que permita a la empresa lograr sus objetivos de venta, y que en principio no debiera ser superior al de los competidores.

Una vez que el evaluador ha valorado las diferencias relevantes entre las proyecciones elaboradas mediante la *plantilla edofin*, y considere que las diferencias están acordes a los supuestos de proyección, pasará al análisis los resultados de la sección *H Valor de la empresa*, y de la sección *I Indicadores financieros*.

Valor de la empresa

En particular, el *Flujo de efectivo de los accionistas* (renglón 202) debe evolucionar e incrementarse en un grado que despierte el interés del administrador, porque dichos recursos podrían utilizarse para un nuevo proyecto de expansión, o para otros usos de mayor interés para los propietarios.

Por su parte, en cuanto mayor sea el **VAN** del proyecto, mayor interés ejercerá en el administrador para autorizar el proyecto. Asimismo, debido a que la **TIR** (celda I205) es hasta cierto punto una medición equivalente al **VAN** (celda I204), entre más exceda a la tasa de **Rendimiento requerido** (celda I201) el proyecto podrá destacar como mejor alternativa en comparación con otros proyectos de inversión alternativos, con **TIR** menor.

Indicadores financieros

Cuando el **VAN** resulta superior al monto de la inversión requerida por el proyecto y la **TIR** sea superior al **Rendimiento requerido**, se esperaría que los **Indicadores financieros** de la Sección I evolucionen positivamente. Sin embargo, puede darse el caso que el *Rendimiento requerido* muestre una tendencia a la baja, o que el valor del *Capital de trabajo* sea sensiblemente superior que en de los competidores, lo cual puede indicar la necesidad de encontrar si existe algún problema que requiera atención del administrador.

Por lo que respecta al *Índice de liquidez*, si es superior al de otras empresas de la misma rama de actividad, podría interpretarse como una fortaleza de la empresa, pero un exceso podría abrir la posibilidad de reducir la inversión en *Activos circulantes* y con ello aumentar la rentabilidad de la empresa.

El *Apalancamiento financiero* de la empresa normalmente será decreciente, porque los propietarios de las empresas pequeñas normalmente tienen aversión al apalancamiento, e inhibe el interés de contratar créditos.

Cuando un evaluador conoce cifras financieras de empresas similares, o cuando ha tenido la oportunidad de evaluar otros proyectos de inversión, podrá elaborar un análisis con mayor objetividad para la toma de decisiones. Por ello, en el presente libro se promueve la evaluación simultánea de varios proyectos, así como la colaboración entre evaluadores, con objeto de mejorar la capacidad de análisis.

Respuesta a la pregunta de aplicación.

Una vez que el evaluador considere que ha identificado los indicadores financieros de mayor relevancia para la evaluación, podrá redactar la respuesta a la pregunta de aplicación, que puede elaborarse en un párrafo con cuatro a seis renglones.

Experiencias de aprendizaje

Tareas individuales

[7.7.11] Descripción de los resultados de mayor relevancia del análisis financiero para efectos de la evaluación del proyecto.

Tareas en equipo

[7.7.21] Revisión de tarea individual 7.7.11.

Casos virtuales

[7.7.31] Descripción de los resultados de mayor relevancia del análisis financiero para efectos de la evaluación del proyecto.

Bibliografía

Alessandri, T. M., Ford, D. N., Lander, D. M., Leggio, K. B., & Taylor, M. (2004). Managing risk and uncertainty in complex capital projects. *The Quarterly review of economics and finance*, 44(5), 751-767.

Beattie, V., Goodacre, A. & Thomson, S.J. (2006). Corporate financing decisions: UK survey evidence. *Journal of Business Finance and Accounting* 33(9-10):pp. 1402-1434.

Brédart, X. (2014). Bankruptcy prediction model: The case of the United States. *International Journal of Economics and Finance*, 6(3), 1.

Carr, C., & Pudelko, M. (2006). Convergence of management practices in strategy, finance and HRM between the USA, Japan and Germany. *International Journal of Cross Cultural Management*, 6(1), 75-100.

Dainelli, F., Giunta, F., & Cipollini, F. (2013). Determinants of SME credit worthiness under Basel rules: the value of credit history information. *PSL Quarterly Review*, 66, 264, 21-47.

Danielson, M.G. & Scott, J.A. (2006). The Capital Budgeting Decisions of Small Businesses. *Journal of Applied Finance*, 16, 2, 45+.

Delen, D., Kuzey, C., & Uyar, A. (2013). Measuring firm performance using financial ratios: A decision tree approach. *Expert Systems with Applications*, 40(10), 3970-3983.

Falshaw, J. R., Glaister, K. W., & Tatoglu, E. (2006). Evidence on formal strategic planning and company performance. *Management Decision*, 44(1), 9-30.

Folan, P., & Browne, J. (2005). A review of performance measurement: Towards performance management. *Computers in industry*, 56(7), 663-680.

García-Teruel, J.P., & Martinez-Solano, P. (2007). Effects of working capital management on SME profitability. *International Journal of managerial finance*, 3(2), 164-177.

Gill, A., Biger, N., & Mathur, N. (2010). The relationship between working capital management and profitability: Evidence from the United States. *Business and economics journal*, 10(1), 1-9.

Kumar, R. (2008). Determinants of Firm's Financial Leverage: A Critical Review. *Journal of Contemporary Research in Management*, 57/86.

Lyngstadås, H. & Berg, T. (2016). Working capital management: Evidence from Norway. *International Journal of Managerial Finance*, 12(3), 341-358.

Mills, J., & Yamamura, J. H. (1998). The power of cash flow ratios. *Journal of Accountancy*, 186(4), 53.

Raza Bilal, A., Naveed, M., & Anwar, F. (2017). Linking distinctive management competencies to SMEs' growth decisions. *Studies in Economics and Finance*, 34(3), 302-330.

Seifert, B., & Gonenc, H. (2010). Pecking order behavior in emerging markets. *Journal of International Financial Management & Accounting*, 21(1), 1-31.

7.8 Criterios financieros de decisión

Importancia

La decisión que deba tomar el administrador de la empresa sobre la conveniencia de realizar el proyecto de inversión convendría ser evaluada mediante **criterios financieros**, aquellos que el evaluador elija tomando en cuenta los objetivos de la empresa, la idiosincrasia de los propietarios y las características del entorno externo. Dichos criterios financieros se aplican a partir del análisis de la información que incluya todos los posibles factores que afecten los resultados financieros y operativos.

La investigación y la experiencia sugieren dos criterios dominantes: el **valor actual neto VAN**, también conocido como **valor presente neto VPN** de la inversión y la **tasa interna de retorno TIR**. En efecto, el **VAN** y la **TIR** se consideran los indicadores de mayor confiabilidad, siempre y cuando la información y los supuestos de proyección que se hayan utilizado para su cálculo, sean resultado de la mejor información factible, y ésta haya sido aplicada con los métodos y técnicas adecuados.

En la medida en que el VPN del proyecto sea superior al monto de la inversión, y que la TIR sea superior a la tasa de rendimiento deseada, la autorización del proyecto se considerará una buena decisión, si bien otros criterios de interés para el administrador deberán ser positivos para que el proyecto sea aprobado.

Preguntas de aplicación

[5.8.75]	¿Cuál es la perspectiva de rentabilidad de la empresa con la realización del proyecto?
[5.8.76]	¿Cuál es la evolución de las razones e indicadores financieros con el proyecto de inversión y cuáles implicaciones tiene?
[5.8.77]	¿Cómo puede justificarse en forma resumida la conveniencia de realizar el proyecto de inversión desde el punto de vista financiero?

Premisas teóricas y prácticas

Los indicadores o criterios financieros que se consideran más apropiados para determinar si conviene aprobar un proyecto de inversión en las empresas pequeñas, se obtienen mediante las técnicas o métodos ya referidos, el VPN y la TIR. Dichos indicadores señalan las perspectivas de que el valor de la empresa se incremente en un monto mayor que el monto de recursos requerido para el proyecto, o que el rendimiento de los recursos que se inviertan será mayor que invertirlos en otro activo, respectivamente.

Una propuesta de las teorías financieras apuntan hacia un objetivo principal de un proyecto de inversión, que es el de aumentar el valor de la empresa, entendido éste como el **valor presente** de los flujos de efectivo futuros, descontados a una **tasa de descuento** (también conocida como *Rendimiento requerido*) basada en el **costo de oportunidad** del capital aportado por los accionistas o propietarios de la empresa.

La evaluación financiera de un proyecto debe estar fundamentada en criterios que tengan fundamentos teóricos y operativos, con base en el mejor conocimiento de la realidad y en la sensatez del evaluador. Cuando una propuesta de decisión está basada en **criterios financieros** apropiados, y con supuestos financieros objetivos, es posible reducir el riesgo de fracaso de un proyecto. Además, si la realización de un proyecto de inversión permite mejorar las **razones financieras** de la empresa en el largo plazo, podrán mejorar a su vez sus perspectivas de permanencia en el mercado, y de tener acceso a créditos con menor costo.

En las empresas pequeñas es frecuente todavía la utilización de **indicadores financieros** sencillos, como el conocido **periodo de recuperación**, que mide el número de años que tarda la empresa en recuperar una inversión de capital, o la **tasa retorno contable**, que mide el beneficio promedio anual sobre la inversión; ambos indicadores tienen la limitación de no tomar en cuenta el tiempo en que se reciben los ingresos adicionales que genera el proyecto. Sin embargo, gradualmente se incrementa el uso de indicadores más precisos, como el **Valor Actual Neto (VAN)**, que resulta de restar al valor de la inversión, el valor actual de los flujos de efectivo libre que genere el proyecto, descontados a una tasa deseada de rendimiento; en otras palabras, el **VAN** representa el incremento que podría alcanzar el valor actual del patrimonio de los inversionistas, si la empresa lleva a cabo el proyecto de inversión. Otro indicador comparable es la **Tasa Interna de Retorno (TIR)**, el cual se calcula fácilmente mediante una función financiera disponible en las hojas de cálculo electrónicas y, como su nombre lo indica, representa la tasa de rendimiento que genera el proyecto, durante el número de años de utilización de los recursos que se inviertan; en forma más precisa, la **TIR (IRR** por sus siglas en inglés), representa la tasa de rendimiento que se espera alcanzar en un proyecto, cuando el **VAN** del proyecto es igual a 0. Ambos indicadores se calculan a partir de los **flujos de efectivo relevantes**, esto es, aquellos flujos adicionales que resultan de la realización del proyecto (un desembolso inicial, e ingresos adicionales en cada uno de los años siguientes).

Es importante destacar que en ocasiones se prefiere la **TIR** como criterio principal en lugar del **VAN**, aunque la **TIR** no es del todo precisa porque supone que los ingresos pueden reinvertirse y alcanzar un rendimiento igual al del proyecto, lo cual podría no ser el caso; además, la fórmula que se utiliza para calcular la **TIR** revela valores lógicos sólo en el caso de que en el primer año en que se realice la inversión el flujo de efectivo sea negativo, y que en los años subsiguientes los flujos de efectivo sean exclusivamente positivos.

Las empresas grandes o las Sociedades de Inversión de Capital de Riesgo pueden preferir utilizar otros indicadores más específicos, como el denominado **Opciones reales**, que consiste en evaluar el proyecto como un opción de invertir, esto es, que la realización se puede abandonar en el caso de que en alguna etapa se presenten eventos que le quiten atractivo al proyecto; otra alternativa consiste en utilizar una variación de la **TIR**, conocida como **TIRM (TIR modificada** o **MIRR** por sus siglas en inglés), en la cual se determinan tasas de reinversión de utilidades; o el indicador **Valor en Riesgo (VaR)**, que mide el riesgo potencial de una pérdida.

Recursos requeridos

La respuesta a las preguntas de aplicación se puede redactar una vez que se han elaborado y revisado los *Estados financieros proyectados* (subcapítulo 7.6), e identificado y analizado los *Resultados relevantes* (subcapítulo 7.7). De hecho la respuesta a las preguntas de aplicación se elabora con los resultados del análisis del subcapítulo 7.7.

Aplicación

Si el valor del **VAN** del proyecto que se calcula a partir de las proyecciones elaboradas conforme al subcapítulo 7.6 es superior al monto de la inversión requerida, y la **TIR** a su vez resulta superior a la tasa de *Rendimiento requerido*, el proyecto apoyaría el crecimiento y permanencia de la empresa, y por lo tanto podría ser autorizado, particularmente cuando el empresario sospeche la inexistencia de otras oportunidades de inversión mejores; sin embargo, cabe la posibilidad de que en el último momento el empresario modifique su percepción del riesgo, y opte por dejar en suspenso la decisión de llevar a cabo el proyecto.

En cada una de las dos versiones de los **Estados financieros proyectados** se calcula el **VAN** y la **TIR** del proyecto en la *sección H* de la plantilla. El valor de la empresa como inversión se determina bajo el concepto **VAN** en la celda *I204* de la plantilla, mediante la suma del valor presente del *Flujo de efectivo de los accionistas* (renglón 202), que se descuenta a una tasa de *Rendimiento requerido* (celda *I201*) que debe ser determinada por los accionistas, por el administrador de la empresa, o aún por el evaluador cuando las circunstancias lo sugieran. El valor del flujo de efectivo de los accionistas del año previo a la realización del proyecto (columna *I*, renglón 202), corresponde al valor que se observa en la *Pasivo + Capital contable* (renglón 197), con signo negativo, bajo dos supuestos: (1) que el valor de empresa corresponde al valor del Capital contable en el Estado de Posición Financiera y (2) que los accionistas estarían desembolsando dicho monto de efectivo para adquirir la empresa. En los años 1 a 5 el flujo efectivo de los accionistas corresponde al *Pago de dividendos* de cada año (renglón 138), pero en el último año proyectado –el *Año 5*, se revierten los supuestos, al considerar como ingreso el valor del *Capital contable* como si se vendiera la empresa por dicho monto. Conforme al criterio aceptado en la Administración Financiera, si el **VAN** es mayor a cero el proyecto de inversión propuesto podría ser aceptado. Por su parte, el valor de la Tasa Interna de Retorno ***TIR*** se calcula mediante una función incorporada en el programa de la hoja de cálculo, a partir de los valores del *Flujo de efectivo de los accionistas* (renglón 202). Conforme al criterio de uso más extendido en la práctica financiera, si el valor de la **TIR** supera la tasa de *Rendimiento requerido* (celda *I201*) el proyecto de inversión podría ser aceptado.

Conforme se pide en el *subcapítulo 7.6* el evaluador habrá elaborado dos estados financieros proyectados: uno sin la realización del proyecto y otra con el escenario más probable con la realización del proyecto. El **VAN** proyecto se pueden calcular restando el **VAN** del escenario sin el proyecto, al **VAN** del escenario con el proyecto; la **TIR** del proyecto se puede calcular con la función de ese nombre en la hoja de cálculo electrónica de las cifras que resulten de restar cada una de las celdas renglón 202 de la plantilla del escenario sin el proyecto, las celdas de la firma renglón del escenario con el proyecto.

Respuesta a las pregunta de aplicación

La respuesta a las preguntas de aplicación puede elaborarse en un párrafo para cada pregunta. Opcionalmente el evaluador querrá insertar una tabla que muestre el cálculo de VAN y la TIR del proyecto, para facilitar al empresario la interpretación de la respuesta a las preguntas de aplicación.

Experiencias de aprendizaje

Tareas individuales

[7.8.11] Analizar los resultados de la tarea 7.7.11, e identificar los criterios financieros que podrían justificar la realización del proyecto.

Tareas en equipo

[7.8.21] Revisar la tarea 7.8.11.

Casos virtuales

[7.8.31] Analizar los resultados de la tarea 7.7.11, e identificar los criterios financieros que podrían justificar la realización del proyecto.

Bibliografía

Danielson, M.G. & Scott, J.A. (2006). The Capital Budgeting Decisions of Small Businesses. *Journal of Applied Finance*, 16, 2, 45+.

Kierulff, H. (2008). MIRR: A better measure. *Business Horizons*, 51(4), 321-329.

Magni, C. A. (2016). An average-based accounting approach to capital asset investments: The case of project finance. *European Accounting Review*, 25(2), 275-286.

Lazaridis I.T., (2004). Capital budgeting practices: a survey in the firms in Cyprus. *Journal of Small Business Management*, pp. 427-433.

Thomas, R. (2001). Business value analysis:-coping with unruly uncertainty. *Strategy & Leadership*, 29(2), 16-24.

Schneider, M., Tejeda, M., Dondi, G., Herzog, F., Keel, S., & Geering, H. (2008). Making real options work for practitioners: a generic model for valuing R&D projects. *R&d Management*, 38(1), 85-106.

7.9 Administración de riesgos

Importancia

Los proyectos de inversión en las empresas establecidas no dejan de ser riesgosos, y en ocasiones el riesgo puede ser tan alto como el de iniciar un negocio nuevo; sin embargo, se ha dicho que sin riesgo no hay recompensa, y el asumir riesgos es una característica de los emprendedores. Por otra parte, si un riesgo representa la probabilidad de que un acontecimiento futuro sea diferente a lo esperado, dicho acontecimiento podría igualmente traer oportunidades nuevas.

En el presente libro se propone que el evaluador vaya identificando los riesgos de mayor relevancia, conforme responda cada una de las *Preguntas de aplicación* que se proponen como base para la evaluación. Una vez que se identifican los riesgos, es igualmente importante reflexionar sobre la estrategia recomendable para administrar dichos riesgos, mediante acciones específicas para cada uno.

Preguntas de aplicación

[5.7.78]	¿Cuáles son los riesgos relevantes del proyecto y que podría hacer la empresa para enfrentarlos?

Premisas teóricas y prácticas

En la práctica financiera se advierte que algunos riesgos deben ser aceptados como tales, cuando no se encuentran alternativas para minimizarlos, evitarlos o transferirlos. En el caso de los riesgos relevantes que se hayan identificado, habrá que evaluar el impacto que dichos riesgos puedan tener en los resultados de la empresa, y adelantar posibles acciones para enfrentarlos. Además, el administrador debe tomar en cuenta que, al presentarse un evento inesperado, es necesario comprenderlo con claridad; luego evaluar el grado en que el evento puede afectar el desempeño de la empresa, y en consecuencia tomar acciones para enfrentar con eficacia los problemas que se presenten.

Los riesgos a considerar pueden ser de tipo externo, tales como un menor crecimiento de la economía, variaciones en el tipo de cambio, restricciones severas de financiamiento, o la estrategia agresiva de precios de un competidor importante; los riesgos pueden ser de tipo interno, como puede ser el incremento en el nivel de costos variables, la estrategia inadecuada de precios de la empresa, o que la empresa sea víctima de un fraude.

No debe confundirse el significado del concepto **riesgo**, al que se le puede asignar una probabilidad de ocurrencia, con el concepto **incertidumbre**, implica la falta de datos para ponderar su ocurrencia, por lo cual sus consecuencias son desconocidas. En el caso del proyecto importan los riesgos posibles, que impulsan al evaluador a preguntarse cuáles serían los efectos que un determinado suceso tendría en la empresa, cuáles indicios se tendrían de su ocurrencia y que acciones de respuesta podría tomar el administrador. Por ejemplo, si una empresa constructora desea evaluar el riesgo de incremento en los impuestos a la importación de un insumo, podría estimar la probabilidad de que ocurriera el evento; en cambio, sería ilusorio estimar la probabilidad de aparición de una nueva plaga que dañe los cultivos, en cuyo caso se hablaría de incertidumbre.

Recursos requeridos

En cada pregunta de aplicación el evaluador podrá advertir la posibilidad de riesgos, pero las personas con experiencia en la operación de la empresa tendrán mayor capacidad de detectarlos, por lo cual puede ser importante buscar su colaboración.

Aplicación

Conforme el evaluador avance en las tareas para responder las 79 preguntas de aplicación que se sugieren para llevar a cabo evaluación del proyecto de expansión, podrá detectar riesgos que puedan afectar el logro de alguna de las funciones de la empresa. El lector habrá observado que en la introducción de cada uno de los sub-capítulos que comprende la evaluación, a partir del sub-capítulo *3.1 Descripción de la empresa* se advierte sobre el problema que puede surgir si la respuesta a las preguntas de aplicación es errónea; puede argumentarse además que en cada respuesta incorrecta existe un riesgo. Sin embargo, en algunos casos, la respuesta apropiada a una pregunta de aplicación puede incluir la advertencia de un riesgo.

Puede ser útil el uso de una plantilla que contenga las 79 preguntas de aplicación, con un formato como el que se muestra en el *anexo 7.9.1* para anotar, a la derecha de cada pregunta, el riesgo o riesgos que el evaluador haya identificado, sólo en el caso de que los considere relevantes.

Una vez que el evaluador haya identificados los riesgos, se recomienda elegir aquellos riesgos que por su importancia deban ser objeto de administración, dependiendo de las características y entorno de la empresa, mediante un proceso que puede constar de acciones como las siguientes:

Calificación preliminar de riesgos. A la derecha de cada riesgo calificar cada uno según su importancia, en una escala de 1 a 7, asignando el número 1 a los *riesgos de menor relevancia* o menor probabilidad de ocurrencia, llegando hasta el número 7 a los *riesgos de mayor relevancia*, por su probabilidad mayor de ocurrencia y de afectar seriamente los resultados de la empresa.

Revisión de la calificación y selección de riesgos de cuidado. Conviene que en la revisión de cada calificación participen en forma conjunta uno o más integrantes capacitados de la administración de la empresa, con los evaluadores del proyecto. Una vez revisadas las calificaciones, se hará la selección de un número menor de riesgos –entre 5 y nueve, por ejemplo, que justifiquen ser objeto de seguimiento y administración durante el desarrollo del proyecto.

Propuesta de administración de los riesgos. Se requiere elaborar una propuesta de administración para los riesgos principales, que sugiera cómo identificar el surgimiento del problema, describir cómo podrán afectar el desempeño del proyecto, y adelantar posibles acciones para responder tales efectos.

Respuesta a las pregunta de aplicación

El evaluador debe identificar en forma cuales riesgos relevantes conviene incluir en la respuesta, cuales pueden desestimarse y cuales convienen ser prevenidos, de tal manera que el administrador de la empresa tenga en consideración cómo orientar sus decisiones administrativas. La respuesta a la pregunta debe propiciar la inquietud y perspicacia de detectar, en el futuro, indicios de situaciones que requieran modificar los planes.

Experiencias de aprendizaje

Tareas individuales

[7.9.11] Analizar cada una de las respuestas a las preguntas de aplicación, y elaborar una lista de los riesgos relevantes que tengan mayor probabilidad de ocurrencia.

Tareas en equipo

[7.9.21] Revisar la tarea individual 7.9.11 y seleccionar entre cinco y nueve riesgos relevantes con mayor posibilidad de ocurrencia.

Casos virtuales

[7.9.31] Analizar cada una de las respuestas a las preguntas de investigación, y elaborar una lista de entre cinco y nueve riesgos relevantes que tengan mayor probabilidad de ocurrencia.

Bibliografía

Brinckmann, J., Grichnik, D. & Kapsa, D. (2010). Should entrepreneurs plan or just storm the castle? A meta-analysis on contextual factors impacting the business planning–performance relationship in small firms. *Journal of Business Venturing* 25, 24–40.

Creemers, S., De Reyck, B., & Leus, R. (2015). Project planning with alternative technologies in uncertain environments. *European Journal of Operational Research*, 242(2), 465-476.

Hadad, Y., Keren, B., & Laslo, Z. (2013). A decision-making support system module for project manager selection according to past performance. *International Journal of Project Management*, 31(4), 532-541.

Keizer, J. A., Halman, J. I., & Song, M. (2002). From experience: applying the risk diagnosing methodology. *Journal of Product Innovation Management*, 19(3), 213-232.

Kreiser, P.M. Marino, L.D. y Weaver, K.M. (2002) Assessing the Psychometric Properties of the Entrepreneurial Orientation Scale: A Multi-Country Analysis. *Entrepreneurship: Theory and Practice*, 26, www.questia.com

Kurtzman, J. (2004). The global costs of opacity. *MIT Sloan Management Review*, 46, 38-40.

Liao, J. y Gartner, W. B. (2006). The Effects of Pre-venture Plan Timing and Perceived Environmental Uncertainty on the Persistence of Emerging Firms. *Small Business Economics* 27: 23–40, DOI 10.1007/s11187-006-0020-0

Sauner-Leroy, J. (2004). Managers and productive investment decisions: the impact of uncertainty and risk aversion. *Journal of Small Business Management*, 42, 1-18.

8 Propuesta de financiamiento

Importancia del tema

La propuesta de financiamiento del proyecto que el evaluador elabore debe tomar en consideración principalmente las preferencias de los propietarios o accionistas sobre el nivel de endeudamiento externo, así como el impacto de las diferentes alternativas en la rentabilidad de la empresa en el largo plazo. En todo caso conviene partir de la idea de que la decisión de la fuente de financiamiento es posterior a la decisión de invertir, esto es, la decisión de la fuente de financiamiento se toma en un momento posterior a de la autorización el proyecto.

Cuando la empresa opta por contratar financiamiento externo de largo plazo, es importante que el plazo de pago sea acorde a la capacidad de pago de la empresa, y que ésta cuente con líneas de crédito de corto plazo para hacer frente a la falta de liquidez por causas inesperadas. Cuando una empresa incumple compromisos de pago por falta de liquidez, corre el riesgo de perder la confianza del personal, de proveedores y acreedores, cuyas consecuencias pueden afectar la supervivencia de la empresa.

Preguntas de aplicación

[6.1.79]	¿Qué alternativas de financiamiento se evaluaron, cual es la opción más conveniente y por qué?

Premisas teóricas y prácticas

El funcionamiento de las empresas pequeñas es sustancialmente diferente que el de las empresas grandes, por lo cual sus fuentes de financiamiento también lo son. Tradicionalmente sus fuentes de financiamiento de proyectos de inversión han sido, en orden de preferencia: (1) recursos propios de la empresa, utilidades retenidas o aportaciones de los accionistas; (2) banca comercial; (3) combinación de varias fuentes de corto y largo plazo, como crédito de proveedores y uso de tarjetas de crédito. En México el gobierno participa en el financiamiento de proyectos de inversión a través de instituciones como Nacional Financiera, o en los Estados a través de organismos dedicados al fomento de actividades productivas, pero su utilización dista mucho de ser común.

Se sabe que casi todas las empresas pequeñas son empresas familiares, aun cuando estén constituidas como sociedades anónimas, y se caracterizan por dar importancia primordial al impacto que puedan tener las decisiones de negocios en el futuro de la familia; además, se observa poca disposición para revelar información real sobre la operación y finanzas de la empresa, además de tener aversión al crédito, por temor al riesgo de incurrir en pérdidas muy altas, y con ello afectar el futuro del negocio.

Cuando las empresas llevan varios años de operación habrán acumulado utilidades que les permitan financiar nuevas inversiones, o mantendrán niveles altos de rentabilidad que les darán confianza para cubrir déficits inesperados en el flujo de efectivo durante la realización de un proyecto de inversión nuevo; por su parte, las empresas jóvenes tradicionalmente pueden tener menor posibilidad de acceder a créditos bancarios de largo plazo.

También se ha observado que en algunas actividades de negocios, como en la industria alimenticia y en general en manufacturas, se tiende a utilizar mayor proporción de créditos bancarios; por el contrario, las empresas dedicadas a la venta de alimentos tienen menor preferencia a utilizarlos.

Las empresas pequeñas pueden en ocasiones recurrir a fuentes de financiamiento no tradicionales, como la venta de activos personales del propietario, utilizar crédito de proveedores, arrendamiento, créditos de entidades gubernamentales, capital de riesgo, entre otras.

Por otra parte, se considera que las empresas pequeñas se caracterizan por la diversidad de sus prácticas de planeación fiscal, en condiciones diferentes a las empresas grandes o de aquellas que cotizan en la bolsa de valores. En todo tipo de empresas los intereses son deducibles de impuestos, pero en las empresas pequeñas las aportaciones de socios pueden hacerse con la forma de un préstamo temporal, lo cual hace necesario el análisis particular del impacto de cada alternativa de financiamiento cuando se hace el cálculo del valor de la empresa.

Utilización de crédito como fuente de financiamiento del proyecto

En el caso de que los evaluadores opten por proponer el uso de crédito, deben tomar en cuenta que cada banco u organización que ofrece crédito puede tener requerimientos o condiciones diferentes, algunos de los cuales podrá conocer la empresa hasta que el crédito haya sido autorizado.

En el caso de la banca en México, desde antes del año 2000 han venido restringiendo la oferta de créditos diseñados a la medida de las necesidades de la empresa, y en cambio ofrece créditos con características preestablecidas, que pueden no ser precisamente las que requiere un proyecto de inversión. En ése tipo de créditos la autorización la determina el banco mediante **métodos paramétricos**, esto es, sin la participación de alguna persona en particular en la decisión. Los créditos de éste tipo son pre-autorizados, o se autorizan en un tiempo muy corto, pero el monto o el plazo pueden no ser los adecuados para la empresa; en tal caso, si la empresa los acepta aumentaría el riesgo de que en el futuro el flujo de efectivo llegue a ser insuficiente para el pago de los créditos.

Es usual que las empresas pequeñas tengan preferencia por uno o dos bancos con los que hayan venido operando, y que dispongan de líneas de crédito de corto plazo, en cuyo caso el empresario podría tener menor interés por buscar mejores condiciones en otros bancos.

Entre los requerimientos comunes que deben proporcionar las empresas al solicitar un crédito, destacan: (1) estados financieros auditados de los tres ejercicios anteriores, con anexos que muestren detalles de algunas cuentas, como por ejemplo Cuentas por Cobrar, Inventarios, Cuentas por Pagar, Composición de Ventas, entre otros; (2) acta constitutiva y poderes legales otorgados a los administradores de la empresa; (3) declaraciones de impuestos; (4) balance patrimonial del principal accionista; (5) avalúo reciente de inmuebles propiedad de la empresa.

Además, el evaluador debe tomar en cuenta que el banco podrá rechazar una solicitud cuando el negocio tenga menos de tres años de operar, cuando las ventas y las utilidades muestren altibajos entre un año y otro, cuando haya retiros importantes de utilidades, o cuando reporte razones financieras se encuentre fuera de los parámetros establecidos por el banco.

Una vez que el banco u organización autoriza el crédito, puede poner como condición algunas **condiciones de hacer y no hacer** que la empresa debe cumplir durante la vigencia del crédito, como puede ser la obligación de contratar seguros, de no contratar otros créditos, de otorgar hipoteca sobre algún inmueble propiedad de la empresa o del empresario, el no retiro utilidades, entre otras.

Debe tenerse en cuenta que el proceso de solicitar y obtener un crédito de largo plazo usualmente puede requerir un tiempo de varias semanas, y en ocasiones hasta más de tres meses, lo cual puede afectar la viabilidad de un proyecto. Además, en el caso de créditos que ofrecen los gobiernos estatales, la disponibilidad de recursos puede estar sujeta a restricciones presupuestales, además de que las prácticas de resolución pueden depender de circunstancias políticas. Finalmente, habrá que resolver si la opción de financiamiento estará disponible dentro de la duración de la ventana de oportunidad de la inversión, porque en algunos casos la demora en iniciar el proyecto puede significar el incremento en los costos, o que un competidor lleve a cabo un proyecto que reduzca o elimine la rentabilidad del proyecto que se evalúa.

Una causa posible adicional de demora en recibir los recursos del crédito, una vez que el crédito ha sido autorizado, es el tiempo que el acreedor requiere para elaborar, revisar, firmar y registrar el contrato, especialmente cuando se descubren errores en la documentación. Tal demora puede causar trastornos e incremento de costos, por lo cual no está por demás que el evaluador y el administrador revisen que la documentación que entreguen al banco sea legalmente correcta.

Recursos requeridos

El administrador de la empresa podrá informar al evaluador si ha recibido ofertas de créditos pre-autorizados de los bancos con que opera, si tiene líneas de crédito abiertas susceptibles de utilizar, así como de la disposición del empresario para contratar crédito de largo plazo a su propio nombre.

Aplicación

No obstante que el capítulo de financiamiento se incluye el final del libro, en realidad el tema habrá sido objeto de consideración desde la etapa en que se empezó a vislumbrar la oportunidad específica de inversión. Además, conforme el evaluador desarrolle la respuesta a las *preguntas de aplicación*, el monto aproximado de inversión requerido habría estado subiendo o bajando, mientras surgían propuestas diversas sobre la conveniencia o disponibilidad de contar con aportaciones de los accionistas o propietarios de la empresa. No obstante, el análisis concreto para determinar la fuente de financiamiento apropiada se haría hasta que los demás aspectos de la evaluación hayan sido razonablemente definidos.

El proceso para contestar la pregunta de aplicación puede realizarse en tres fases:

(1) Hacer una presentación a los propietarios de la empresa de los elementos más relevantes del proyecto, incluyendo los montos de capital adicional que se requieren para realizar el proyecto de inversión, así como las fechas en que se deberá contar con los montos, con base en el desglose de los gastos de inversión a los que se refiere la pregunta del subcapítulo 7.2, al que se sumarán los faltantes de efectivo, si los hubiere, en el flujo de efectivo posterior al inicio de la etapa operativa

del proyecto de inversión (subcapítulo 7.5). Se sugiere desglosar el monto de efectivo que dispone actualmente la empresa para el pago de dividendos, así como una estimación de los sobrantes de efectivo proyectados cada año conforme se hayan determinado en los Estados financieros proyectados (subcapítulo 7.6). Al término de la presentación, si el ambiente lo favorece, convendrá preguntar sobre los montos y fechas que los socios tengan disponibilidad de aportar, tomando en cuenta su preferencia de utilizar el efectivo disponible en la empresa para financiar los gastos de inversión.

(2) Con las respuestas de los propietarios de la empresa sobre su disponibilidad para aportar recursos adicionales y/o utilizar utilidades retenidas, conviene identificar al menos tres opciones de financiamiento plausibles: una de ellas propondría cubrir el total del capital necesario con utilidades acumuladas o con aportaciones de accionistas, otra únicamente crédito bancario y la tercera una combinación de ambas.

(3) El siguiente paso consiste en modificar la plantilla de los estados financieros proyectados basados en el escenario más probable, para reflejar cada uno de las alternativas de financiamiento

Respuesta a la pregunta de aplicación

La respuesta a la pregunta de aplicación puede requerir de más de un párrafo, en los que se describa: (1) las alternativas de financiamiento que se evaluaron, (2) los criterios que el evaluador tomó en cuenta para la evaluación, (3) la fuente o fuentes de financiamiento que consideran más convenientes y (4) recomendaciones sobre las condiciones de contratación, disposición y control de los recursos.

Anexo al reporte de evaluación. En el caso de que la respuesta a la pregunta de aplicación requiera información complementaria, el evaluador podrá optar por incluirla en un anexo específico.

Experiencias de aprendizaje

Tareas individuales

[8.0.11]   Elaborar la respuesta a la preguntas de aplicación del subcapítulo.

Actividades en equipo

[8.0.21]   Revisar la tarea individual 8.0.11.

Casos virtuales

[8.0.31]   Elaborar la respuesta a la preguntas de aplicación del subcapítulo.

Bibliografía

Auken, H. E. V., & Neeley, L. (1996). Evidence of bootstrap financing among small start-up firms. *Journal of Entrepreneurial and Small Business Finance*, 5(3), 235-249.

Brophy, D., & Shulman, J. (1993). Financial factors which stimulate innovation. *Entrepreneurship Theory and Practice*, 17(2), 61-75.

Chua, J. H., Chrisman, J. J., Kellermanns, F., & Wu, Z. (2011). Family involvement and new venture debt financing. *Journal of Business Venturing*, 26(4), 472-488.

Cole, R. A. (2013). What do we know about the capital structure of privately held US firms? Evidence from the surveys of small business finance. *Financial Management*, 42(4), 777-813.

Feldman, J. & Klofsten, M. (2000). Medium-sized firms and the limits to growth: A case study in the evolution of a spin-off firm. *European Planning Studies*, 8, 5, 631

Gill, A., Biger, N., Mand, H. S., & Shah, C. (2012). Corporate governance and capital structure of small business service firms in India. *International Journal of Economics and Finance*, 4(8), 83.

Kumar, R. (2008). Determinants of Firm's Financial Leverage: A Critical Review. *Journal of Contemporary Research in Management*, 57/86.

McConaughy, D. L., Matthews, C. H., & Fialko, A. S. (2001). Founding family controlled firms: Performance, risk, and value. *Journal of small business management*, 39(1), 31-49.

Messica, A., & Mehrez, A. (2002). Time-to-market, window of opportunity, and salvageability of a new product development. *Managerial and Decision Economics*, 23(6), 371-378.

Romano, C. A., Tanewski, G. A., & Smyrnios, K. X. (2001). Capital structure decision making: A model for family business. *Journal of business venturing*, 16(3), 285-310.

Bibliografía

Baldrige Excellence Builder (2016) https://www.nist.gov/baldrige/publications/baldrige-excellence-builder, 160913

Bannock, G. (2005). *The economics and management of small business: An international perspective*. Routledge, New York. www.questia.com

Bradley, F. (2003). *Strategic Marketing: In the Customer Driven Organization*. Hoboken, NJ: Wiley, www.questia.com

Comiskey, E.E. y Mulford, C.W. (2000). *Guide to Financial Reporting and Analysis*. New York: Wiley, www.questia.com.

Giacomino, D.E. & Mielke, D.E. (1993). Cash Flows: Another Approach to Ratio Analysis. *Journal of Accountancy*, 175, 3. Available at www.questia.com

Ivarola, L. (2014). Realismo de los Supuestos en Economía: un Análisis Bajo la Lógica de los Procesos Socioeconómicos. *HYBRIS, Revista de Filosofía*, 5(2), 7-26.

Lans, T., Hulsink, W., Baert, H., & Mulder, M. (2008). Entrepreneurship education and training in a small business context: Insights from the competence-based approach. *Journal of Enterprising Culture*, 16(04), 363-383.

Plummer, L.A., Haynie, J. M. y Godesiabois, J. (2007). An Essay on the Origins of Entrepreneurial Opportunity. Small Business Economics (2007) 28:363–379; DOI 10.1007/s11187-006-9036-8

Reich, B. H., & Benbasat, I. (2013). 10 Measuring the Information Systems–Business Strategy Relationship. Strategic Information Management, 265.

Schaafsma, S.C.T. and M. Mulder (2009). The meaning of entrepreneurship education for extension services. Paper presented at the European Seminar of Extension and Education. Assisi, Italy, 15-19 September.

van der Klink, M. and Boon, J. (2002). The investigation of competencies within professional domains. *Human Resource Development International*, 5:4, 411–424

Sitios

http://www.referenceforbusiness.com/

http://www.businessplanhut.com/ Business Plan Hut is an exceptional business resource which provides in-depth information about starting a business, growing a business and planning the future of a business. Whether you are an existing business owner or one of the millions wanting to start your own venture, Business Plan Hut will guide you through the process.

Busines in a box, http://www.business-in-a-box.com/, Business & Legal Document Templates Software; Business & Legal Document Templates Software; 1,800+ Templates Word & Excel Compatible Fill-in the Blanks & Print. Costo USD 300.

(http://www.businessballs.com/) This free online guide explains how to write a marketing or business strategy, a basic business plan, and a sales plan, using free templates, tools and examples, such as SWOT Analysis, PEST Analysis, the 'Ansoff Matrix' and the 'Boston Matrix'.

Anexos

2.2.1 Etapas instruccionales

		Etapas instruccionales							
	Número de etapa	0	1	2	3	4	5	6	7
43	Número unidades instruccionales por etapa:	5	8	7	7	9	7	0	0
	1. Introducción								
1	1.1 objetivo del libro	1							
1	1.2 las empresas pequeñas y los proyectos de inversión	1							
1	1.3 objetivo de la empresa	1							
1	1.4 oportunidades de inversión de capital	1							
1	1.5 proyectos de inversión	1							
	3 Presentación del proyecto								
1	3.1 Descripción de la empresa		1						
1	3.2 Entorno económico y social				1				
1	3.3 FODA		1						
1	3.4 Descripción del proyecto		1						
1	3.5 Equipo administrativo						1		
1	3.6 Aspectos legales y fiscales					1			
1	3.7 Responsabilidad social y ecológica						1		
1	3.8 Beneficios del proyecto					1			
	4 Mercado								
2	4.1 Análisis de la industria		1						
2	4.2 Estudio de mercado			1					
2	4.3 Plan de mercado				1				
2	4.4 Pronóstico de ventas					1			
	5 Operación								
3	5.1 Gasto de capital inicial					1			
3	5.2 Instalaciones			1					
3	5.3 Desarrollo del proyecto						1		
3	5.4 Producción				1				
3	5.5 Tecnología				1				
3	5.6 Ventas					1			
3	5.7 Costos				1				
3	5.8 Abastecimiento					1			
3	5.9 Canales de distribución					1			
3	5.10 Calidad				1				
3	5.11 TICs			1					
	6. Administración								
4	6.1 Estructura de la organización			1					
4	6.2 Cultura organizacional			1					
4	6.3 Recursos humanos			1					
4	6.4 Remuneraciones					1			
4	6.5 Gastos de administración						1		
	7 Evaluación financiera								
5	7.1 Enfoque de la evaluación financiera		1						
5	7.2 Etapa pre-operativa			1					
5	7.3 Diseño de escenarios y evaluación financiera				1				
5	7.4 Formulación de escenarios					1			
5	7.5 Pronóstico de flujo de efectivo					1			
5	7.6 Estados financieros proyectados					1			
5	7.7 Resultados relevantes						1		
5	7.8 Criterios financieros de decisión						1		
5	7.9 Administración de riesgos				1				
6	8. Propuesta de financiamiento					1			

Nota. La tabla anterior muestra una combinación posible de temas que podrían ser objeto de estudio en un curso de ocho etapas instruccionales, en el que cada integrante del equipo de aprendizaje estuviera a cargo de uno de los seis capítulos 3 al 8 del libro. Conforme el método de aprendizaje que se propone, en la etapa 1 del curso cada alumno debería estudiar los subcapítulos que se señalan con el número uno en la columna respectiva, esto es, en el curso se abordarían simultáneamente 8 unidades instruccionales.

2.2.2 Formato constitución equipo

Carta de Formación de Equipo				
Curso	Nombre del Equipo		Grupo	Fecha

Misión

Objetivos

Compromisos (conductas deseadas)

Restricciones (conductas no deseadas)

Apellidos y firma de los integrantes	

J.L.Neri, 15/12/2018

2.2.3 Plantilla básica tareas en equipo

La imagen que sigue contiene dos secciones, la primera compuesta por las columnas D y H en la cual los integrantes del equipo anotan las respuestas al diálogo propuesto, mientras que la segunda sección (columnas L a S) sirve para que el profesor evalúe la calidad de la participación de los alumnos.

Las renglones 17 a 30 contienen el diálogo de una primera ronda sobre un tema asignado por el profesor, si bien la plantilla contiene un conjunto similar de renglones para otras seis rondas, que pueden ser suficientes para el desarrollo de la tarea.

La evaluación del aprendizaje en la sección que comprende las columnas L a S se desarrolla como sigue:

(1) Las celdas en color durazno son para calificar al alumno que participa;

(2) Las celdas en color verde son para calificar las aportaciones como equipo:

(3) El profesor podrá asignar un valor de 1 a 7, según la calidad de la participación;

(4) La evaluación incluirá la ausencia de errores de ortografía y sintaxis;

(5) Una propuesta con base en teorías podrá recibir mayor puntuación;

(6) La renglón 15 registra la suma de puntos que alcanza cada alumno y el equipo;

(7) En la fórmula de la celda S15, habrá que dividir la suma entre el número de alumnos que participen en la tarea

Actividad en equipo:

La actividad procura simular el tipo de diálogo de jefes de departamento en una empresa, con propuestas, preguntas y consensos. El profesor evaluará si la redacción es clara, si las propuestas de los participantes están basadas en conocimiento teórico, y sin errores gramaticales.

Instrucciones:
1. Contestar en los espacios en blanco en la columna H.
2. Cada alumno sólo puede redactar en una sola ocasión.
3. Cada participación de alumno será calificada por el maestro.
4. La respuesta a cada pregunta no debe exceder el espacio indicado.

	L	M	N	O	P	Q	R	S
	Apellidos alumno	Apellidos alumno	Apellidos alumno	Apellidos alumno	Apellidos alumno	Apellidos alumno	Apellidos alumno	Equipo
13	0	0	0	0	0	0	0	0
14	0	0	0	0	0	0	0	

	D	H
		Redacción
	RONDA 1	
17	Caso o tema	
18	Alumno que captura la información	
19	Alumno que propone o pregunta	
20	Propuesta o pregunta	
23	Respuesta consensuada a la propuesta o pregunta	
26	Alumno que propone pregunta para discusión	
27	Propuesta o pregunta	
30	Respuesta consensuada a la propuesta o pregunta	

2.2.4 Plantilla información básica empresa

información básica del negocio				
Importante: No modificar el formato de las celdas, ni agregar símbolos o datos que no se piden				
			Claves	Respuesta
Fecha				
Asignatura				
Grupo				
Apellidos y nombre del alumno				
Descripción de proyecto de expansión posible (ver Tabla 3.4.1)				
Nombre de la empresa (actual o ficticio)				
Clave SCIAN que caracterice a la empresa que se crearía				
Motivos por los cuales seleccionó la empresa (puede seleccionar más de uno)	Conoce a alguien que trabaja en la empresa		1=SI, 0=NO	
	Le gustaría trabajar en la empresa en el futuro		1=SI, 0=NO	
	Trabaja o trabajó en la empresa		1=SI, 0=NO	
	La empresa es propiedad de familiares		1=SI, 0=NO	
Número de empleados				
Años que lleva en operación				
Porcentaje aproximado de las ventas en cada categoría indicada	Vecinos del negocio		%	
	Clientes de la localidad			
	Localidades en un radio de 100 km			
	Nacionales			
	Exportación			
Posición que el negocio podría alcanzar en dentro de dos años de iniciar el proyecto de expansión respecto a sus competidores, según corresponda.	Instalaciones		5= mucho mejor 4= algo mejor 3= similar 2= algo menor 1= mucho menor 0= desconozco	
	Localización			
	Calidad de productos			
	Servicio			
	Precios			
	Ambiente de trabajo			
	Expansión de la empresa			
	Volumen de ventas			
	Margen de utilidades			
Organigrama de la empresa (Insertar imagen con el número de empleados por función)				

2.2.5 Plantilla comparar casos individuales

Los datos de los casos de los alumnos se pueden copiar fácilmente del las plantillas del anexo 3.3.1, porque las columna de datos tienen el mismo contenido.

	F	G	H	I	J	K	L
Nombre del equipo:		Grupo:			Fecha:		
Apellidos y nombre del alumno							
Descripción de la expansión, producto o servicio nuevo							
Nombre de la empresa (actual o ficticio)							
Clave SCIAN que caracice a la empresa que se crearía							
Motivos por los cuales seleccionó la empresa (puede seleccionar más de uno) — Conoce a alguien que trabaja en la empresa (1=SI, 0=NO)							
Le gustaría trabajar en la empresa en el futuro (1=SI, 0=NO)							
Trabaja o trabajó en la empresa (1=SI, 0=NO)							
La empresa es propiedad de familiares (1=SI, 0=NO)							
Número de empleados							
Años que lleva en operación							
Número de empleados que requeriría el negocio							
Porcentaje aproximado de las ventas en cada categoría indicada (%) — Vecinos del negocio							
Clientes de la localidad							
Localidades en un radio de 100 km							
Nacionales							
Exportación							
Posición que el negocio podría alcanzar en dentro de dos años de iniciar el proyecto respecto a sus competidores, según corresponda (en caso de que no conozca alguna respuesta, dejar el) — Instalaciones							
Localización							
Calidad de productos							
Servicio							
Precios							
Ambiente de trabajo							
Volumen de ventas							
Margen de utilidades							

5= mucho mejor
4= algo mejor
3= similar
2= algo menor
1= mucho menor
0= desconozco

p. 265

2.2.6 Plantilla elegir caso equipo

(1/2) La imagen de la derecha muestra la primera ronda de diálogo o discusión de la tarea en equipo para elegir el caso para desarrollar en extenso durante el curso (filas 17 a 24); la plantilla contiene un conjunto similar de filas para otras seis rondas, que pueden ser suficientes para el desarrollo de la tarea

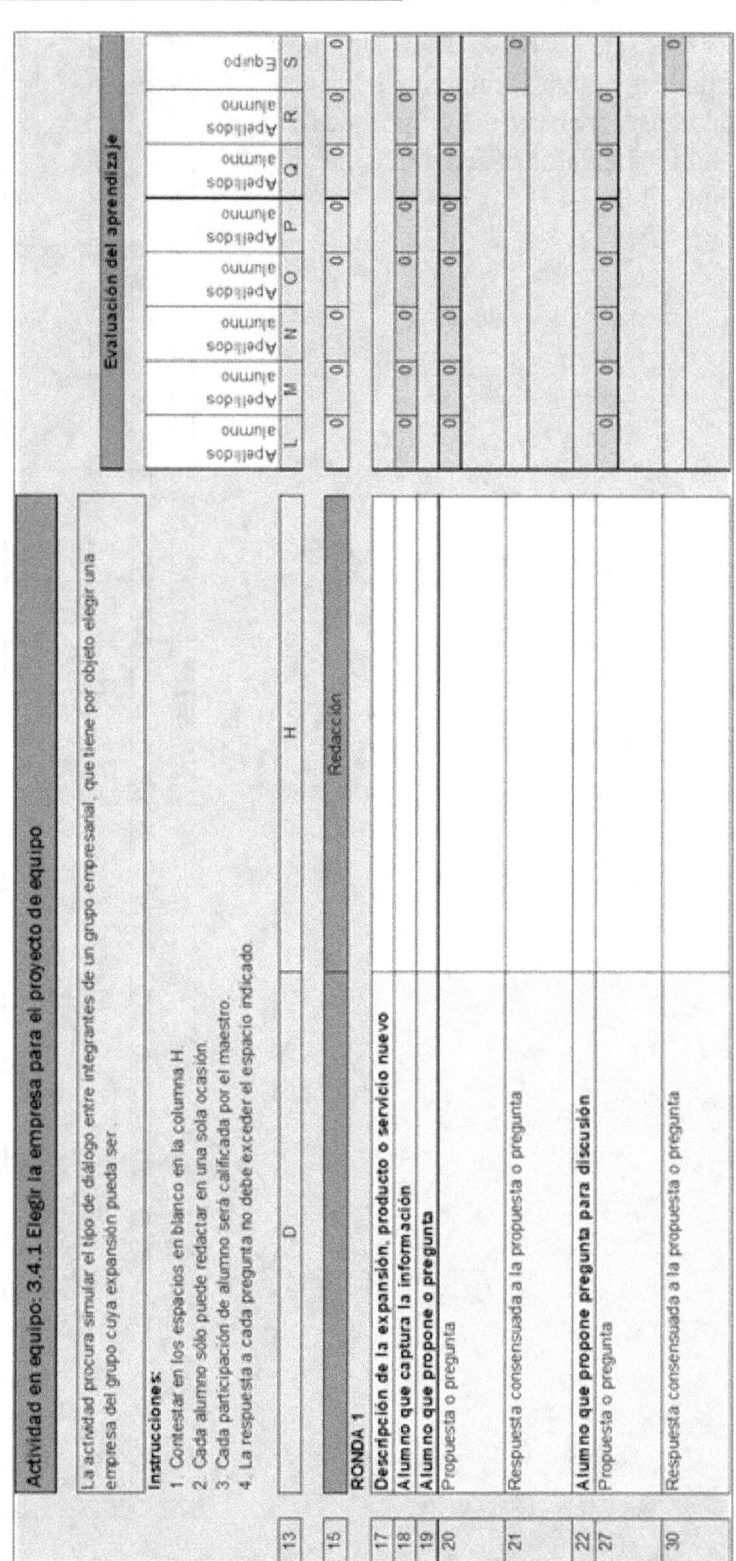

(2/2) Después de las rondas de dialogo referidas en el párrafo anterior, viene la etapa final de la tarea en que los participantes eligen a la empresa que será el caso de estudio del equipo:

Instrucciones:
En la siguiente y última sección de la tarea, el equipo elige uno de los casos individuales, que el equipo desarrollará en forma colaborativa durante el curso.
Nota. Elegir al azar al alumno que se encargue de la redacción.

146	Expansión, producto o negocio nuevo elegido para realizar en equipo	
88	Redactar en forma consensuada tres motivos que apoyan la elección del producto o negocio nuevo que el equipo desarrollará durante el curso.	Motivo 1:
148		Motivo 2:
154		Motivo 3:

Evaluación del aprendizaje:
1. Las celdas en color durazno son para calificar al alumno que participa.
2. Las celdas en color verde son para calificar las aportaciones como equipo.
3. El profesor podrá asignar un valor de 1 a 7, según la calidad de la participación.
4. La evaluación incluirá la ausencia de errores de ortografía y sintaxis.
5. Una propuesta con base en teorías podrá recibir mayor puntuación.
6. La fila 15 registra la suma de puntos que alcanza cada alumno y el equipo.
7. En la fórmula de la celda S15, habrá que dividir la suma entre el número de alumnos que participen en la tarea.

2.6.1 Plantilla evaluar integralmente aprendizaje

La plantilla permite un tipo de evaluación del aprendizaje de competencias que ha sido probado en el aula por mor más de 10 años. El modelo tiene su grado de complejidad, pero su aplicación facilita el trabajo del profesor y la aceptación de los alumnos, por el grado de objetividad que puede alcanzar.

La utilización del modelo requiere que el profesor esté familiarizado con las funciones matemáticas y estadísticas que se utilizan en la hoja de cálculo.

Las filas 8 a la 15 de la plantilla muestran el funcionamiento básico del modelo: la fila 8 los encabezados que llena el maestro; la fila 9 puede contener cifras que anota directamente el profesor (sombreado verde) o fórmulas (sombreado azul); la fila 10 contiene fórmulas, mientras que la fila 11 contiene nombres o cifras (celdas sin sombreado) y fórmulas (sombreado azul). En las filas 4, 5 y 6 se anotan las fórmulas o funciones que se utilizan en las filas 9, 10 y 11 respectivamente

p. 269

Una explicación resumida de la formulación por celdas del modelo de calificación se presenta enseguida:

L9 a AB9	Permiten al profesor reconocer a la asistencia personal a clase como parte de la calificación: 2 en clases con duración de una hora y 4 en clases con duración de dos horas.
L11 a AB11	El alumno no se presentó a clase el 13/feb, llegó con retardo el 25/feb y faltó el 4/mar.
AC11	El alumno registró el 0.84 de asistencias durante el parcial.
AD9 a AD11	El profesor puede preguntar a cualquier alumno para verificar el conocimiento que tiene sobre algún tema, o cualquier alumno puede preguntar al maestro. El profesor asignará de uno a siete puntos según la calidad de la respuesta o de la pregunta.
AG9	El profesor espera que un buen alumno alcance al menos 10 puntos durante el curso.
AG11 a AG16	Ninguno de los cinco alumnos alcanzó el nivel esperado.
AH9 a AN9	Durante la etapa instruccional los alumnos realizaron nueve tareas individuales, por las cuales el profesor espera que alcancen entre 5 y 30 puntos, según la relevancia de las tareas.
AH9	El profesor entrega a cada alumno una hoja en la que deben expresar por escrito en tres renglones una reflexión sobre un tema del curso que el maestro indique.
AH10	La puntuación máxima que alcanzó un alumno fue de 10, el doble de la puntuación considerada buena.
AI9 a AJ9	El profesor aplicó mini-exámenes de 10 preguntas de opción múltiple para verificar que el alumno haya leído previamente la teoría sobre el tema.
AJ10	El máximo de respuestas correctas fue de 8, lo cual indica que algunos temas no fueron comprendidos por los alumnos
AJ10	El alumno tuvo 6 y 5 aciertos de 10 preguntas.
AK9	Se pidió a los alumnos obtener la información que se pide en el anexo 3.1.1.
AK14	El alumno completó satisfactoriamente la tarea, por lo cual se le otorgaron los 21 puntos establecidos.
AL9 a AN9	Se asignaron otras tareas individuales.
AK12	
AS10	Un alumno superó con 3 puntos el máximo esperado.
a AL12	El alumno no presentó ninguna de las dos tareas.
AO9	Los alumnos podrán aspirar a alcanzar hasta 100 puntos por tareas individuales.
AO10	El alumno con mejor desempeño alcanzó 97 puntos.

AQ9 a AT9	Durante la etapa instruccional los alumnos respondieron en equipo a dos mini-exámenes que previamente contestaron individualmente, y realizaron dos tareas también en equipo.
AQ10 a AR10	Aún en equipo el máximo de aciertos fue de 8, lo cual reafirma la posible complejidad del tema.
AR11 a AT11	El desempeño del alumno fue pobre, que coincide con el bajo índice de asistencia a clase (celda AC11).
AU14	El alumno alcanzó 89 puntos de 103 deseados. El desempeño del mismo alumno en tareas individuales fue igualmente superior (celda AO14).
AU10	El alumno con mejor calificación en la evaluación de pares fue de 26, ligeramente superior al deseado de 25, lo cual indica que en general la participación de los alumnos fue buena.
AV11	El alumno alcanzó 24 de 25 puntos en la evaluación de pares, lo que indica que su desempeño dejó qué desear.
AW11	El alumno podrá aspirar al 0.96 de la calificación por tareas en equipo.
AX9	El alumno que haya tenido un índica de asistencia a clases recibirá 0.5 puntos en su calificación final.
AY9	El alumno podrá aspirar a 1.0 puntos en su calificación final por su participación en clase.
AZ9	El alumno podrá aspirar a 7.7 puntos de su calificación final por tareas individuales.
AZ10	La calificación máxima que alcanzó un alumno por tareas individuales fue de 7.5.
BA9	La calificación máxima por actividades individuales que se espera de un alumno es de 9.2.
BA10	La mayor calificación alcanzada por actividades individuales fue de 8.0.
BA12	El alumno alcanzó solo 3.7 de calificación por actividades individuales.
BB9	La calificación esperada por tareas en equipo fue 3.3.
BB11	El alumno sólo alcanzó 1.2 puntos de calificación por tareas en equipo.
BC9	La calificación máxima que un alumno puede alcanzar en de 12.5. Al inicio del curso se explica a los alumnos que en la práctica quienes alcancen más de 10 solo tendrán 10 como calificación. En más de diez años ningún alumno objetó dicho criterio.
BC10	La máxima suma de calificación alcanzada por un alumno fue de 10.8.
BC14 a BD 14	El alumno alcanzó un a suma de 10.6 pero le fue asignada una calificación de 10.

AX9 a AZ9 y
BB9	Las cifras de estas celdas las anota el profesor hasta que se haya terminado el curso y anotado las cifras de la evaluación hasta la columna AW. Los valores que asigne deben tener una lógica que justifique el número de calificación de 10, 9, 8 o cifras menores que el modelo genera en las columnas BF a BI.

BF9 a BI9	Con base en las cifras elegidas por el profesor con el criterio explicado en el punto anterior, el modelo genera la distribución de calificaciones: cuatro con 10, seis con 9, cuatro con 8 y seis con calificación menor a 8.

2.6.2 Formato evaluación de pares

Reconocimiento a la participación en las actividades de equipo

Instrucciones de llenado. Distribuir entre los demás miembros de su equipo el número de puntos que resulte del cálculo siguiente: (Número de miembros del equipo – 1) x 5. Por ejemplo, si el equipo consta de seis estudiantes, el alumno que califica distribuirá (6 – 1) x 5 = 25 puntos. Quien evalúa no debe anotarse.

Fecha:_____   Equipo:_____   Grupo:_____

Apellidos y nombre	Puntos
Suma:	

3.1.2 Entrevista inicial empresario o administrador

La entrevista inicial no debería exceder de una hora, con preguntas abiertas como las 21 preguntas que se muestran a continuación, que siguen el orden de las *preguntas de aplicación*:

1. Sucesos importantes en el desarrollo de la empresa
2. Cambios en el entorno que han afectado a la empresa y los apoyos de gobierno que le han beneficiado
4. Fuerzas, oportunidades, debilidades, amenazas actuales de la empresa
5. Si tienen una idea para expandir la empresa que deseen qie sea evaluada
8. Fuerzas y debilidades de la administración
18. Tasa de rendimiento que requiere alcanzar en el caso de invertir en un proyecto de expansión
19. Riesgos que podría enfrentar la empresa para sobrevivir en el largo plazo
21. Descripción de los productos que vende la empresa
23. Factores que han afectado a las ventas en los últimos tres años
25. Grado en que la empresa es competitiva en costos respecto a sus competidores.
28. Segmento de mercado más atractivo para la empresa
31. Cómo se compara la empresa respecto a los competidores en cuando a competitividad
36. Productos que la empresa desea eliminar o aumentar en su oferta de ventas
37. Política de precios actual
40. Si esperan aumento o disminución en el volumen de ventas en los próximos tres años
41. Activos fijos que desean adquirir
45. Si han considerado cambios en la localización de la empresa o en sus instalaciones actuales
54. Problemas que han tenido con proveedores en los últimos tres años
59. Situación de la empresa en materia de calidad de los productos y servicios
60. TIC's que utiliza la empresa
67. Disponibilidad de la empresa para tener acceso a su información contable
79. En caso de que la empresa decidiera expandir la empresa, si recurriría a un crédito bancario

3.3.1 Plantilla FODA

Misión de la empresa			
Función	Fuerza Oportunidad Debilidad Amenaza	Relevancia: 1=mayor, 5=menor	Descripción
Mercado			
Operación			
Administración			
Finanzas			

4.1.1 Cuestionario análisis industria

Hoja 1/4

Adaptado del instructivo: How to Conduct an Industry Analysis, descargado el 7 de diciembre/2015 de www.sbtdc.org

Notas:

a) Aplicar el cuestionario a la empresa caso, a empresas competidoras y proveedores. En el caso de preguntas que no contesten las empresas, y cuando ello sea posible, intentar contestar la pregunta de otra fuente confiable.

b) Explicar al entrevistado el concepto *industria* que equivale a lo que INEGI identifica como clase o sub-rama de negocios, la cual se define como.

c) Área de estudio a la que se refiere el cuestionario: el país, una región, una ciudad, el área en que la empresa vende sus productos, etc. según sea el caso.

1 Descripción básica de la industria

1.1 Principales productos y/o servicios que ofrece la empresa, y el porcentaje que representa cada uno del total de las ventas.

1.2 Descripción general de sus principales clientes en cuanto al lugar donde viven, ingresos, educación, edad; si son empresas, el tipo de empresa.

1.3 Nombre del proveedor principal y el porcentaje del total anual de compras.

1.4 Volumen total de ventas del sector, subsector o rama del año anterior.

1.5 Porcentaje promedio de crecimiento de ventas del sector, subsector o rama en los últimos cinco años

1.6 Los programas de gobierno impulsan el desarrollo de las empresas del ramo mediante:
( ) capacitación; ( ) asesoría en producción y comercialización; ( ) adopción de tecnología; ( ) desarrollo gerencial; ( ) planes de expansión; ( ) exportación; ( ) financiamiento;
( ) ninguno; ( ) otro:

1.7 Forma en que la carga impositiva afecta los negocios del sector, subsector o rama.

2 Ciclo de vida de los productos

2.1 En los últimos años la demanda de los principales productos que vende el sector, subsector o rama: ( ) ha venido aumentando, ( ) ni aumenta ni disminuye, ( ) ha venido disminuyendo.

4.1.1 Hoja 2/4

3 Demanda

3.1 Meses en los cuales las ventas son superiores en más de un 20 porciento que en los demás meses del año:

3.2 Tipo de suceso podría causar una disminución mayor del 20 porciento de las ventas en un año

3.3 En los próximos cinco años la demanda de los productos que vende la empresa:
( ) permanecerá igual, ( ) aumentará, ( ) disminuirá.

3.4 Circunstancias que podrían causar un aumento en la demanda superior al 20 porciento en un año.

3.5 Porcentaje de composición de sus ventas en el año anterior: ( ) en la localidad, ( ) en localidades circundantes, ( ) en otras regiones del país, ( ) en otros países, ( ) por internet.

4 Impulsores de la demanda

4.1 Factor que considera que afecta en mayor medida la demanda de sus productos o servicios:
( ) precio, ( ) calidad, ( ) diseño, ( ) servicio.

5 Precios

5.1 Porcentaje anual arriba de inflación, en que el precio de los productos del sector, subsector o rama se incrementó en el año anterior ( )

5.2 Porcentaje anual arriba de inflación, en que el precio de los productos del sector, subsector o rama se podría incrementar en el año siguiente ( )

6 Costos

6.1 Porcentaje que representan los conceptos de costos respecto a las ventas de la empresa:
( ) salarios y prestaciones, ( ) depreciación, ( ) rentas, ( ) Otros:

4.1.1 Hoja 3/4

7 Competidores y participación de mercado

7.1 Factor que constituye la principal fortaleza de la empresa para enfrentar a sus competidores:
( ) precio, ( ) calidad, ( ) servicio, ( ) diseño, ( ) localización, ( ) otro _____

7.2 Táctica de competencia inapropiada que ha observado en sus competidores.

7.3 Factores que inhiben la llegada de otros competidores: ( ) monto elevado de capital requerido, ( ) cambios tecnológicos, ( ) mano de obra especializada, ( ) exceso de competidores, ( ) altos costos de operación, ( ) reconocimiento de marca (fidelidad), ( ) existe un solo proveedor, ( ) fuerte dependencia de factores externos como el tipo de cambio, costos, proveedores.

7.4 Si conoce de alguna de las empresas del sector, subsector o rama que haya cerrado, mencionar cuándo sucedió y por qué causa.

7.5 Porcentaje de participación de mercado de su empresa:

7.6 Empresa competidora más importante y su porcentaje de partición de mercado:

8 Operación

8.1 Factor que afecta en forma preponderante a su empresa: ( ) el costo de medidas para los productos o servicios no dañen la salud de los consumidores en forma directa o indirecta, ( ) costo de reducir la contaminación o daño ecológico.

8.2 TIC's que afectan a su empresa: ( ) Sistemas para la administración ventas, impuestos, salarios e inventarios; ( ) Sistemas de información de apoyo a la toma de decisiones; ( ) Tecnología para la producción/ prestación de servicio; ( ) Sistemas de comunicación, servicios y transacciones para la relación con clientes y proveedores.

8.3 Si la empresa se ha visto afectada por obsolescencia tecnológica, indicar el número de meses que han pasado de la última vez que sucedió ( ).

8.4 Si la llegada de empresas multinacionales han afectado a la industria, su efecto ha sido:
( ) disminución de las ventas; ( ) necesidad de modernización; ( ) mayor capacitación del personal; ( ) capacitación gerencial; ( ) mayor especialización; ( ) búsqueda de nuevos mercados; ( ) Otro _____

4.1.1 Hoja 4/4

9 Segmentos de mercado atractivos

9.1 Segmento de mercado considerado el más atractivo para la empresa:

9.2 Factor que afecta en mayor medida las ventas del sector: ( ) cambios en el ingreso del cliente; ( ) oferta de productos sustitutos o complementarios; ( ) cambios en los gustos o preferencias del cliente; ( ) cambios en los precios; ( ) otros:

9.3 Describir algún cambio que se esté observando en la forma de operar o administrar en las empresas las empresas de la industria:

9.4 Estrategia de mercado de mayor utilización en las empresas del ramo: ( ) mejores atributos del producto, ( ) mayor número de puntos de venta, ( ) ventas de exportación, ( ) publicidad en redes, ( ) otra:

9.5 Tres factores que contribuyen en el éxito en las empresas del ramo: ( ) productos nuevos; ( ) variedad o diversidad de productos; ( ) servicio posventa; ( ) ciclo corto de efectivo; ( ) especialización en un producto; ( ) bajo número de empresas competidoras; ( ) costos operativos bajos; ( ) menor impacto de cambios tecnológicos.

7.4.1 Plantilla escenarios

Para facilitar la lectura de la plantilla se presenta en 10 secciones siguientes:

Hoja 1/10

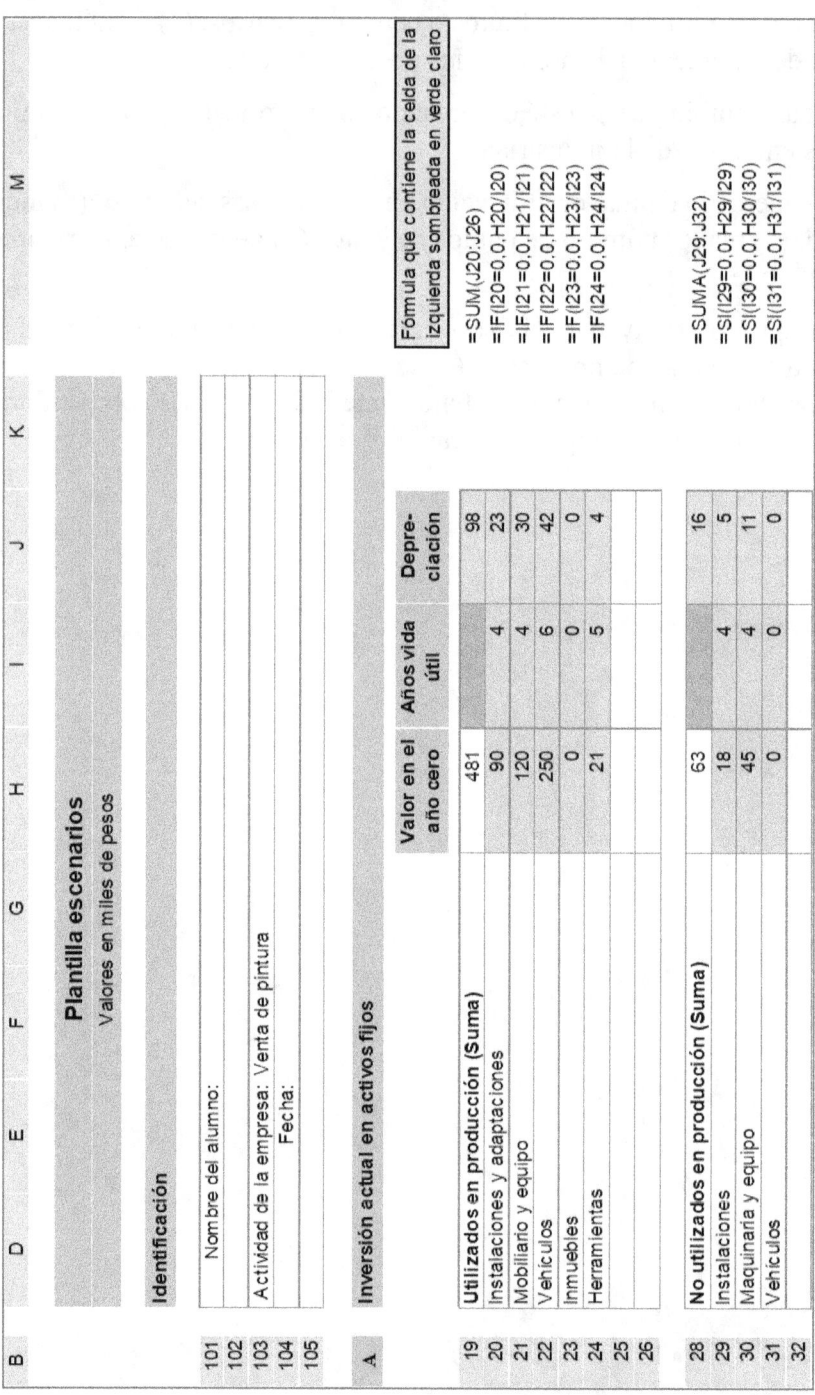

7.4.1 Hoja 2/10

Gastos de capital presupuestados

	Valor de adquisición	Años vida útil	Depreciación	
Activos fijos utilizados en producción (Suma)	164		33	=SUMA(J40:J43)
Instalaciones	40	5	8	=SI((I40=0,0,H40/I40)
Maquinaria y equipo	23	5	5	=SI((I41=0,0,H41/I41)
Vehículos	95	5	19	=SI((I42=0,0,H42/I42)
Herramientas	6	5	1	=SI((I43=0,0,H43/I43)
Activos fijos no utilizados en producción (Suma	25		5	=SUMA(J46:J49)
Instalaciones	5	5	1	=SI((I46=0,0,H46/I46)
Mobiliario y equipo	20	5	4	=SI((I47=0,0,H47/I47)
Vehículos	0	0	0	=SI((I48=0,0,H48/I48)
	0	0	0	=SI((I49=0,0,H49/I49)
Activos diferidos (Suma)	20		4	=SUMA(J52:J55)
Estudio de mercado	10	5	2	=SI((I52=0,0,H52/I52)
Otros	10	5	2	=SI((I53=0,0,H53/I53)
	0	0	0	=SI((I54=0,0,H54/I54)
	0	0	0	=SI((I55=0,0,H55/I55)

7.4.1 Hoja 3/10

Variables económicas, políticas y otras

		Escenarios	
	Pesimista	Más probable	Optimista
Inflación	0.100	0.060	0.050
Tasa real de interés en créditos accesibles a la empresa	0.200	0.150	0.120
Crecimiento PIB	0.020	0.030	0.040
Alternancia en el Gobierno del Estado	Si	No	No
Llega un competidor nuevo	Si	Si	No

7.4.1 Hoja 4/10

		Sin inversión de capital	Escenarios			
			Pesimista	Más probable	Optimista	
D1	**Volumen de ventas por línea**					
77	Pintura vinílica (gal)	13,500	16,500	18,000	20,400	
78	Pitura de aceite (l)	11,700	14,400	15,600	17,400	
79	Impermeabilizante (cubetas 19l)	9,000	11,100	12,000	13,800	
80	Otros productos (brochas. lina, adelgazador. etc.)	27,000	33,000	36,000	39,000	
D2	**Precio unitario de venta promedio por línea**					
83	Pintura vinílica (gal)	0.280	0.280	0.280	0.280	
84	Pitura de aceite (l)	0.070	0.070	0.070	0.070	
85	Impermeabilizante (cubetas 19l)	0.510	0.510	0.510	0.510	
86	Otros productos (brochas. lina, adelgazador. etc.)	0.015	0.015	0.015	0.015	
D3	**Costo unitario promedio por línea (miles)**					
89	Pintura vinílica (gal)	0.200	0.200	0.200	0.200	
90	Pitura de aceite (l)	0.050	0.050	0.050	0.050	
91	Impermeabilizante (cubetas 19l)	0.360	0.360	0.360	0.360	
92	Otros productos (brochas. lina, adelgazador. etc.)	0.010	0.010	0.010	0.010	
D4	**Gastos de producción (sin materiales y componentes)**					
95	Suma gastos de producción	0	0	0	0	=SUMA(K91:K94)
96	Salarios y prestaciones	0	0	0	0	
97	Gastos de mantenimiento	0	0	0	0	
98	Energía, agua y otros	0	0	0	0	
99						

7.4.1 Hoja 5/10

	D	H	I	J	K	M
D	**Variables de operación**					
D5	**Gastos de administración**					
102	Gastos de administración	2,350	3,079	3,079	3,079	=SUMA(K98:K108)
103	Salario y prestaciones de la gerencia	300	350	350	350	
104	Salarios y prestaciones	1,210	1,613	1,613	1,613	
105	Rentas	288	384	384	384	
106	Electricidad, telefonía, celular, agua, etc.	216	288	288	288	
107	Otros gastos	180	240	240	240	
108	Gasolina y mantenimiento de vehículos	108	144	144	144	
109	Honorarios	48	60	60	60	
110						
111						
112						
113						
D6	**Gastos de mercadeo**					
116	Gastos de mercadeo	144	192	192	192	=SUMA(K112:K114)
117	Publicidad	72	96	96	96	
118	Promoción	72	96	96	96	
119						

7.4.1 Hoja 6/10

	D	H	I	J	K
D	**Variables de operación**				
D7	**Otras variables**				
122	Días caja y bancos	5	5	5	5
123	Porciento ventas de crédito	10.0%	10.0%	10.0%	10.0%
124	Días cuentas por cobrar	15	15	15	15
125	Días inventario	60	60	60	60
126	Días proveedores	15	15	15	15
127	Porciento ISR y PTU	5.0%	5.0%	5.0%	5.0%
128					
129					
D8	**Otros gastos y costos**				
132	% ventas de crédito incobrables	5.0%	5.0%	5.0%	5.0%
133	% inventarios obsoletos	2.0%	2.0%	2.0%	2.0%
134					
135					

p. 286

7.4.1 Hoja 7/10

		Sin inversión de capital	Con inversión de capital		
			Pesimista	Más probable	Optimista
Variables de financiamiento					
143	Utilidades retenidas año previo al proyecto	560	560	560	560
144	Créditos de corto plazo (adeudo mensual promedio)	0	215	20	0
145	Créditos largo plazo (adeudo mensual promedio)	0	0	0	0
146	Pago de dividendos	0	0	0	285
147	Aportaciones de socios o accionistas	0	0	0	0
148	Otros ingresos	0	0	0	0
149					

p. 287

7.4.1 Hoja 8/10

Estado de resultados

		Sin inversión de capital	Con inversión de capital			
			Pesimista	Más probable	Optimista	
156	Ventas	9,189	11,289	12,252	13,968	=(K77*K83+K78*K84+K79*K85)
157	Costo de ventas	6,525	8,016	8,700	9,918	=(K77*K89+K78*K90+K79*K91)
158	Depreciación	98	131	131	131	=J19+J39
159						
160	**Utilidad bruta**	2,566	3,142	3,421	3,919	=K156-K157-K158
161	Gastos de administración	2,350	3,079	3,079	3,079	=K102
162	Gastos de mercadeo	144	192	192	192	=K116
163	Depreciación	16	21	21	21	=J28+J45
164	Créditos incobrables	46	56	61	70	=K156*K123*K132
165	Inventario obsoleto	22	27	29	33	=K182*K133
166	Gastos diferidos		4	4	4	=J51
167	**Utilidad de operación**	-11	-237	35	520	**=K160-SUM(K161:K166)**
168	Otros ingresos	0	0	0	0	=K148
169	Intereses pagados	0	32	2	0	=(K190+K194)*L64
170	**Utilidad neta antes de impuestos**	-11	-269	33	520	**=K167+K168-K169**
171	ISR+PTU	0	0	0	0	=K170*K129
172	**Utilidad neta**	-11	-269	33	520	=K170-K171

7.4.1 Hoja 9/10

Estado de posición financiera

	Sin inversión de capital	Con inversión de capital			
		Pesimista	Más probable	Optimista	
Caja y Bancos	128	157	170	194	=K156/360*K122
Valores de corto plazo	3	3	7	6	Ver fórmula en la fila 205
Clientes	38	47	51	58	=K156*K123*K124/360
Inventario	1,088	1,336	1,450	1,653	=K157/360*K125
Otros activos circulantes					
Activos circulantes	1,257	1,543	1,678	1,912	=SUM(K179:K183)
Activos fijos utilizados en producción	383	514	514	514	=H19-J19+H39-J39
Activos fijos no utilizados en producción	481	67	67	67	=H28-J28+H45-J45
Activos diferidos		16	16	16	=H51-J51
Activos fijos totales	864	597	597	597	=K185+K186+K187
Activos totales	2,120	2,140	2,275	2,509	=K184+K188
Créditos de corto plazo	0	215	20	0	=K144
Proveedores	272	334	363	413	=(K157-K94)/360*K126
Otros acreedores					
Pasivos circulantes	272	549	383	413	=SUM(K190:K192)
Créditos de largo plazo	0	0	0	0	=K140
Pasivos fijos	0	0	0	0	=SUM(K194:K195)
Pasivos totales	272	549	383	413	=K193+K196
Capital social	1,300	1,300	1,300	1,300	=J198
Aportaciones de socios	0	0	0	0	=K147
Utilidades retenidas	549	291	593	795	=K143+K172-K146
Capital contable	1,849	1,591	1,893	2,095	=SUM(K198:K200)
Total de pasivos más capital	2,120	2,140	2,275	2,509	=K197+K201

Fórmula de la celda K180: =K200+K199+K198+K195+K194+K192+K191+K190-K187-K186-K185-K183-K182-K181-K179

7.4.1 Hoja 10/10

Valor de la empresa

		Sin inversión de capital	Con inversión de capital			
			Pesimista	Más probable	Optimista	
209	Utilidad neta	-11	-269	33	520	=K172
210	Rendimiento requerido	0.180	0.180	0.180	0.180	
211	Probabilidad	1.00	0.25	0.50	0.25	
212	Valor del negocio	-63	-1,495	181	2,891	=-SI(K209=0,0,K209/K210)
213	Valor del negocio (ponderado)			147		=((I211*I212)+(J211*J212)+(K211*K212))/3

Razones financieras

		Sin inversión de capital	Escenarios con inversión de capital			
			Pesimista	Más probable	Optimista	
221	Retorno sobre la inversión	-0.62%	-16.92%	1.72%	24.83%	=IF(K172=0,0,K172/K201)
222	Índice de liquidez	4.62	2.81	4.39	4.63	=IF(K184=0,0,K184/K193)
223	Apalancamiento	0.13	0.26	0.17	0.16	=IF(K189=0,0,K197/K189)
224	Capital de trabajo	985	994	1,296	1,498	=K184-K193
225						
226						
227						
228						
229						

7.5.1 Plantilla flujo de efectivo proyectado

Hoja ½

		Etapa preoperativa		mes 1	mes 2	mes 12	Suma Preop.	Suma Operativo
	Cifras en miles de pesos	mes -2	mes -1					
000	Saldo al inicio del mes	0	0		0	0		
100	Datos base							
	Variables financieras							
	Tasa de interés mensual corto plazo							
	Disposiciones y pagos corto plazo							
	Saldo créditos corto plazo							
	Tasa de interés mensual largo plazo							
	Disposiciones y pagos largo plazo							
	Saldo créditos largo plazo							
	Volúmen de ventas por línea							
	Línea 1							
	Línea 2							
	Línea 3							
	Precio de venta unitario por línea							
	Línea 1							
	Línea 2							
	Línea 3							
	Costo de venta variable por línea							
	Línea 1							
	Línea 2							
	Línea 3							
	Costo de venta fijo por línea							
	Línea 1							
	Línea 2							
	Línea 3							
	Costo de venta por línea							
	Línea 1							
	Línea 2							
	Línea 3							
	Monto de ventas por línea							
	Línea 1							
	Línea 2							
	Línea 3							
	Monto de ventas a crédito por línea							
	Línea 1							
	Línea 2							
	Línea 3							

Flujo de efectivo proyectado (2/2)

	Cifras en miles de pesos	mes -2	mes -1	mes 1	mes 2	mes 12	Suma Preop.	Suma Operativo
000	Saldo al inicio del mes	0	0		0	0		
200	Flujo operativo			0	0	0		
210	Ingresos operativos			0	0	0		
211	Ventas de contado							
212	Recuperación de ventas de crédito							
213	IVA retenido							
214								
249	Otros ingresos operativos							
250	Egresos operativos			0	0	0		
251	Pago a proveedores							
252	Sueldos							
253	IMSS e INFONAVIT							
254	IVA pagado							
255								
299	Otros egresos operativos							
300	Flujo financiero neto	0	0	0	0	0		
310	Ingresos financieros	0	0	0	0	0		
311	Créditos bancarios de corto plazo							
312	Créditos bancarios de largo plazo							
313	Aportaciones de socios							
350	Egresos financieros	0	0	0	0	0		
351	Créditos bancarios de corto plazo	0	0					
352	Créditos bancarios de largo plazo							
353	Retiros de capital							
354	Intereses							
355	Dividendos							
400	Flujo de inversión	0	0	0	0	0	0	
410	Diferido	0	0	0	0	0		
	Rentas							
	Salarios y prestaciones							
	Teléfono, electricidad, etc.							
	Honorarios							
	Tranportes							
	Publicidad							
420	Activos fijos utilizados en producción	0	0	0	0	0		
	Instalaciones y adaptaciones							
	Maquinaria y equipo							
	Vehículos							
430	Activos finos no utilizados en producció	0	0	0	0	0		
	Instalaciones y adaptaciones							
	Maquinaria y equipo							
	Equipo de cómputo y comunicación							
	Vehículos							
500	Saldo al final del mes	0	0	0	0	0		

7.5.1 Plantilla flujo de efectivo proyectado

Hoja ½

| | Cifras en miles de pesos | Etapa preoperativa | | mes 1 | mes 2 | mes 12 | Suma Preop. | Suma Operativo |
		mes -2	mes -1					
000	Saldo al inicio del mes	0	0		0	0		
100	Datos base							
	Variables financieras							
	Tasa de interés mensual corto plazo							
	Disposiciones y pagos corto plazo							
	Saldo créditos corto plazo							
	Tasa de interés mensual largo plazo							
	Disposiciones y pagos largo plazo							
	Saldo créditos largo plazo							
	Volúmen de ventas por línea							
	Línea 1							
	Línea 2							
	Línea 3							
	Precio de venta unitario por línea							
	Línea 1							
	Línea 2							
	Línea 3							
	Costo de venta variable por línea							
	Línea 1							
	Línea 2							
	Línea 3							
	Costo de venta fijo por línea							
	Línea 1							
	Línea 2							
	Línea 3							
	Costo de venta por línea							
	Línea 1							
	Línea 2							
	Línea 3							
	Monto de ventas por línea							
	Línea 1							
	Línea 2							
	Línea 3							
	Monto de ventas a crédito por línea							
	Línea 1							
	Línea 2							
	Línea 3							

Flujo de efectivo proyectado (2/2)

	Cifras en miles de pesos	mes -2	mes -1	mes 1	mes 2	mes 12	Suma Preop.	Suma Operativo
000	Saldo al inicio del mes	0	0		0	0		
200	Flujo operativo			0	0	0		
210	Ingresos operativos			0	0	0		
211	Ventas de contado							
212	Recuperación de ventas de crédito							
213	IVA retenido							
214								
249	Otros ingresos operativos							
250	Egresos operativos			0	0	0		
251	Pago a proveedores							
252	Sueldos							
253	IMSS e INFONAVIT							
254	IVA pagado							
255								
299	Otros egresos operativos							
300	Flujo financiero neto	0	0	0	0	0		
310	Ingresos financieros	0	0	0	0	0		
311	Créditos bancarios de corto plazo							
312	Créditos bancarios de largo plazo							
313	Aportaciones de socios							
350	Egresos financieros	0	0	0	0	0		
351	Créditos bancarios de corto plazo	0	0					
352	Créditos bancarios de largo plazo							
353	Retiros de capital							
354	Intereses							
355	Dividendos							
400	Flujo de inversión	0	0	0	0	0	0	
410	Diferido	0	0	0	0	0		
	Rentas							
	Salarios y prestaciones							
	Teléfono, electricidad, etc.							
	Honorarios							
	Tranportes							
	Publicidad							
420	Activos fijos utilizados en producción	0	0	0	0	0		
	Instalaciones y adaptaciones							
	Maquinaria y equipo							
	Vehículos							
430	Activos finos no utilizados en producció	0	0	0	0	0		
	Instalaciones y adaptaciones							
	Maquinaria y equipo							
	Equipo de cómputo y comunicación							
	Vehículos							
500	Saldo al final del mes		0	0	0	0	0	

7.6.1 Plantilla edofin

Plantilla edofin
Valores contables en miles de pesos

	Identificación
A	Inversión actual en activos fijos
B	Gastos de capital presupuestados
C	Variables económicas, políticas y otras
D	Variables de operación
E	Variables de financiamiento
F	Estado de resultados
G	Estado de posición financiera
H	Valor de la empresa
I	Indicadores financieros

Plantilla edofin
Valores contables en miles de pesos

Identificación

Nombre del alumno o equipo:

Actividad de la empresa: 3327 Maquinado de piezas metálicas y fabricación de tornillos
Fecha:

Inversión actual en activos fijos

	Años vida útil	Valor año cero	Depre-ciación 1	Depre-ciación 2	Depre-ciación 3	Depre-ciación 4	Depre-ciación 5	
Utilizados en producción (Suma)		5,212	738	738	738	727	727	
Instalaciones y adaptaciones	6	600	100	100	100	100	100	
Maquinaria, equipo y herramientas	8	3,850	481	481	481	481	481	=SI($H19=0,0,$I19/$H19)
Vehículos	5	730	146	146	146	146	146	
Inmuebles	0	0	0	0	0	0	0	
Herramientas	3	32	11	11	11			
No utilizados en producción (Suma)		65	12	12	12	12	12	
Instalaciones	6	20	3	3	3	3	3	
Mobiliario y equipo	5	45	9	9	9	9	9	=SI($H28=0,0,$I28/$H28)
Vehículos	0	0	0	0	0	0	0	

7.9.1 Riesgos asociados a las preguntas de aplicación

Prg	Cap	Sub	Cap. Reporte	Tema	Preguntas de aplicación	Beneficios del proyecto	Relevancia	Riesgo asociado	Relevancia
1	3	1	1 Presentación del proyecto	Descripción de la empresa	¿Cuáles antecedentes y características de la empresa son relevantes para fundamentar el proyecto de inversión?				
2	3	2		Entorno económico y social	¿Cómo se vislumbra la economía y la infraestructura externa (comunicaciones, trasportes, sindicatos, etc.) en los próximos tres años, para el desarrollo de la empresa y el futuro del proyecto de inversión?				
3	3	2			¿Cuáles apoyos del gobierno puede aprovechar la empresa para el desarrollo del proyecto y cuáles se propone utilizar?				
4	3	3		FODA	¿Cuáles elementos del FODA son relevantes para fundamentar el proyecto de inversión?				
5	3	4		Descripción del proyecto	¿Cuál es una descripción del proyecto de inversión, los beneficios para la empresa, y el monto de la inversión que se requiere en activos fijos, así como para complementar el ?				
6	3	4			¿Cómo fue que surgió la idea del proyecto y porqué se considera importante realizarla?				
7	3	4			¿En cuál etapa de desarrollo se encuentra la empresa y cuál problema actual conviene resolver mediante el proyecto de inversión?				
8	3	5		Equipo administrativo	¿Cuáles características del equipo administrativo actual son favorables para la realización del proyecto?				
9	3	5			¿Qué acciones debe tomar la empresa para que el equipo administrativo sea capaz de desarrollar favorablemente el proyecto?				
10	3	6		Aspectos legales y fiscales	¿Cuáles aspectos legales y fiscales afectan o favorecen el desarrollo actual de la empresa?				

www.ingramcontent.com/pod-product-compliance
Lightning Source LLC
Chambersburg PA
CBHW080905170526
45158CB00008B/1995